考古学による歴史的背景の追求

村田 文夫
Fumio Murata

六一書房

写真１　山邊郡印。郡印の現物資料は，全国で３点。一辺は 47 ミリの正方形。（『千葉県の歴史』県史 12 より）

茜の荷付木簡
（『郡の役所と寺院』川崎市市民ミュージアムより）

写真２　茜草（右）で染めた絹織物（濃淡２種）
紡績工芸家・武田淑子氏の作品

刊行に寄せて

神奈川県の北東部，多摩川右岸に位置する政令都市・川崎市の文化財行政に38年間にわたり一貫して従事する一方，考古学の研究に寧日なく身を挺してきた村田文夫さんが，八十路を迎えられた。

つい先頃，華甲の祝賀の祝宴が開かれ，多くの知友から祝賀論文集『地域考古学の展望』を贈られたとき，満面に笑みを湛えながら来た方を回想しつつ，今後の楽しみの考古学の抱負を語っていたことが思い出される。それから20年—光陰矢の如し，の感慨である。

華甲に際し，『興趣赴くままに，私の考古学ノート』（2003・3）を編み，第30回藤森栄一賞の受賞（2005・4・10）に輝き，その記念として『縄文のムラと住まい』（2006・3）を纏めて江湖の好評を博した。古希に際会の折には『関東の古代遺跡逍遥』（2013・3）を編んで知友各位に自祝の意を示したが，その前後に『古代の南武蔵—多摩川流域の考古学』（1993・5）『私版縄文考古学入門』（2010・2）『川崎・たちばなの古代史—寺院・郡衙・古墳から探る』（2010・12）ほかを上梓し，飽くなき考古学に寄せる好奇心を，著作を通して迸らせてきた。

その研究は，地域と時代を越えて広範な対象を，興趣赴くままに縦横に論究した労作となって披瀝された。まさに，村田流の楽しい考古学の成果であった。

八十路記念の論集も，若い頃からのテーマであった縄文時代に加えて古墳時代から古代と近世，さらに，後継に向けての期待を収録している。

藤森栄一賞は「地域の文化財行政」と「考古学研究」に対する業績が高く評価された結果であり，根底は「地域研究」であった。その流れは，この度の著作でも同様であり，行政に身を奉じ，地域の文化財と考古学の研究に専心してきた成果が遺憾無く発揮されている。

飄々として，一見シャイな村田さんらしい傘寿記念の本書にも，対象資料に対する洞察力に富んだ見解が鏤められている。

米寿・卒寿さらに期頤の自祝論集を期待し，とりあえず傘寿記念の論集刊行に祝意を表したいと思う。

2023年3月　立正大学特別栄誉教授

坂　詰　秀　一

目　次

第Ⅲ部　小杉御殿の復元と黒川炭の歴史・民俗誌

第Ⅳ部　託すよ夢—神奈川県考古学会と発掘調査報告書—

＊＊＊

第Ⅰ部　縄文人の食文化と葬・祭儀礼の一斑

縄文人の食べ物事情

—研究の断想から学ぶこと—

はじめに

わたしが考古学に親しんでから，もう半世紀を超えた。当初は，縄文人といえば厚い毛皮で身をまとい，山野でイノシシやシカなどを追い，海辺では魚や貝類を漁るイメージを強く植え付けられた。勿論，今では遠い過去の話。現下の考古学は，関連する自然系・人文系科学から知的な支援を得て，豊穣な縄文社会観を復原する。これは縄文人が胃袋に入れた食べ物事情でも同じ。落語の三題噺《さんだいばなし》的な「狩猟・漁撈・（植物）採集」という解説は様変わりし，近年では「狩猟・栽培民」と呼称すべし，と提唱する小畑弘己のような旗手も現れた（小畑 2016）。

「狩猟・栽培民」という呼称の適否は最後でふれるが，小論では多くの考古学者や関連する分野の研究者が，穀物栽培を含む縄文時代の食べ物事情の研究にいかに勤《いそ》しんできたのか，その軌跡と現状をわたしのささやかな知見が及ぶ範囲で断想し，そこから学んでみたい。

1　土器の表面に観察された圧痕・三題噺の顛末

（1）「石器時代にも稲あり」。山内清男のデビュー論文

山内清男《すがお》といえば，考古学を志した者ならば誰もがその名を知る泰斗《たいと》である。その山内の事実上のデビュー作が「石器時代にも稲あり」という論文（山内 1925）。内容は，現在の宮城県多賀城市桝形囲《ますがたがこい》貝塚から発見された石器時代（縄紋時代）の土器の底面に稲籾の痕跡を見出したとする衝撃的な内容であった（写真 1・右）。実は，これには後日談が—。山内の草稿を長谷部言人《ことんど》が加筆・修正し，山内の名前で発表した。大正 14 年 4 月に山内が長谷部に示した原稿「石器時代土器底面に於ける稲籾の圧痕」は未発表であった。その全文が『山内清男・先史考古学論文集・第四冊』（昭和 42 年）に載せられている。論旨は変わらないが，土器の年代については，「縄紋式，アイヌ式，貝塚式と呼ばれて居る土器と同系統のものである事は明らかであるが，否まれないのは縄紋式的色彩が薄く，却って弥生式的傾向が著しい点である」とし，「恐らくは縄紋式石器時代の末期に近いものであろう」と結ぶ。さすがに土器の編年学的位置付けについては一言あり，かつ混迷していた様子が察せられる（なお山内は，縄文ではなく終生縄紋で通した）。

山内清男は，その後「日本に於ける農業の起源」と題する論文を発表された（山内 1937）。ここで主張は一転する。「（縄紋式）土器の表面を精査しても穀物の圧痕とみるべきものは発見されて

いない。その他栽培植物の存在した証拠は全く無いのである。坊間《ぼうかん》時《じ》に縄紋式土器中に稲が入って居た，貝塚から米粒が出たと称する者がいるが（たとえば森本六爾氏編日本原始農業及び同新論），信ずべき報道は一つとして無いのである」と手厳しい。

何故，12 年の歳月を挟んで山内は劇的な手のひら返しをしたのか。山内が心血を注いで取り組んだ縄文土器の全国的な編年網が確立し，桝形囲遺跡発見の稲籾痕が，石器時代土器＝縄紋式土器ではなく，弥生式土器であることを確信したからだ。桝形囲遺跡を標識土器とする桝形囲式は，現在では稲籾圧痕が確認され，弥生中期に編年される（伊藤 1966）。

（2）コクゾウムシ（穀象虫）は，米喰いムシに非ず

コクゾウムシ（穀象虫）―。何のことやと思われようが，わたしのような年長組には子供の頃の記憶が微かによみがえる。米櫃《こめびつ》のなかでウヨウヨしていた，あの黒い「米喰いムシ」だ（写真1・左下）。それは米粒に卵を産みつけ，成虫になって米粒から出てくる繁殖力旺盛なムシ。そのコクゾウムシが土器表面に圧痕として発見された（写真1・左上）。この貴重な発見は，2005 年に山崎純男によって九州地方の縄文時代後期の土器から確認された。さあ稲の渡来・栽培の開始時期が縄文後期にまで遡るぞ，と期待された。むべなるかなである。

一方で，コクゾウムシはドングリやクリなど澱粉質の植物種子にも加害するという見解が数年を置かずに示された（安藤 2009）。今ではコクゾウムシによって加害される植物の種類は，イネを加えると 31 種にも及ぶ。実験に使用したクリ，スダジイ，シラカシ，マテバシイの全てで産卵し，堅果を食べて成虫になった。コクゾウムシの痕跡は，現在では九州・種子島の三本松遺跡の土器から，ほぼ 1 万年前のものが確認され，地域的にも青森県三内丸山遺跡などから多数例確認されている。このような現況から，現在ではコクゾウムシは米喰いムシに非ず，とする見方が確立している。

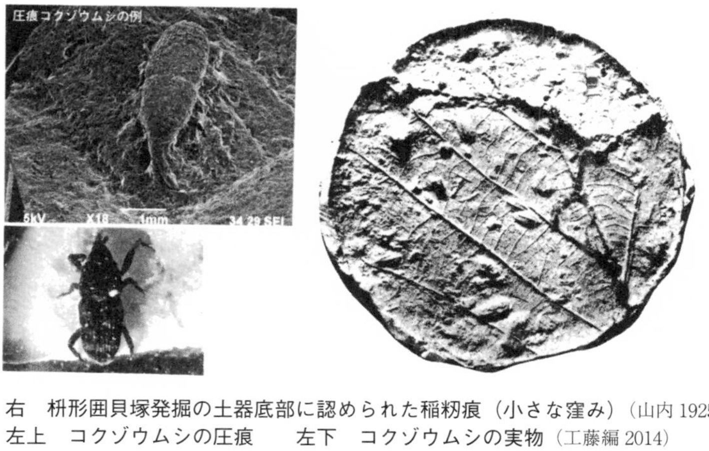

写真１　右　桝形囲貝塚発掘の土器底部に認められた稲籾痕（小さな窪み）（山内 1925）
左上　コクゾウムシの圧痕　　左下　コクゾウムシの実物（工藤編 2014）

（3）籾の圧痕？　実はそれがダイズ（大豆）であった

戦前，熊本県菊池市の桑園を根掘りしていたところ，縄文時代晩期の浅鉢形土器に籾圧痕が発見された。遺跡名は，ワクド石遺跡。そこから「ワクド石タイプ圧痕」と呼ばれ，イネ科の資料として周知されていた（禰宜田 2000）。近年，「古民族植物学（遺跡から発掘される植物遺存体をもとに，人と植物に関係を解明する分析学）」の手法で再検証したところ，ダイズの圧痕であると特定された（小畑 2016）。その分析法は後で紹介するが，ダイズといえば，起源地が東北アジア。弥生時代にイネと一緒に到来したとするのが，従来の見方であった。

「イネ・コクゾウムシ・ダイズ」絡みの三題噺に通底していることをあげる。一つには，土器面に付いていた些少の圧痕に対し，目を皿のようにして凝視し，稲作農業の渡来・開始時期などの大きなテーマに挑戦する真摯な学的姿勢。二つには，その後に，客観的な論拠から修正を加えていく科学としての矜持《きょうじ》。考古学では，新発見や新手法の開発で，従来の見解に修正が加えられるのは常にありうること。大切なことは，そこに至るまでの学びのプロセスや研究の実績が正しく継承されることである。

2　縄文植物食の研究は，遅れて重視されてきた

現在でこそ，縄文時代の植物食研究は脚光を浴び，国立歴史民俗博物館で平成 24 年 12 月に開催されたフォーラム「ここまでわかった！　縄文人の植物利用」は，写真・図版を多く利用して同名の著書が工藤雄一郎・国立歴史博物館編で 2014 年に刊行された。興味のある人は誰でも手にできる。ただ，植物食の調査・研究が，突然，全国的に広まったわけではない。この普及啓発図書には，先人が積み上げてきた研究実績にあまり敬意が感じとれないのが残念である。

同著では，昭和 50 年代後半から低湿地遺跡の研究が植物利用の研究に貢献したと総括する（211 頁）。しかし，縄文時代の植物食への関心は，戦前では直良信夫（直良 1938），戦後では酒詰仲男（酒詰 1961）などによって著名な先行研究があったのは周知の事実である。げんに酒詰は，29 遺跡から 27 種があげられていた。

狩猟や漁撈関連の考古資料は，貝塚遺跡から多くが採取できる。これに対して植物食は，周知のように腐敗の進行が速く，遺物類として残存するのは，表皮が硬い一部の堅果類に偏向する傾向が強い。勢い，縄文時代の植物食への関心は，狩猟・漁撈活動に比較すれば相対的に低かった。それに警鐘を鳴らしたのが渡辺誠で，昭和 40 年後半代から，考古資料を民俗誌的な手法と関連付けて実証的に研究され，爾後の遺跡調査・研究に多大な貢献をされた（渡辺 1975）。

調査・研究の具体的な実践例を一つ示す。昭和 48 年に発掘された京都府舞鶴市桑飼下《くわがいしも》遺跡は，由良川南岸の自然堤防上に位置する縄文後期集落跡である。とくに特殊粘土層（食料残滓を廃棄したことで人為的にできた泥炭層）の分析は徹底していた。現地では 2 mm 網目の篩《ふるい》で第一次水洗，それを平安博物館に持ち込み，1 mm 網目の篩で第二次水洗し，カジノキの種子を最多に，クルミ，アカメガシワ，トチノキなど 54 種が同定された。そのなかには，炭化したアズキと思われ

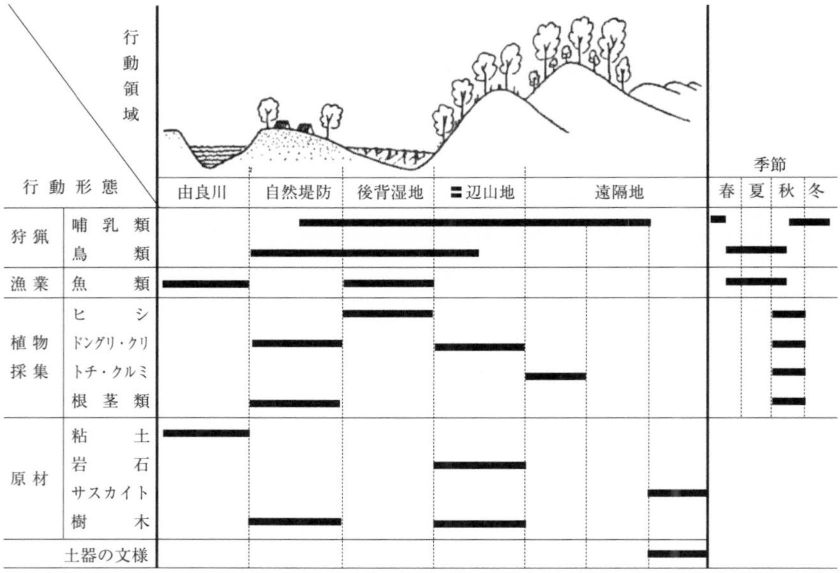

図１　由良川の自然堤防上に展開した桑飼下遺跡から復原した桑飼下型経済類型（渡辺編 1975）

るもの約 40 個，炭化したダイズと思われるもの 14 個が含まれていた。これは水洗浮遊物《ふゆうぶつ》選別法の成果であって，小畑が指弾するような移植ゴテによる偶発的な発見物ではない。さらに植物種子と花粉分析などの成果，西日本では稀有の 942 本にも及ぶ短冊形《たんざくがた》の打製石斧（長さ 21 cm 余の大形品を含む）など，考古・自然遺物類を総合させて，西日本の自然堤防上に展開した縄文後期集落の経済基盤，すなわち桑飼下型経済類型（図 1）が復原された（渡辺編 1975）。

近年，地理的な環境と，そこに生息する動植物相の生態に適応しながら行う資源獲得と消費の在り方が「生業構造」として重視されてきた（佐野 2014）。指摘は正鵠《せいこく》を得ているが，先駆的な実践例が桑飼下型経済類型として提示されてきた学史へも目配りがほしいところである。

学史への目配りを深めるならば，中尾佐助・上山春平等による照葉樹林文化論（上山 1969）が多くの考古学関係者に読まれ，とくに縄文文化研究者には大きな衝撃を与えた。

その中で渡辺は，水さらしやアク抜き技術を伴う野生植物高度利用段階を設定して，具体的にはトチの実という言葉が登場してきた意義を非常に強調された（渡辺 1984）。

ちなみにトチの実は，アクの成分が水では溶けないサポニンやアロインであるため，山村でもアク抜きは格別にむずかしいとされてきた。そのアクは，大量の灰などのアルカリで中和して流し去る。これを「灰あわせ」と呼ぶ。渡辺は遺跡資料と民俗資料との条件調査から，縄文人がこの技術を習得したのは中期前半（東北日本）とみて，この段階で列島の野生食用植物は全て食糧化できたと判断された。現在では，上限は縄文前期にまで遡り，食用化への最大の難関が縄文人によって確実にクリアされた。ただ近年では，アク抜き工程に必須の「水さらし場遺構」を否定的に捉える見解がある（粟島 2015）が，賛同はできない。飲料・調理など日常的な生活用水の確保に，何故あれほどまでに手の込んだ設計と造作が必要なのであろうか，と反論したい。

3　五穀を含むことども

（1）レプリカ法など，最新の機器から発見される植物類と年代観

縄文時代の穀物を含む栽培植物の痕跡を探る手法は，すでにふれた部分もあるが，一般的には遺跡から炭化米を検出する，籾圧痕を確認する，プラントオパールの分析（イネ科植物の葉に存在するガラス質の細胞珪酸体。この物質は長年月が経過してもなくならない特性がある）などが知られている。そして近年の主役は，レプリカ法である。その手順は，①圧痕（穴）のある土器を探す，②穴の中の土を落とす，③圧痕にシリコーンゴムを注入する，④マウントをつけて乾燥する，⑤レプリカを外す，⑥走査型電子顕微鏡で観察・写真撮影をする。さらに技術革新は進み，X線CTを用いた圧痕探査と同機器及び3Dマイクロスコープによる3D像復元の手法を圧痕法として再定義されている（小畑 2016）。前段のレプリカ法は理解できるが，後段の成果があげられるのは，おそらく特定の研究機関や大学などの機関に所属している関係者に限られ，市井《しせい》の学徒には到底真似できない研究法であろう。でも，今やこれらが主役の研究システムであって，時代の流れを素直に実感する。

それはともあれ，現在，この種の研究を牽引する小畑弘己は，日本列島における農耕化の諸段階をまとめる（小畑 2016）。その記述を，わたしが要約してみた（表1）。

一覧して気付いたのは，九州地方の事例を軸にしているとはいえ，Ⅲ期をⅢａ期（縄文前期）とⅢｂ期（縄文後期～晩期前葉）に二区分し，考古学上，定説となっている縄文中期が除外されている点だ。「古民族植物学」的には根拠があっても，考古学上確立している大別史観が軽視されては，学的な協業に支障をきたそう。とくに信州を拠点に繁栄した縄文中期の大集落は，藤森栄一以来，そこに集中した人口を支える高度に管理化された縄文農耕論の表舞台としてしばしば登場していた著名な学史がある（藤森 1970）。縄文中期を抜いた理由が，わたしにはわからない。

なお，富山県富山市の小竹貝塚遺跡（前期後葉）などから，多量にエゴマ（粒）を混入した土器が発見され，始原は表1ではⅡ期に該当する。それらは最新機器の軟X線（ソフテックス）装置で検出されたもので，疑を挟むことは控える。ただしエゴマは周知のようにシソ科の一年草で，一般的には乾性油材としての利用が知られている。また複数の縄文遺跡から，和《あ》え物《もの》の素材として発見されている。民俗誌では，実とダイズで和えたジョウネンアン・ジョウネンミソが東北地方では知られる。

食用化の課題はウルシにもいえる。佐々木由香は，東北地方を中心とした前期初頭以降，ウルシは集落跡の周辺に植栽されていたと主張される（佐々木 2012）。とくに北海道や青森県では，炭化したウルシ内果皮が竪穴住居跡や土坑内から発見されているから，果実が利用されたものと推測する。近現代の民俗誌では，果実は食用と薬に利用されたとする。そこから列島は，北海道・東北・関東・中部地域のクリ・ウルシ利用文化圏と，それ以西のイチイガシ利用文化圏で二分さ

表１　わが国における農耕化への６段階

段階区分	時期 （現在から遡った年数）	段階の特徴 （要約）	主要な植物 （穀物類等）
Ⅰ期	後期旧石器時代 （16,000 年以前）	有用植物の栽培が開始された可能性	ヒョウタンを容器として利用するため栽培した可能性がある。
Ⅱ期	縄文草創期～早期 （16,000~7,300 年前）	食用植物の栽培が開始	アサ，エゴマ，ヒエ，アブラナ科が出現する。繊維用の植物以外に，穀類や油性種子など，食用植物の栽培が始まる。
Ⅲ a 期	縄文前期～晩期前葉 （7,300~5,500 年前）	マメ類，ウルシの栽培が開始	中部高地，西関東地域では，堅果類以外に，アズキ，ダイズ（主要食糧）が栽培される。前代からのゴボウも加わる。集落が安定化し，人口増加など，社会的変化に影響を与える。
Ⅲ b 期	縄文後期～晩期前葉 （5,500~2,860 年前）	植物栽培の隆盛（全国的拡散）東日本系の栽培植物が九州にまで伝播	アズキ・ダイズ・エゴマの栽培植物に野生植物のコナラ属・サンショウ属が加わる。とくに中期末以降は，西日本にマメ栽培の中心地が移行。クリの管理栽培が始まる。この段階で，大陸系穀物を除く栽培植物はほぼ出揃う。エゴマやマメ類などの栽培植物は，東日本から後期前葉には伝播してきた。
Ⅳ期	縄文晩期中葉～後葉 （2,860~2,800 年前）	大陸系穀物の流入（無文土器雑穀農耕）	黒川式土器新段階に九州にはアワ・キビ・イネが伝来してきた可能性がある。エゴマやマメ類の栽培がこれに加わる。コムギ・オオムギは，この段階か，次のⅤ期。
Ⅴ期	弥生時代早期以降 （2,800 年前以降）	水稲耕作の到来	朝鮮半島無文前期の水稲耕作を伴う文化複合が到来。一定規模の集団移住を伴う。モモ・ウメなどの栽培樹木も到来する。

小畑弘己『タネをまく縄文人』（2015 年，吉川弘文館）より筆者が要約

れていたと主張される。しかしエゴマもウルシも，常識的には到底主食にはなり得なかろう（ウルシの新芽が，味噌汁や天ぷらにできる程度は知っているが―）。もし果実が食用化される過程を聞き取られた民俗事例があれば，是非，その手順も紹介してほしいと思った。

エゴマ圧痕，ウルシ内の果皮の鑑定結果は尊重する。が，この背後には，それらを胃袋に入れる縄文人の存在を忘れてはならない。そこに言及するのが，考古学では真骨頂ではないのか。

（2）「炉辺《ろばた》の考古学」は，研究の視野をひろげる

わたしは 37 年前，「炉辺の考古学」を提唱し，竪穴住居の中心部に位置する炉辺周辺から発見される植物食残滓と，調理の過程で使用したと思われる石器などに注意を喚起した（村田 1985）。とくにしっかりと固定された炉石《ろいし》は，調理台としても十分に機能する。その上面に磨きや凸面が認められる炉石は「石器」として取りあげ，実測して報告するくらいの姿勢が望まれる（現状は定形的な石器だけに関心が偏っている）。さらに現在ならば，炉辺周辺の土壌（覆土）を全て取りあげ，目の細かい篩で水洗し，得られた資料を高精度の機器で鑑定，それらと民俗誌などから手繰《たぐ》れる

資料との関連性を調べれば，人間臭い考古学が確立できよう。

近年では，長野県岡谷市目切《めきり》遺跡（中期）47号住居の床面上の土壌をフローテーションし，そこからクルミ核片454点，クリ子葉片50点，アズキ種子49点などを検出している（山田他2012）。これらの自然遺物の情報は，遺跡報告書の段階では，その存在すら一言もなかった。でも，こうして土壌を洗浄すれば，縄文人の食卓風景が一変し，その実相がリアルに垣間見えてくる。「炉辺の考古学」に期待する所以である（本章末の「その後の見聞録」参照）。

（3）マメ栽培は，東日本から西日本に中心域がうつる

表1のⅢｂ期には，このような要約がある（小畑2016）。

小畑は佐々木由香の研究も受けながら，栽培植物は縄文前・中期には東日本（筆者註）の落葉広葉樹林に広がっていたが，同時期の西日本では，痕跡が認められない。しかし後期中頃以降，西日本（筆者註）にも，アズキやダイズが炭化種子・圧痕種子とも増加してくる。これは，東日本からの文化的影響（人の移住）などが背景に想定できる，としている。小畑の記述には難解な部分があり誤解を恐れるが，論旨は大きく外していないと思う。

この後期中葉（表1ではⅢｂ期）以降の東日本からの（栽培）植物の遷移論を読んで，わたしが真っ先に思いだしたのは，意外と思われるかも知れないが，渡辺誠の抜歯《ばっし》風習や釣針などに関する一連の研究であった（渡辺1965，1966，1968，1973）。

わが国における抜歯風習は，約1世紀前の大正7年，小金井良精《よしきよ》が確認し，以後，日本民族形成論の中心テーマで，議論は自生説と渡来説で二分されていた。抜歯とは，17～20歳前後の男女にかかわりなく，健康な門歯・犬歯などを強制的に抜去し（抜く歯の様式は多様。ここでは省略する），共同体構成員として認知を得る，まさしく過酷な通過儀礼であった。そして渡辺は，自生説に立つ。すなわち縄文中期末，東北地方中部の仙台湾周辺で出現し，以後，後期前葉には関東地方の千葉県下に，後期中葉には中国地方の山口県下や四国地方，九州地方では大分県にまで伝播し，さらに後期後葉から晩期前葉には，熊本県下にまで達する。そして弥生時代前期には，薩南諸島の徳之島，沖永良部島まで分布範囲域が拡大したという。

この抜歯風習の西漸に呼応する動態を，渡辺は鹿角《ろっかく》製の釣針の動態ともあわせて論じた。すなわち通常の単式釣針は，抜歯同様，仙台湾周辺の中期末（大木8b期）に絶対数が増え，サイズも中形・大形化した。こうしてマダイ，マグロ，カツオなどの捕獲を主対象に，銛《もり》漁法とあわせて本格的な外湾性の漁撈が確立する。この漁撈形態は後期になると関東地方に南下し，さらに東海地方を経て西漸し，後期中葉には九州地方にまで及ぶ。この間の中国地方は，山陰よりも山陽ルートを経由し，後期中葉期の抜歯風習の分布範囲にほぼ一致する。加えて，同様の動静をとるのが磨消《すりけし》縄文土器（縄目文様を土器面に施し，その上に直線・曲線の文様を入れ，内部を残してそれ以外をこすり消す文様手法）で，東北南部・関東北から南九州に至るまで，二，三形式の差で，あらかじめルートが決められていたかのようなスピード感で西漸した。

再び，京都府舞鶴市桑飼下遺跡（縄文後期）から発掘された942本（石器総数の77％）の打製石斧

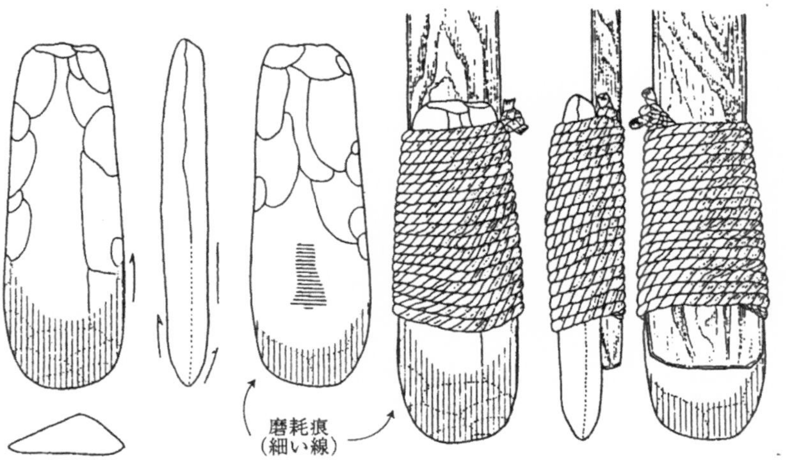

図2　桑飼下遺跡から発掘された短冊型打製石斧の着柄想定図（渡辺編 1975）

に話題を戻す（渡辺編 1975）。石斧の形態は短冊形，材質は粘板岩を中心に凝灰岩を含む。使用に際して生じた摩耗痕が，多数の石斧に認められた。摩耗痕から着柄法を想定すると，現在のヤマイモ掘りに使う「突き鍬」風とする（図2）。この摩耗痕は，遺跡周辺の自然堤防上の砂地で使用したために生じたと考えられた。遺跡周辺にあっては，土中に有用な部分を留めるワラビ，クズ，ヒガンバナ，カタクリなどの採集具であろうと結論された。加えて同遺跡からは，前記したようにアズキ，ダイズなど豆類も検出されている。栽培植物論的には，先行して判明している桑飼下型経済類型の評価は避けられなかったはずである。

近年，この種の研究を牽引する小畑弘己などの関連論文の多くを，わたしは未読で，あらかじめ怠惰は深くお詫びをするが，渡辺の抜歯・釣針・縄文施文技法などは，繰り返すが人間自体の行動様態に深く関わっている。これらを含む文化のコンプレックス（複合体）のなかで縄文時代の植物食論を復元していかなければ，考古学的には盤石《ばんじゃく》とは言いがたかろう。

（4）東北アジアの視点から見た農耕化

ここでイネ科の五穀―イネ（稲）・ムギ（麦）・アワ（粟）・ヒエ（稗）・キビ（黍）またはモロコシ（唐黍）絡みの話題に変える。ただわたしは，諸説を論評できる識見を持ち合わせていない。そこで宮本一夫の『農耕の起源を探る』から，近時の動向を学ぶことにする（宮本 2009）。

宮本は，東北アジア農耕化を第1～第4段階に分け，結論的には各段階へのステップは，気候の寒冷化が深く関与していたという立論に立つ。その寒冷 a ～ d 期が，農耕化第1～第4段階に対応する。これらをきわめて概括的に整理すると，次のようになる。

第1段階（紀元前 3300 年頃）。アワ・キビ類の農耕が，朝鮮半島の南端や沿海州にまで拡散する。この契機には寒冷 a 期が関連する。

第2段階（紀元前 2400 年頃）。朝鮮半島では，アワ・キビ類の農耕にイネが加わり，やがてイネが主たる穀物栽培種になる。この契機には寒冷 b 期が関連する。

第 3 段階（紀元前 1600 年頃）。灌漑農耕や集約的な農耕が，山東半島から遼東半島に広がる。そして朝鮮半島の中南部から南岸部は高温・多湿であるから，イネの生育には適していた。この契機には寒冷 c 期が関連する。

第 4 段階（紀元前 1000 ～ 800 年頃）。北部九州で弥生文化が始まる。この時期に朝鮮半島南部から渡来人を招いた可能性がある。渡来人の将来と，弥生文化の開始には深い関わり合いがある。この契機には寒冷 d 期が関連する。

雑駁な総括であるが，ひとまず論を先にすすめたい。

朝鮮半島と北部九州は約 9,000 年前から，縄文海進の影響で対馬海峡ができて，これにより黒潮が日本海側に抜け，この海域は多くの島からなる多島海となった。宮本は，縄文早期の段階から双方の地から対岸側の土器が発見され，とくに縄文中期後半の阿高《あだか》式（北部九州）と，水佳里《スガリ》Ⅱ式（半島南部）以降に大きな画期があったとみている。現に，半島最南端の釜山市東三洞遺跡からは，佐賀県腰岳産の黒曜石で製作された石鏃などが発見されている。また石鋸《いしのこ》と呼ばれる銛頭《もりがしら》や，結合釣針が九州へ流入しているので，この背景には漁撈民の往来があったとする。ただ，肝心の結合釣針や石鋸の詳しい解説はない。この話題は，宮本が論じる土器の交流論とは異なるが，説得力はあると思う。つぎにその点にふれる。

（5）結合釣針や石鋸などから見る漁撈民の交流

稲作の伝来は歴史上の大画期であるが，その類《たぐい》の過程には必ず前史がある。その意味で宮本の指摘は妥当であるが，漁撈民の動態が詳しく解説されていない。この問題は，縄文時代における列島の漁撈研究を牽引してきた渡辺誠が，詳論されている（渡辺 1985，2003）。

通常の単式釣針が，縄文中期末に東北南部の仙台湾沖で外湾性漁撈文化の核として発達し，後期には九州まで西漸した。一方，朝鮮半島に連なる西北九州は独自の文化圏があり，西北九州型と呼ぶ超大形の結合釣針（軸部は鹿角製，針は猪牙製）が発達した。朝鮮半島のオサンリ遺跡からは，結合釣針の軸部（頁岩製）が多量に発掘され，骨製の針部とセットとなりオサンリ型結合釣針と呼ばれている。両者には素材に違いがあるが，縄文早期・前期以降，その分布域は部分的に重複する。そこには，漁撈民が主役となった海上での情報交換が想察できる（図 3・右）。

石鋸はその名の通り，鋸《のこぎり》の歯のようなギザギザが長辺の片側に刻まれる。木などの軸部側面に溝を入れ，そこに数個を接続しながら嵌入《かんにゅう》して使用するコンポジット・ツール（組合せ道具）で，軸部の先端には三角形状の石鋸が付く（図 3・下）。石質はほとんどが黒曜石で，時期は縄文後期以降。先端のギザギザや側面の鋸歯が銛頭として，表面が滑るイルカなどの刺突に適していた。その分布域は，西北九州型の結合釣針にほとんど重複し，釜山市東三洞遺跡や慶尚南道上老大島貝塚遺跡などからも発見されている。以上が，30 年も前の渡辺の見解である。二種の結合釣針同様，この背景には，両岸の漁撈民が海上で情報交換する情景が浮かんでくる。

かくして稲作伝来の礎《いしずえ》づくりに，漁撈民の存在を語らずして，東北アジア農耕化第 4 段階の

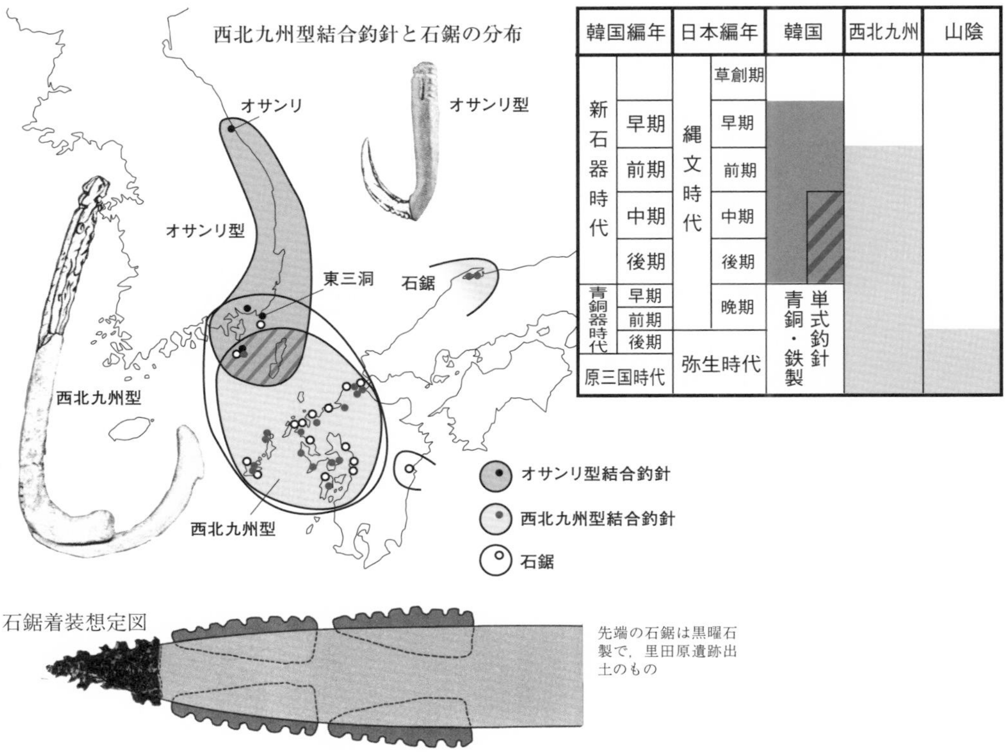

図３　上　西北九州型の結合釣針，オサンリ型結合釣針と石鋸の分布相関図
　　　下　石鋸の着装想定図（上下図とも渡辺 2003）

歴史を語ることはできないないのである。

おわりに

我々は，科学技術の進歩を日常生活で経験している。縄文人の食べ物事情も，今や「見えない圧痕を探す」段階にあるとか（小畑 2016）。そこで想起されるのが，放射性炭素年代法の導入初期における大論争である。この時，全国的な縄文土器の編年を確立していた山内清男の抵抗は凄まじかった（山内・佐藤 1962）。が，現況は説明するまでもない。ただ忘れてならないのは，山内編年の序列は今でも妥当であること（国立歴史民俗博物館 2003）。逆説的にいえば，山内編年における序列の正当性が，先端科学によって「絶対年代付き」で証明された。

縄文土器の表面に遺された痕跡などへの飽くなき追跡は今後も続けられると思うが，その成果は，ここまで営々と積み上げられた考古学上の遺構・遺物とあわせて咀嚼《そしゃく》されることが望まれる。とくに隣接科学との連携は，背景にある生態的・技術的・社会的な条件を踏まえて比較することが肝要である。その意味で，劈頭《へきとう》にふれた「狩猟・栽培民」の呼称は，前のめりの感が否めない。まず「漁撈」文化への思慮が全く欠けている。さらに植物を栽培した「耕地」とか，そこから採取して料理して，縄文人の胃袋に入れるまでの過程などがイメージできない。とはいうものの，最新科学の成果は，当然瞠目していかなければならない。それらと，集積されてきた考古学的な成果とをじっくり煮込めば，豊かな縄文人の食卓風景を垣間見ることができよう。

参考文献

安藤広道　2009「弥生農耕の特質」『弥生時代の考古学』5，同成社

粟島義明　2015「『木組遺構』再考」『考古学研究』第62巻第1号

伊藤玄三　1966「東北」『日本の考古学』Ⅲ・弥生時代，河出書房新社

上山春平編　1969『照葉樹林文化論』中公新書

小畑弘己　2016『タネをまく縄文人―最新科学が覆す農耕の起源』歴史文化ライブラリー416，吉川弘文館

禰宜田佳男　2000「稲作の始まり」『古代史の論点』1，小学館

国立歴史民俗博物館　2003『歴史を探るサイエンス』

酒詰仲男　1961『日本縄文石器時代食料総覧』

佐々木由香　2012「縄文時代におけるクリとウルシの森林資源利用と栽培」『縄文時代中期の植物利用を探る（予稿集)』長野県考古学学会50周年記念シンポジューム

佐野隆　2014「縄文時代中期における内陸中部地方の生業と野生マメ類利用」『日韓における穀物農耕の起源』山梨県立博物館

直良信夫　1938「史前日本人の食糧文化」『人類学先史学講座』第1～3巻

藤森栄一　1970『縄文農耕論』学生社

宮本一夫　2009『農耕の起源を探る―イネの来た道』歴史文化ライブラリー276，吉川弘文館

村田文夫　1985『縄文集落』考古学ライブラリー36，ニューサイエンス社

山田武文・佐々木由香ほか　2012「岡谷市内縄文時代遺跡出土マメ科種実とレプリカ法によるマメ圧痕調査」『縄文時代中期の植物利用を探る（予稿集)』長野県考古学学会50周年記念シンポジューム

渡辺誠　1965「綾式土器の様式構造」『あるかいあ』第6号

渡辺誠　1966「縄文文化における抜歯風習の研究」『古代学』第12巻第4号

渡辺誠　1968「九州地方における抜歯の風習」『帝塚山考古』創刊号

渡辺誠　1973『縄文時代の漁業』雄山閣

渡辺誠　1974『縄文時代の植物食』雄山閣

渡辺誠編　1975『京都府舞鶴市桑飼下遺跡発掘調査報告書』舞鶴市教育委員会

渡辺誠　1984「照葉樹林文化論と縄文文化研究」『民族学研究』第49巻3号

渡辺誠　1985「西北九州の縄文時代漁撈文化」『列島の文化史』第2号

渡辺誠　2003「火と石と土の語る文化―列島の多様な環境と縄文文化」『週刊朝日百科33―日本の歴史』，朝日新聞社

山内清男　1925「石器時代にも稲あり」『人類学雑誌』第40巻第5号

山内清男　1937「日本に於ける農業の起源」『歴史公論』第6巻第1号

山内清男・佐藤達夫　1962「縄紋土器の古さ」『科学読売』第14巻第12号

追記

小論を提出してから相応の歳月が経過しているので，二点ほどの追記を御許し願いたい。

(1) ウルシの食用化について。小論でふれたが，佐々木由香は，東北地方を中心とした前期初頭以降，ウルシは集落の周辺に植栽されたと主張。食べる部分は，ウルシ内の果皮とされる。そこからクリ・ウルシ利用文化圏を提唱された。わたしの希望は，縄文人の胃袋に入るまでのプロセス。民俗誌的な資料などから具体的に応用できるなら披歴いただきたい（不勉強で看過していたなら御許しを乞う）。ちなみに知己の樹木医・石井誠治によると，韓国ではウルシを湯がいて三杯酢とゴマ油で和えたり，味噌やコチュジャンをつけて食べる。それらはアクがなく独特の風味があるという。日本では，漆掻き職人はウルシ芽の天ぷらを食べて体質を慣らす。それは甘味が強くて香ばしいという（石井誠治　2015『木を知る・木に学ぶ』ヤマケイ新書）。

(2) 植物種実が多量に混入された事例に接すると，その部分が強調的に紹介されやすい。が，考古学な背景と関連付け客観的に分析されると，その説得力に共感する。以下はその具体例である。

分析された土器は，長野県下伊奈郡伴野原遺跡33号住（中期後半）から発掘された推定器高52cm，口縁部径43cm，底部径11㎝の大形の埋甕《うめがめ》。この土器表面の圧痕160点をレプリカ法で確認すると，大部分がアズキ亜属種子であった。この事実を分析されたグループは，発掘された竪穴住まいの特徴，埋甕の位置などの考古学な情報のほか，種子圧痕の種類・発見部位などの詳細を提示した。結論的には土器面に認められマメ類は，日常空間にあったもので，偶発的に練り込まれた生活環境を復元された（会田進ほか　2017「アズ

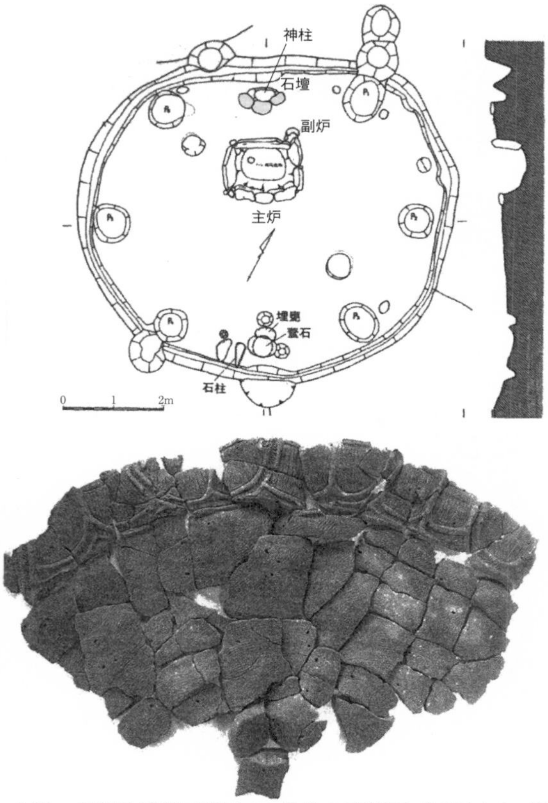

図4　上段　長野県伴野原遺跡33号住の実測図（「神柱」と石壇のアミ掛けは筆者）
下段　同住居発掘のアズキ亜種混入の中期後半期の土器（土器表面にアズキが黒点状に確認できる）（本図は会田進ほか，2017を加工した）

キ亜属種子が多量に混入する縄文土器と種実が多量に混入する意味」『資源環境と人類』第７号）。

わたしは，異なった復元案も可能と考えた（図４・写真参照）。①アズキ亜属種子混入土器は，この住まいでは一点のみ。②住まい出入り口部に埋設する「埋甕」容器では，明らかに大き過ぎる。加えて，埋甕に通有の底部穿孔・損壊という加工が確認されていない。③種子混入土器＝埋甕は，底部内面に炭化物が付着している。つまり，煮沸容器としての機能をすでに経緯している。ここから逆説すると―。④種子混入の大形土器は，混入種子を祭祀する目的で特注された。容器は必要な都度，屋外か，住まい中央の「石囲い炉」内に据え，使用された（付着物の痕跡）。⑤それ以外の時は，石囲い炉の奥部と奥壁との間に設営された「石壇」部に，豆類の祭祀する祭具として正位に据えられていた。その際には，土器は背後の神柱に添えた（略円形ピット）。⑥祭祀の主宰者が死亡。遺骸の一部を，件《くだん》の種子混入土器に入れ，住居出入り口に埋め，蓋石を置いた（埋甕として使用）。高さ52cm，口径43cmの容器は，乳幼児の埋葬用とは思えず，東北・甲信の縄文中期・後期の再葬骨蔵容器の容量に匹敵する。大人でも洗骨すれば十分に納骨できる。このように，マメ類の豊作祈願や感謝の意を表す祭祀儀礼用としても復元できる。埋甕目的の容器だけでは，不釣り合いなほど大きすぎる。底部に付着した炭化物もこれで説明できよう。

わたしにすれば，これもまた「炉辺の考古学」の範疇であると考えている。

その後の見聞録

小論文中，わたしは「炉辺の考古学」の重要性を強く指摘した。この指摘は1985年（昭和60）の拙著『縄文集落』（考古学ライブラリー36・ニューサイエンス社）に端を発している。そこで拙著中にふれたオリジナルな部分を再録する。今から37年も前の拙い発想をご理解頂ければ幸いである。（若干の文字は整理したが，論旨と図は変えていない）

＊

著名な長野県阿《あ》久《きゅう》遺跡でもⅡ期（関山期併行）の竪穴住居にかぎり，固定式石皿（あまり適切な表現ではないが）と称する作業台が発掘されている。その位置は，壁・柱を避けた広い空間に位置することが多いが，炉辺に置かれた事例も少なくない。

縄文時代中・後期になると，台石は石囲炉に接したり，あるいは炉石そのものが台石機能を兼ねるようになる。新潟県八反田遺跡２号住居（加曾利Ｂ期併行）の炉は，長さ１m10cm，幅63cmをはかる大形の石囲炉で，うち入口方向には径40cmの台石が据えつけられていた。しかもその上面は，直径約15cmの範囲でよく敲《たた》かれ窪んでいる。発掘調査された渡辺誠氏は，敲かれて窪んでいる面の広さが，近年までトチムキ石の台石として使用されていた岐阜県大野郡白川村内の諸例によく類似している点に注目されている。

これに類似した事例の一つとして，東京都かもっぱら遺跡１号住居（加曾利ＥⅢ期）がある。この竪穴住居の石囲炉は，住居中央のやや奥壁寄りに切られた四辺が完全に遺存する稀有の事例である。実測図や写真から観察すると，奥壁に向かって左側の河原石は，表面の凸凹が顕著で，他の三辺が丸い棒状形態であるのに対し，いくぶん上面が平坦な形態のものを選んでいる。台石を兼ねていたのであろう。よく石囲炉の一辺が離村時に撤去されたとおもわれるケースがある。その一辺が台石と兼用の炉石であった可能性も考えておく必要があろう。

これらと関連させて，さらに具体的な事例をあげてみる。

長野県葦原遺跡の３号住居（中期・藤内期）では，石囲炉に接して 45 cm × 25 cm の範囲に炭化したクルミが多量に発掘されているので，炉辺における堅果類料理の一斑が証明できる（図5）。この竪穴住居からは，石器類を片手に持ち，台石を兼ねた炉石の端部を使って，夜《よ》毎《ごと》，トチやドングリの殻割りに精をだす縄文人の作業する姿が彷彿とできる。ここから，扇平遺跡の台石やかもっぱら遺跡の台石兼用と推測できる炉石の存在を考えてみると，そこでは堅果類を主体とした植物食の調理がなされていた可能性が高い。よってその周辺は，女性の坐する場として復原することもできよう。

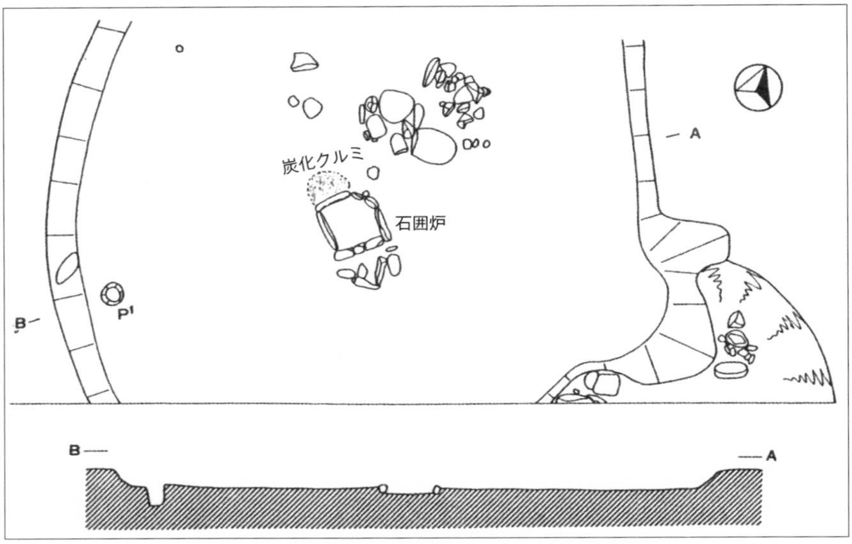

図５　葦原遺跡３号住居（炉脇から堅果が出土）

自然遺物としての植物遺体が確認できなくても，長野県曾利遺跡のように石囲炉の脇から凹石が数個もまとまって発見されている場合などは，躊躇することなく上記の推測が可能である。その意味で，今後は，炉内およびその周辺〈炉辺〉の土壌を水洗選別し，情報の質と量を高める必要がある。現に，東京都中山谷遺跡や長野県阿久遺跡では，竪穴住居内の覆土を水洗選別して，肉眼では観察できないオニグルミやドングリなどの植物遺体を多量に得ているのである。

ますます炉辺の考古学に深い関心を寄せざるをえない。

縄文竪穴住まい内の祭祀と墓制に関する一考察

―甲信地域の中期後半期の資料から―

はじめに

縄文中期の竪穴住まい内には，縄文人の多様な生活痕跡が幾重にも投影されている。ただわたくしたちは，豊穣な発掘資料の前に視座が確立できず，彷徨《ほうこう》している感も否めない。2013年に，わたしは長野県下の縄文中期資料を素材にして，「炉石・焼土の行方と頭蓋骨を祀った住まい考」という，事実上２テーマに関する卑見を著した（村田2013。以下は「前稿」）。後段のテーマは，最近，いくつかの理由から補遺をしておく必要性を感じていた。そこで本論の前半部分で，前稿の補遺をさせていただき，後半部分でこれらに関連する考古事象を新たに取りあげる。

1　住まい内に頭蓋骨を祀る考・その後（前稿の補遺）

（1）前稿の内容を要約する

前稿の後段「頭蓋骨を祀った住まい考」で俎上《そじょう》に載せた長野県郷土遺跡の第24号竪穴（中期後葉加曾利ＥⅢ期）は，上信越自動車建設に伴う緊急調査で発掘された（桜井ほか2000）。この住まいでは，北側の奥壁寄りに立派な石囲炉（三隅には小形の無頭石棒を据える）が切られ，さらに奥壁との狭い空間には，約４ｍの間隔を開けて丸石が２個置かれていた（図１右）。丸石は石棒と一緒に発掘されることが多いが，古代文芸では「子孕石《こはらみいし》」（または安産石）として，妊婦が裳着《もぎ》に２個付ける信仰がある（谷川1997）。２個の丸石に挟まれた空間には，底部を切断した深鉢形土器６個体（入れ子状態含む）が，口縁部を床面に密着させて（倒置状態）発掘され，さらに倒立した深鉢形土器群の中央には，超大形の浅鉢形土器が，口縁部を上にした正位の状態で発掘されている。

これらの遺構・遺物の複合体に，わたしはひと際強い関心を抱いた。これが発端である。

調査報告書では，住まいを廃絶する直前になされた祭祀説，丸石で囲まれた範囲内の祭壇説，祭祀専用の住まい説，または祭祀執行人の住まい説などがあげられている。調査報告書であるから，とりあえず複数の可能性をあげ，性急な結論を避けたのは妥当である。

この郷土遺跡の第24号竪穴（以下，「郷土24号住まい」とする）の空間内の様相を，前稿では以下のように復元した。要旨を再論する。

1. 奥壁部に死者を祀る。この先祖霊は家人を庇護し，家人は先祖霊を敬虔に崇拝した。
2. 祀られる死者は，一旦他所（広場内の墓壙など）に埋葬され，その後血肉が削がれたころ掘り返されたのであろう。頭蓋骨は洗骨して底部を切断した深鉢形土器に入れ，土器は口縁部を床面に密着して被《かぶ》せた。ちなみに郷土24号住まいの逆位深鉢の口縁部径は20cm以上，胴部径は16cm以上。一方，縄文人の頭蓋骨の最大長平均は，男性で18.6cm・女性で17.6cm，最大幅平均は男性で14.4cm・女性で14.1cm（山口1981。岡山県津雲貝塚人）。したがって，頭蓋骨は底部を切断した深鉢形土器で十分に被覆《ひふく》できた。口縁部径16cm，胴部径10cmの小形品は，まだ成人に達していない者の頭蓋を被覆したのであろう。

神奈川県横浜市市ノ沢中崎遺跡（江藤ほか1980）の「髑髏《どくろ》形土製品」（縦横3.6cm前後，中期後半）から推測すれば，縄文人にとって頭蓋骨は，日常的に見慣れている祭祀の対象物であったと思われる。

3．一方，中央部に正位に据えた超大形の浅鉢形土器（最大径約80cm，高さ51cm，容量約90ℓ）の使途は，山野河海《さんやかかい》から得た植物食や獣類を供献する儀礼のほか，前記2との関連で想像をふくらますと，時には頭蓋骨と一緒に掘り出された四肢骨などを浅鉢形土器内に盛りつけて，一緒に祭祀するような儀礼もあり得たとも推測している。ちなみに津雲貝塚人の大腿骨の平均長は，男性で41.8cm，女性で38.3cm（山口1981）。超大形の浅鉢形土器であるから，大腿骨でも十分に納まる。

これらの骨片にこだわる痕跡は，民族語彙《ごい》のホネカミ（骨咬み）とか，ホネコブリ（骨齧る・九州方言）からも拾える（真野1993）。これは，亡き人の白骨を咬み・舐めて哀悼・追悼

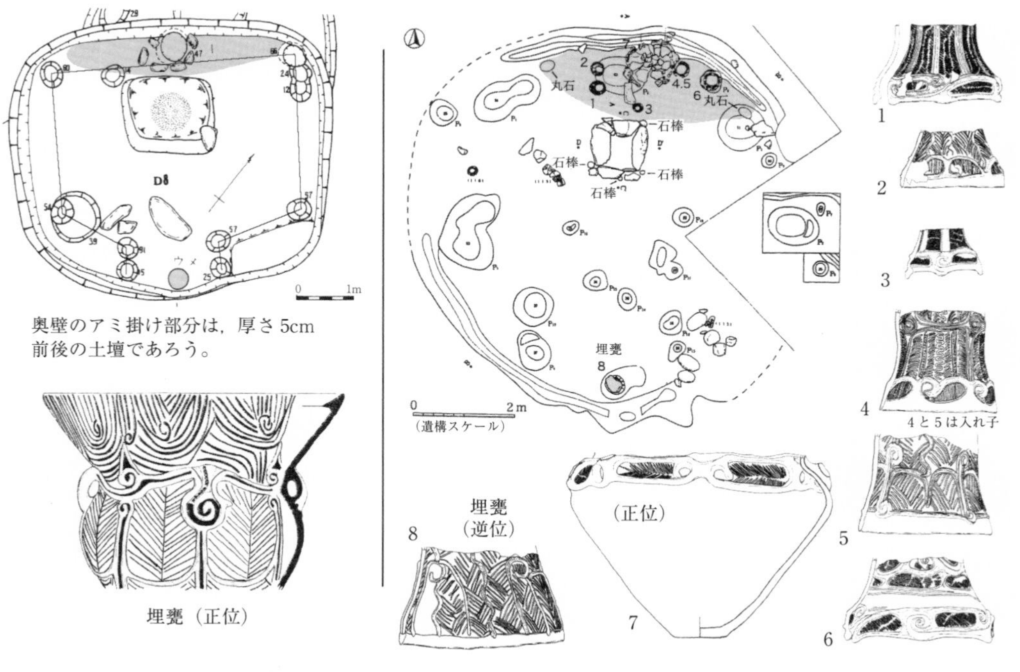

図1　郷土遺跡24号住（右）と増野新切遺跡D8号住（左）
（奥壁部寄りのアミ掛け部分を葬・祭の空間と推定する）

を表現する，一種のカニバリズム（食人風習）的な風習である。歴史上の実録譚《たん》としては，明応８年（1499）３月25日に本願寺中興の祖の蓮如が荼毘に付された折，３月27日の拾骨にあたって，実如と門弟らに中には競って骨を持ち帰る者・口に入れる者がいた。九州生まれの国民的俳優・高倉健も，母親の遺骸をホネカミしていたという。

このように郷土24号住はシャーマン的な司祭者の住まいで，５個体（入れ子は１とする）という数値は，紐帯していた家数に対応していよう。よって奥壁部に沿った祭祀空間は，住まいの使用時には実修され，4ｍの間隔を挟んで置かれた２個の丸石・子孕石と，倒置された葬具の深鉢形土器群には，「生と死」のパラドックス（一見矛盾するが，実は正しい）が見事に演出されていた。

（２）前稿の内容を補遺する

前稿発表後，補遺をしておきたい事項が生じてきた。紙幅の制約があるので，箇条的に要約しておきたい。

1．前稿で横浜市市ノ沢中崎遺跡の「髑髏形土製品」にふれたところ，友人から関連する資料をご教示いただいた。長野県久保上ノ平遺跡40号住まい発見の有孔鍔付土器（中期中葉）に付いていた人体文の顔面（図２右）は，血肉が削がれた髑髏相で，かつ上半身と下半身が分割される（友松1997）。岩手県けやき平団地遺跡の深鉢形土器（後期前半）の上半部には，人体文が貼りつく（図２左）。髑髏相の顔面下の首部から腰部にかけては，円形の刺突文が連続する（桐生1997）。発掘調査された桐生正一は，連続する円形刺突文を妊婦の正中線と見て，モデルは女性と考察した。わたしは死骸を見慣れた縄文人が，肋骨をはずした躯体幹骨の頚椎・胸椎・腰椎を強調して表現したものと考えている。

2．倒置された深鉢形（伏甕）などの造作は，郷土24号住を含め山本暉久は廃屋時における儀礼の一環と見る（山本2008）。このような見方が，現下では支配的である。しかし，わたしはこうした見解に与《くみ》することはできない。若干の関連資料をあげて，自説を補強しておき

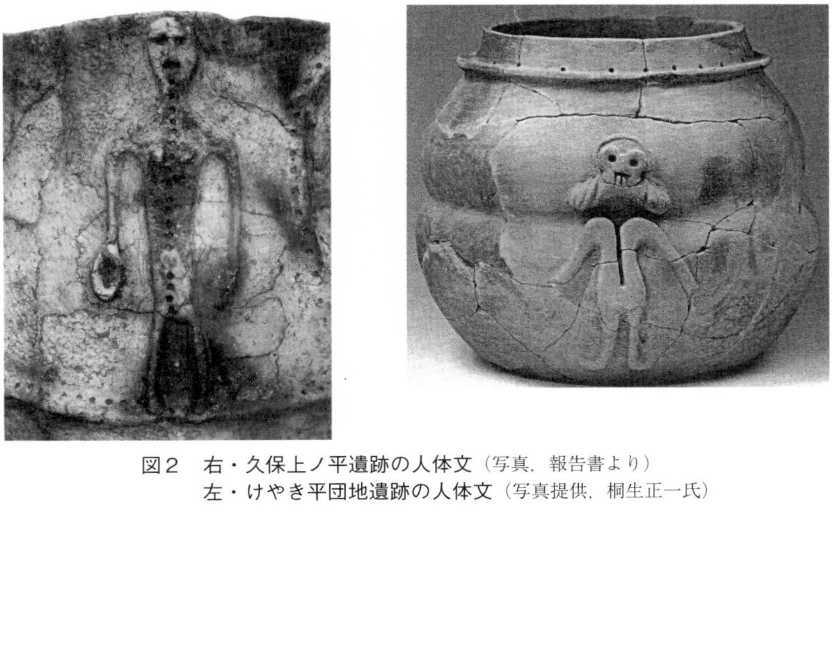

図２　右・久保上ノ平遺跡の人体文（写真，報告書より）
左・けやき平団地遺跡の人体文（写真提供，桐生正一氏）

たいと思う。

長野県増野新切遺跡 D8 号住—この遺跡は，中央道用地内遺跡の一つで，縄文中期後半期の大集落跡。うち D8 号住（図 1 左）には，注目される所見がある（遮那ほか 1972）。住まいは隅丸方形プランで，「この住居址では床面より 5cm 上に黒土をかためた面が見られた。それに伴う遺構として，炉奥との間に礫を円形においた石囲いがあり，その中に直径 45cm，深さ 47cm の穴がある。（中略）これが住居廃絶後の施設であることは確かである」と報告する。同遺跡 D30 号住にも同様の記述があり，結論は D8 号住と同じである。

しかしわたしの見方は，これと真逆。D8 号住の奥壁寄りの床面上 5cm に認められた黒土層は，住まいの構築時か，一定期間が経過した後，薄く層状に搗《つ》き固めた「土壇《どだん》（状）遺構」であろう。その際に直径 45cm，深さ 47cm の穴を穿《うが》ち，壁面には扁平な礫をきれいに貼りつける（それが石組み遺構）。石組み遺構内には，木柱を建てる，頭蓋骨を納めるなど，葬・祭に関わる機能をもたせたのであろう。D30 号住も同様な遺構復元ができよう。

3．中村耕作は床面に倒置された件《くだん》の深鉢形土器が，奥壁部以外に建物の架設躯体である主柱穴の周辺にも集中している傾向をつかまれた（中村 2017）。そこから，「柱脇の倒置土器については，土器被覆葬《ひふくそう》の産物である蓋然性《がいぜんせい》を増したと考える」と結論付けている。

このさきふれる床面下に埋設された倒置土器の場合も含め，わたしは中期後半期以降の竪穴住まいには，葬・祭に関わる多様な装置が仕掛けられていたと推察している。前稿では，長野県棚畑遺跡 74 号住の出入り口部に据えた大形倒置土器，同 41 号住の奥柱の柱穴内から発掘された口縁部径 40cm・器高 50cm の完形の甕形土器などにふれ，そこから洗骨葬の可能性を提起した。

中村がいう柱脇に置かれた倒置土器を，いまふれた主柱穴の内部や，住まい内の土坑に据えた土器と考えあわせると，おそらく太い柱の脇に倒置された葬具転用土器が醸《かも》す霊威が柱に憑《ひょう》依《い》し，住まい内に安寧をもたらすことを期待していたのであろう。

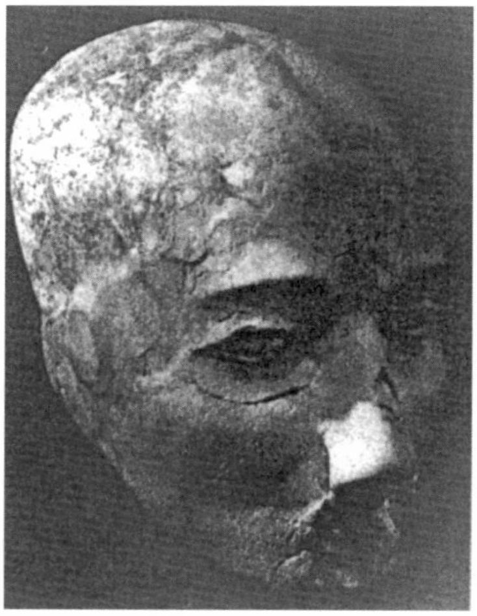

図 3　漆喰装の頭蓋骨。エリコ遺跡
（先土器新石器時代，増田 1994 より）

4．オリエント考古学の増田精一は，地中海沿岸の先土器時代には，眼底に貝を嵌《は》め，頭部を漆喰で塗った男性頭蓋骨（図 3）を住居の床面に安置した事例があることを紹介する（増田 1994）。人類学者の金関丈夫も頭蓋骨に一定の霊力を認め，その善影響を得るため，供養・祭祀をする髑髏崇拝の風習が世界各地に分布することを認めている。それを屋内で祭祀するときには，頭骨だけをのこし，それを籠・袋・木箱などに納め，屋内の柱上に掛けるという（金関 1975）。これらの指摘は，縄文時代の事例を考える時，示唆的である。

2　沖縄の洗骨蔵骨器と東北地方北部の土器棺墓に脈絡ありやなしや

（1）山梨県北杜市諏訪原遺跡から発掘された好例

この問題の切り口として，山梨県諏訪原遺跡の竪穴住まいから発掘された「底部穿孔倒置埋設土器」（以下，「倒置埋設土器」と略称）を紹介する。当該遺跡は2007～2011年度にかけて，山本暉久らの指導で，昭和女子大学歴史文化学部が発掘調査された（山本2017）。

倒置埋設土器は，SWU-PJ3号住まいから発掘された。大形な住まいで，直径は7.8m×7.5mを測る。倒置埋設土器は，当初，土坑内に単独に埋められたものと考えられていたが，調査を進めると，鉄平石を方形に配した石囲炉が発見され，PJ3号住居に伴うものと判断された。倒置埋設土器は，住まいの南西側，炉を結ぶ中心軸線上に沿った1号土坑に埋設されていた。

1号土坑は直径1.1m×0.8m，深さ0.7mの楕円形で，上面に半欠品の石皿を伏せ，下面から当該の土器が倒置された状態で発掘された。土器（図4左）は，口縁部径が約50cm，器高が約52cmで，底部の中央部には，外面から径約1cmの小孔を穿つ。器形は，頸部がくびれて口縁部が強く外反する深鉢形（いわゆるラッパ型）。文様は沈線文が主体で，中期後葉の曽利Ⅲ式の特徴をよく表している。土器の内面下半部には，煤《すす》状の黒変が認められる。報告書は，これを埋設以前につけられた使用痕と想定している。土器内の土壌とか骨片の有無などの記述はない。最終的な使途は「土器棺」で，遺体は「直葬もしくは再葬」と想定されている。この時期の住まいの壁際にしばしば設置される「埋甕」は，発見されなかった。

（2）再葬墓と推定される事例の周辺を探る

底部が穿孔された大形土器に収納する骨であれば，洗骨して納入する，洗骨葬であろう。考古学的には，青森県天狗袋遺跡例を報告した笠井新也の報告を嚆矢《こうし》とし，その後の研究の軌跡は，斉藤忠の『東アジア葬・墓制の研究』などに詳しい。その後も，江坂輝弥などの調査・研究で進展したが，葛西勵が東北地方北部の青森・岩手・秋田県下で実施した蒐集と研究は，特筆される

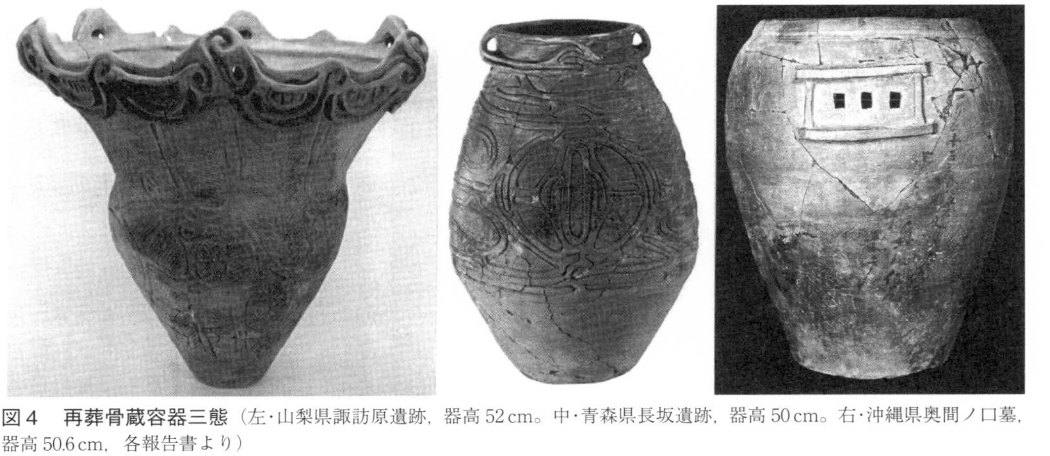

図4　再葬骨蔵容器三態（左・山梨県諏訪原遺跡，器高52cm。中・青森県長坂遺跡，器高50cm。右・沖縄県奥間ノ口墓，器高50.6cm，各報告書より）

べき貴重な成果をあげた（葛西 2002・2006）。しかし本稿では，主題にあわせた話題に限定させていただく。

洗骨葬といえば，沖縄のそれが真っ先に想起されよう。大形の縄文土器に類似する蔵骨器が，洗骨葬用の容器として使用されていた実態が報告された（呉屋ほか 1996）。それは羽衣伝説で有名な奥間家ゆかりの「奥間ノロ墓」で，平成5・6年度に国道工事に伴い，事前に発掘調査された。

岩窟を穿った長方形の墓室に45基の蔵骨器が納まる。主体は27基の陶器製ボージャー甕型蔵骨器（図4右。以下は「ボージャー甕型」と略称）。紀年銘から1730・1750・1770年を起年とする20年単位に形式区分される。ボージャー甕型27基の器高は，最大60.4cm，最小37.4cm，平均51.6cm。口縁部径は，最大33.0cm，最小20.0cm，平均27.4cm（図5上）。器形は肩部に最大径があり，最大44.5cm，最小31.2cm，平均37.2cm。洗骨は形質人類学者が調査している。四肢骨で最長骨の大腿骨の平均長は，男性39.7cm，女性35.9cmであった。葛西も沖縄・久米島を調査され，納骨壺は高さ55cm・胴部35cm前後のものが多かったと報告している。

ちなみに縄文時代の倒置埋設土器は，一様に器高が高い。その背景を，上記の数値から大胆に推測すると，四肢骨中で最長の大腿骨を，折損せずに蔵骨器に納めることに大きな要因があったのではないか。ボージャー甕型27基の器高も，前記の通り平均で51.6cm。納骨された男性の大腿骨長の平均は39.7cm。蔵骨器高と大腿骨長との10cm差に，わたしは強い因果性を感じている。

この仮説を，もう少し詳しく縄文時代の再葬土器棺墓との比較から検証してみる。

東北地方北部から発掘される再葬土器棺墓（図4中）は，多くの関係者が関わってきたが，わけても葛西勵の『再葬土器棺墓の研究・縄文時代の洗骨葬』と『続・再葬土器棺墓の研究・切断壺形土器と子供の再葬を考える』は，最も的確に内容が整理されている。それによると，事例は北海道から2遺跡2事例，青森県から24遺跡35事例，岩手県から5遺跡11事例，秋田県から1遺跡1事例，合計32遺跡49事例があがる。なかんづく，青森・岩手県下に集中し，その南限は遠く東京都はけうえ遺跡に至る（谷口 2017）。時期は中期末も含むが，主体的な時期は，後期前半の蛍沢Ⅰ・Ⅱ期，小牧野3期，十腰内Ⅰ期にある。縄文時代の再葬土器棺の器形と，沖縄のボージャー甕型を較べてみると，前者の最大径は胴部の中央から下半にある。

ボージャー甕型との比較を簡明にするため，測点を器高と口縁部径の2点に絞る。

再葬土器棺の器形は，3グループに分けられる（図5中）。主体的なAグループは，北海道・東北地方北部から数多く発掘され，その器形をボージャー甕型と比較すると，相対的に口縁部径が細くて器高も高いが，プロポーションは細身でボージャー甕型と類似性がある。Bグループの事例は，小牧野3期に編年される青森県薬師前遺跡1号棺・3号棺や木戸口遺跡例など，器形が深鉢形（図中の×印）に集中している。なおBグループにあっても，器高は最長でも60cm内外。この範型は，沖縄のボージャー甕型とほぼ同じ。そのほかに，小型のCグループがある。

この種の遺跡は不時発見が多いので，収納骨の状況は不明なものが多い。葛西は形質人類学者によって分析された4例を紹介している（葛西 2002）。形質人類学者の森本岩太郎も，7遺跡例を具体的に分析している（森本1988）。葛西は，頭蓋骨を真っ先に棺内に収納し，つぎに四肢骨をその周りに立て掛けたと推測している。森本は，薬師前遺跡3号棺（高さ65cm，壮年期女性1個体）を取り上げた際，大腿骨と脛骨は左が西側，右が東側を占めていたことから，納棺時は北向きにし，両膝を屈曲した蹲踞《そんきょ》姿勢の埋葬位を想定された。蹲踞の姿勢は，胎児に似せて死者の再生を願ったもの。頭蓋骨を真っ先に収納したのは，出産時の頭位を模倣したものとされた。つまり，子宮内への回帰である。

この指摘は，縄文人が屈葬位をとる仮説の一つである，母親の子宮内に再び戻したとする考えに共通している。

葛西には，さらに切断壺形土器に関する優れた調査・研究がある（葛西2006）。その土器は器形か壺形に限定され，土器を焼成する前に，頸部をあらかじめ上・下に切断しておく。この土器の使用にあたっては，先に切断した面を再度接着・目張りし，旧の状態に戻す。器高は低く，多くが10～15cm前後，口縁部径は2～4cm前後に集中している。その分布域は，再葬土器棺墓と重複し，出現・盛行・終息する時期も再葬土器棺墓に共通している。

使途については，胎児や嬰児《えいじ》の埋葬用であったとする。何故，壺の上半部で切断したのか。それは森本岩太郎の見解，すなわち，人骨は頭位を出産時の姿勢にして組み立てられたという指摘と重ねると，壺は胴部の上半をあらかじめ切断してから焼成し，つぎに嬰児骨を壺内に納めた後，今度は切断面を丁重に目張《めば》りしたものと復元された。

また，青森県稲山遺跡からは，当該の小形土器が18個体も集中的に発掘されている。この所見から，洗骨葬墓であっても，「子供は神の子」として神格視する「子供墓」の様相が顕著にうかがえるという。

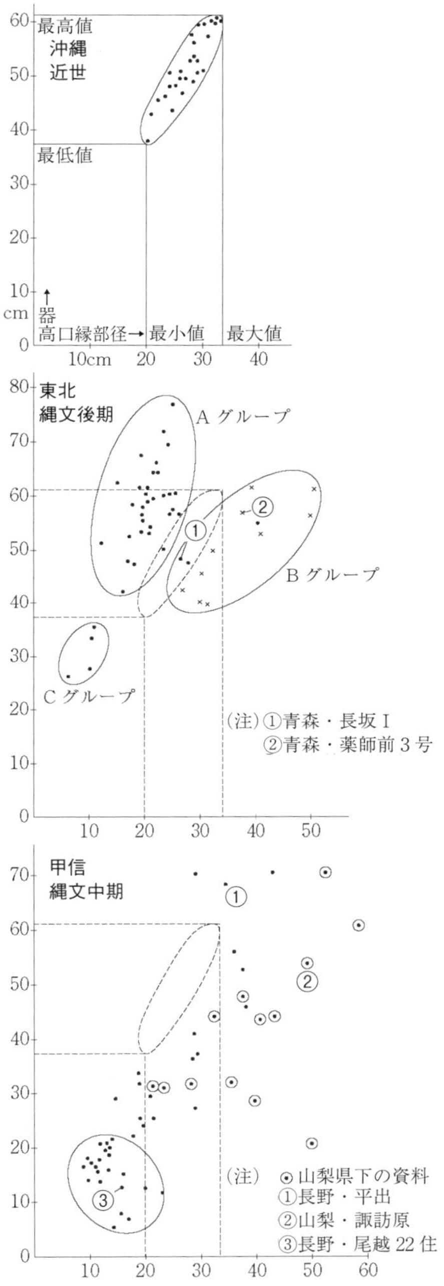

図５　再葬骨蔵容器三態（上・沖縄，奥間ノ口墓（呉屋1996より作成），中・東北地方北の再葬土器棺墓（葛西2002より作成），下・甲信地方の底部穿孔土器（井口2014より作成））

3　竪穴住まい内から発掘される倒置埋設土器の周辺

（1）あえて地域・時期が異なる事例を比較する

この問題の切り口として，さきに山梨県北杜市諏訪原遺跡から発掘された倒置埋設土器の好例を紹介した。このさきは，既述した沖縄県と東北地方北部の分析事例も視野に入れながら，本論の結論部分に到達したい。

倒置埋設土器は，長野・山梨県や関東西部の丘陵・台地部から数多く発掘され，集成・分析されてきた。近年では吉澤宏（吉澤 2007）や井口真理子（井口 2014）による集成と研究がある。ただし本稿では，竪穴住居内発見であること・埋設土器の器高や口縁部径などの比較を重要な視座としているで，井口の集成表から，上記条件に合致する甲信地方の 30 遺跡 53 事例（長野県 23 遺跡 37 事例・山梨県 7 遺跡 16 事例）を俎上に載せる（図 5 下）。その結果は，以下の通り。

1．甲信地方の竪穴住まい内から発掘される倒置埋設土器の形態的な特徴は，沖縄のボージャー甕型や東北地方の再葬土器棺Ｂグループとは，器高・口縁部径で類似する傾向もあるものの，ボージャー甕型とは全く符合しない。さらに器高は 60 cm を超す事例は 4 例のみで，50 cm 以下であることも大きな指標となる。ここでも大腿骨長との相関性が十分に想定できよう。

2．長野県と山梨県の事例を比較すると，山梨県側に大形品（図 5 ×印）が多い偏向がある。その一方，長野県側からは，口縁部径が 16 cm 以下，器高が 20 cm 以下の小形の倒置埋設土器が多く発掘されている。何故であろうか，興味を惹かれるのでつぎに言及する。

（2）底部穿孔の小形倒置埋設土器を床面下に埋める背景

俎上《そじょう》にのせる尾越遺跡は，長野県上伊奈郡飯島町に所在した縄文中期の大集落で，昭和 46 年中央道調査の一環で発掘された（神村ほか 1971）。

尾越 22 号住まいは，直径 6 m 弱の円形の住まい（図 6）。やや奥側に石囲炉（炉の縁石は撤去）を切る。出入り口部には，この時期に普遍的な埋甕を 2 個体（1・2）埋設する。1・2 は口縁部径 30 cm 前後，器高 40 cm 前後でほぼ共通しているが，2 の内部には，別個体の底部が納入されていた（2-2）。一方，日常的に起居する床面下には，倒置埋設土器が 2 個体（3・4）埋設されていた。3 は，胴部径 16 cm，器高 14 cm，4 は，口縁部径 16 cm，器高 20 cm 前後。いずれも小形土器の部類で，ともに底部は穿孔。図 6 は，以上の様相を理解しやすくするため，1 つの図に編集した。

長野県諏訪市の荒神山遺跡 18 号住，同県上伊奈郡飯島町の増野新切遺跡 B27 号住なども類似の様相。寝起きするスペースの中心部に，倒置埋設土器が隠されていた。増野新切 B27 号住の小形倒置埋設土器は，最大径が切断した胴部で 12 cm，器高も 13 cm。これらの底部穿孔の小形土器も，床面にあわせて底部を上位にして埋設されていた。

尾越 22 号住まいの埋甕 2 の内部から，底部破片が発見されたことはすでにふれた。増野新切 B7 号住，同遺跡 D13 号住，殿村遺跡 25 号住などの埋甕内からも小形土器が発掘されていた。

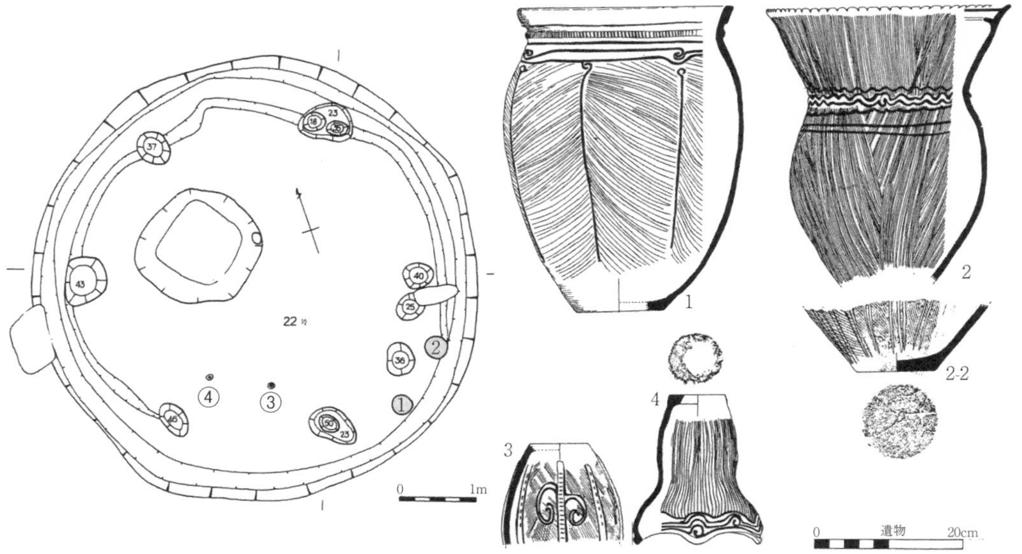

図6　尾越遺跡22号住，出入口部の埋甕（1・2）。2の底部から発見された2-2，3・4は住まいの床面下から発見された倒置埋設土器

増野新切D13号は台付形態の優品であるが，口縁部・台部を欠損し，そこを丁寧に磨いている。殿村遺跡例は，正位に据えた埋甕の底部に，器高8cm，口縁部径8.8cmの小形で完形の鉢形土器を正位に据えている（青沼ほか1989）。これらの謎を解く有力なヒントが，近年，長野県上伊奈郡宮田村の中越2遺跡403号住から発掘された（小池・渡辺2014）。

中越2遺跡403号住は中期後半曽利Ⅲ期の住まいで，南辺出入口に口縁部径26cm，器高34cmの埋甕を据える。その埋甕内の底部には，人面付きの口縁部径5.8cm×4.9cm，器高8.6cmの小壺が寝かされていた。渡辺誠は，壺に描かれた人面は死産児を表現したもので，それを真上に向け，母親の門戸に再入するため見上げていたと考えた。

再葬骨を収納するボージャー甕型，再葬土器棺墓，倒置埋設土器などの多くは，地域・時代を越えて器高は50～60cm前後内に納まる。この背景には，最長骨の大腿骨を折損することなく収納する意図が働いていた可能性はすでに指摘してきた。

一方，中越2遺跡の人面付き小壺は，器高は8.6cm。死産児の甕葬については，昭和2年に発表された長谷部言人《ことんど》の岩手県陸前高田市中沢浜貝塚の研究が著名である（長谷部1927）。同じ貝塚の新資料を，現在の科学で分析しても，胎生月齢の大腿骨長は長谷部の研究と大差がない（奈良2012）。繰り返すと，中越2遺跡の埋甕内小壺は，器高8.6cm。一方，胎生月齢10か月の死産児の大腿骨は，長さ7.4～7.8cm前後。よってこの種の小壺でも骨は収納できる。殿村遺跡の小壺も同様の大きさであるから，こちらも死産児の大腿骨ならば収納できる。さらに中沢浜貝塚の大腿骨は朱塗りであった。朱色には，血＝再生への願意がこめられていたと考えるのが自然であろう。また，増野新切13号住の埋甕内に収納された台付土器は，器高11.4cm。嬰児の大腿骨であれば，十分に収納できる。

このように長野県下に多い，器高が 10 ～ 20cm 内外の小形の倒置埋設土器には，洗骨された死産児とか嬰児の大腿骨が選択的に収納されていた可能性が高かったと推測できよう。

小形の埋設土器が埋められている位置もきわめて重要である。尾越 22 号住の倒置埋設土器は，家人が日常的に寝起きする床面の下に埋められていた。その小形土器の周辺こそ，母親が日常的に座臥《ざが》する「場」であろう。つまり，母親は自分の門戸にむけて，死産児や嬰児の霊がいつでも再転入できるように期待していたのである。長野県下の多くの事例も，同じような位置に倒置・埋設されている。

現に「アンダマン島民は，子供の屍体《したい》を実際にその小屋の中の炉の下に埋葬した」（母親は炊事支度時，門戸をひろげるので霊が転入しやすい姿勢になる・村田註）・「バーブイスの旅行記（1909）には，路上に埋めた死児の遺体を掘り出し，その魂を自分の胎内に導き入れ，その転生を確保しようとした中央アジア・バンガラ族の母親の実例がみえる」（金関 1975）。

もう 1 例追加する。現代人類学のマリノウスキーによると，ニューギニア・トロブリアン島民は霊的幼児が海の木片にのって漂い，海岸で沐浴《もくよく》する女性の胎内に入って妊娠させると信じていた。そこで妊娠を望む女性は，桶に海水を汲んできて一晩中これを跨《また》いだ。逆に望まない女性は，海が荒れた翌日は，霊的幼児との妊娠を避けるため，海水浴はしなかった（岡田 1942）。

おわりに

わたしは，縄文中期後半期以降の数多くの埋甕遺構の報告や論文に接してきたが，幼児骨埋葬説にしても，胎盤収納説にしても，結論部分に至ると関係者は一様に慎重になってしまい，隔靴掻痒《かっかそうよう》の感を拭《ぬぐ》えなかった。そうした中で，小論中にふれた長野県郷戸遺跡 24 住奥壁沿いから発掘された遺構群は，頭蓋骨を含む室内祭祀の様相がきわめて顕現化した事例であるとわたしは確信するにいたった。

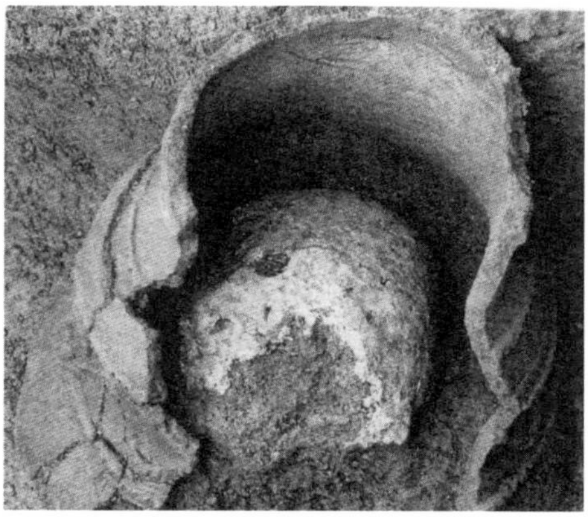

図 7　秦野市東開戸遺跡 SK12。逆位の深鉢と被覆された人頭蓋骨の出土状況

最近では，神奈川県秦野市東開戸遺跡 SK12 号土坑の，逆位に置かれた勝坂期の深鉢土器に頭蓋骨がすっぽり覆われた迫力のある写真（図 7）を見て（坪田 2021），郷戸遺跡 24 住の奥壁部遺構群の意義を再認識した。

この種の推論を積み上げていくためには，土器内土壌の科学的な分析は必須であるが，それ以外にも土器内の土壌を一旦持ち帰り，時期をみて慎重に掻き出すなどの作業を繰り返せば，骨片や人歯などの情報が得られるかも知れない。今後の調査に期待して，拙い一文を擱筆としたい。

引用・参考文献

赤沼博之ほか　1987『殿村遺跡』山形村遺跡発掘調査報告書第6集　山形村教育委員会

井口真理子　2014「中部地方における底部穿孔倒置埋設土器主要事例集成」『関東・中部地方における縄文時代中期大規模環状集落崩壊過程を巡る研究』昭和女子大学

江藤昭ほか　1980『神奈川県横浜市市ノ沢中崎遺跡調査報告書』同遺跡調査団

岡田　謙　1942『未開社会における家族』弘文堂

葛西　勵　2002『再葬土器棺墓の研究—縄文時代の洗骨葬』再葬土器棺墓の研究刊行会

葛西　勵　2006『続・再葬土器棺墓の研究—切断壺形土器と子供の再葬を考える』再葬土器棺墓の研究刊行会

神村透ほか　1971「尾越遺跡」『長野県中央道埋蔵文化財包蔵地発掘調査報告書—上伊那郡飯島町地区・その1』長野県教育委員会

金関丈夫　1975『発掘から推理する』朝日選書40　朝日新聞社

桐生正一　1995『けやき平団地遺跡』岩手県滝沢村教育委員会。

桐生正一　2015『発掘された日本列島2015』（解説文）

呉屋義勝ほか　1996『奥間ノロ墓』宜野湾市文化財調査報告書第24集　宜野湾市教育委員会

小池勝典・渡辺誠　2014「人面付き小型壺を内蔵する埋甕—長野県宮田村中越2遺跡の近年の発掘事例について」『古代文化』66巻1号　古代学協会

桜井秀雄ほか　2000「郷土遺跡」『上信越自動車道埋蔵文化財発掘調査報告書』19—小諸市内3　長野県埋蔵文化財センター発掘調査報告書52　長野県埋蔵文化財センター

遮那藤麻呂ほか　1972「増野新切遺跡」『長野県中央道埋蔵文化財包蔵地発掘調査報告書—下伊那郡高森町地区・その2』長野県教育委員会

谷川健一　1997『日本の地名』岩波新書495　岩波書店

谷口康浩　2017「柄鏡形敷石住居と再葬制の接点」『山本暉久先生古稀記念論文集　二十一世紀考古学の現在』六一書房

坪田弘子　2021「勝坂期の人骨を伴う土坑墓—天神山遺跡第Ⅲ地点J9号土坑墓と東開戸遺跡SK12—」『神奈川を掘る』玉川文化財研究所研究論集Ⅳ

友松　諭　1997『久保上ノ平遺跡』長野県上伊那郡南箕輪村教育委員会

中村耕作　2017「住居柱脇の倒置土器」『山本暉久先生古稀記念論文集　二十一世紀考古学の現在』六一書房

奈良貴史　2012「胎児の考古学」『日本考古学協会第78回総会研究発表要旨』日本考古学協会

増田精一　1994『古代オリエントの神々』弥呂久

真野俊和　1993「真宗における葬送儀礼の形成」『国立歴史民俗博物館研究報告』第49集　国立歴史民俗博物館

長谷部言人　1927「石器時代の死産児甕葬」『人類学雑誌』42巻8号

村田文夫　2013「炉石・焼土の行方と頭蓋骨を祀った住まい考」『考古学の諸相』Ⅲ　坂詰秀一先生喜寿記念論文集　同記念刊行会

森本岩太郎　1988「本州北端における縄文時代後期改葬甕棺内人骨」『日本民族・文化の生成・1』永井昌文教授退官記念論文集　六興出版

山口　敏　1981「縄文人骨の特徴」『人類学講座』第5巻　日本人1

山本暉久　2008「倒置深鉢」『総覧縄文土器』同刊行員会

山本暉久　2017『山梨県北杜市諏訪原遺跡発掘調査報告書Ⅰ』昭和女子大学人間文化学科　歴史文化学科
吉澤　宏　2007「縄文時代における底部穿孔埋甕の発生と展開」『山麓考古』20号

わが縄文のムラと住まい考の残紅を求めて

—神は細部に宿り給う，からの学び—

はじめに

わたしが考古ボーイで山野での土器拾いを経験し，古墳の探勝などを体験していれば，大学に入った頃にはそれなりの知識が蓄積されようが，その類の体験がなかったので，縄目のついた土器を水洗いしながら次第に文様の面白さに魅かれ，御多分にもれず卒業論文は縄文前期の土器論であった。だが卒論資料を収集中に，縄文前期の竪穴住居跡の資料が眼に入ったので，あわせて関係資料も集めた。よって卒論は，前期土器論と竪穴住居論の実質２本立てであった。内容は，言わずもがな，お粗末であった。

1965年に立正大学を卒業し，川崎市教育委員会に奉職して文化財調査・保護行政を担当することになったが，何故か卒論で取り上げた縄文前期の竪穴住居論が，恩師の坂詰秀一先生や当時から親交のあった渡辺誠先生の目に留まり，１本の論文として書くように勧められた。とくに縄文研究が御専攻の渡辺先生から厳しい指導を受けて書き上げ，伝統のある学術誌に掲載して頂けた（村田 1967）。思えば，わたしの縄文のムラと住まいの旅路はここから始まり，間もなく終わろうとしている。そこで書いてきた拙論中から任意にテーマを選び，書いた時点の心意がわずかでも命脈していないものか，いたずら心が芽生えてきた。

「樹頭樹底に見る残紅《ざんこう》」を探し，もしも紅《くれない》の花が一輪でも咲いていたら，往時の心意なりを発露させていただければと思い，拙文を書き留めておくことにした。

1　柄鏡形住居内の生活痕を探る—東京都深沢遺跡の分析から

まず深沢遺跡のプロフィールを紹介する。当該遺跡は，東京都八王子市に所在し，1979 ～ 81年に発掘調査された。成果は，完全な形で発掘された縄文後期・堀之内Ⅰ期の柄鏡形の敷石住居１軒ほか。当該遺構の遺存状態は良好で，成果は詳細に報告されている（土井ほか 1981）。敷石住居の主体部は，約 6m × 5m 弱で大形の部類に属する。わたしは拙書『縄文集落』のなかで，深沢遺跡の調査成果にふれ，若干の卑見を加えた経緯がある（村田 1985）。当時の記憶をたどりつつ，現在の心境を若干蛇足しておきたい。

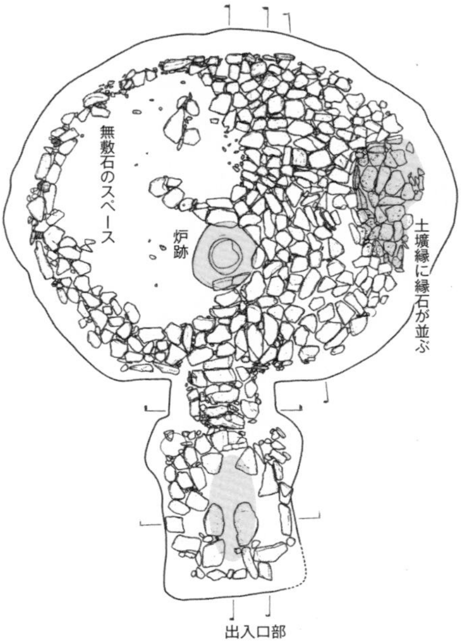

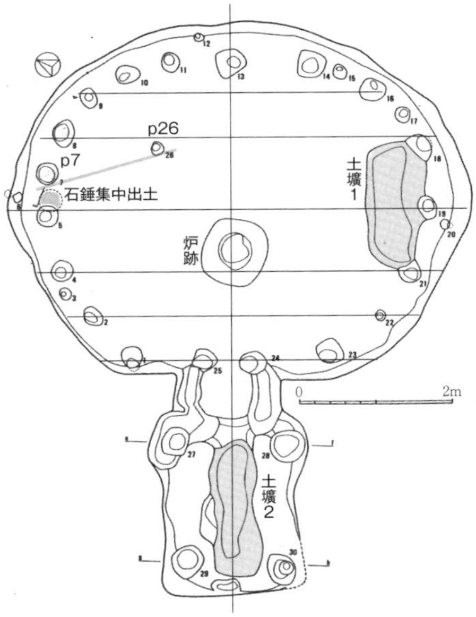

図1　東京都深沢遺跡の柄鏡形住居跡（上段左・敷石された状況図，上段右・敷石を撤去した状況図，下段・切目石錘の一部実測図）（土井ほか 1981 を編集）

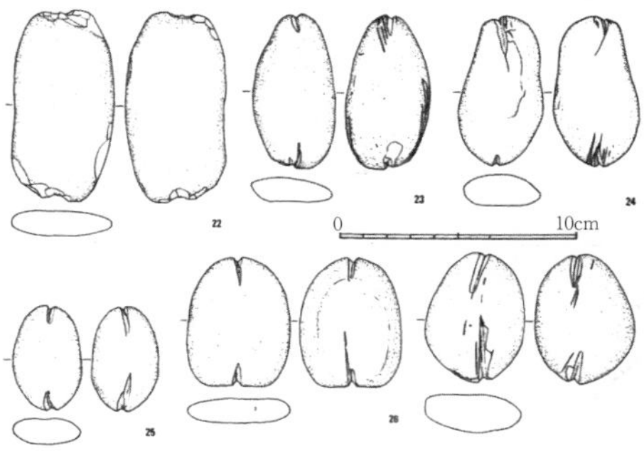

切目石錘の一部

（1）向かって左居間は，当初から無敷石の仕様で，作業場であった？

敷石住居には，遺構の全面に敷石するタイプと，敷石部分が欠けているタイプがある。当該敷石住居は，出入口部から奥部に向かって右側（南方）は敷石され，逆の左側（北方）は無敷石であった（図1・上段左）。さらに報告書は，当該敷石住居は明瞭な焼失家屋で，その証拠に無敷石部分も含めて火災による焼土が厚く堆積し，床面も焼けていたとある。よって当初から，左側は「無敷石」の居間と断じられた。加えて，左側居間の壁際から多量に切目《きれめ》石錘《せきすい》等が発見されているので，そこは「作業空間」であっと推測された（図1・上段右）。わたしはこれらの発掘所見に賛意を感じ，拙書『縄文集落』ではさらに踏み込んで以下のような考察をした。

壁に沿って発掘された「壁柱穴」は，主軸を挟んで右居間・左居間が対称的に並ぶ。そのなかで左居間のほぼ中央部には，単独で深さが-18cm の小形の p26（柱穴の番号，以下同）が確認された。明らかに屋内を架構する柱材を据える目的ではない。一方，p7 と p8 間の壁際には，長軸に切目を入れた切目石錘が 10 点まとまって発見された（図1・右下段。石錘は総数で 18 点発掘。重量は

35～40gに集中)。p7と前記したp26との距離は，約1.8mある。p7とp26に棒状の木材を渡して固定し，切目石錘に糸を巻き付けて，室内作業に従事する風景が描けると言及した。具体的には，無敷石部分に敷く敷物等を含め，多種の編み物類を編む風景をイメージした。切目石錘の用途は，魚網を編むときの錘具であるが，深沢遺跡ではそれが2次的に転用されていた可能性を遺構・遺物の復元から言及したつもりである。

その後，安孫子昭二さんは山間部の遺跡から発見される切目石錘に注目し，さらに考察を深められた（安孫子2015）。勿論，そこには深沢遺跡の成果も参考にされている。ただ安孫子さんの論文では，海浜部から離れている深沢遺跡の立地環境が強調され，切目石錘の漁網錘用途説には否定的にも読み取れ，もじり編み用の錘具であった可能性を実験例から強く提示された。しかしこれによって，渡辺先生が漁網用錘として確立された結論が揺ぐものではない（渡辺1973）。安孫子さんが，拙書の深沢遺跡部分を読んでおられたら，もう少し柔軟な考察をされていたであろう。

以下は，今回改めて深沢遺跡の調査所見にあわせて検証する。

（2）右居間の敷石下と出入口部の土壙には埋葬人骨が―

敷石された状況（右居間）と，その敷石を取り除いた遺構図を並べると，敷石面下部からは東西に長い土壙（長軸1.8m×短軸0.8m，深さ0.34m）が掘られていた（図1・上段右，土壙1）。柄部（玄関口）にも，土壙（1.8m×0.6m）が掘られていた（図1・土壙2）。報告書には土壙が掘られていた事実を記すが，用途等には言及がない。わたしは，二つの土壙内には，死者が伸展葬位で埋葬されていたものと考えた。その後，関東地方を中心とした縄文後期の室内土壙例は，広く石井寛さんが集成・分析されている（石井2011）が，1981年に深沢遺跡の成果が報告された段階では，まだこの種の資料は僅少で，広く周知もされていなかった。

以下は，わたしの視点に沿った考察部分を要約する。①右居間・敷石面下発見の土壙サイズ，柄部（玄関口）発見の土壙サイズは，成人骨を伸展葬位で葬るサイズと十分に合致する。②実測図から右居間・敷石面下の土壙サイズの敷石上面の並べ方をみると，土壙縁辺には，細長い形状の縁石を意識的にならべ，そこが「結界石」であることを表白している。③土壙内上面の敷石は，起点レベルよりも－7～－23cmほど窪んでいると報告されている。報告書では上部にあった倒木痕の影響と記しているが，到底それを容認することはできない。

わたしの復元案―。①右居間・敷石面下の土壙は，敷石遺構建築に合わせて埋葬行為があり，土壙の掘り込みラインは，縁石で結界を表示した。②土壙中心部の敷石面が，周辺より－7～－23cmも窪んでいるが，おそらく埋葬した人骨が劣化し，上面で起居する人の重量で徐々に沈下したからであろう。成人胸部の厚さなら妥当な窪みである。③かくして右居間と敷石面下の土壙は，住まいの構築時には営為していた。よって生者と死者は，敷石面を挟んで同一空間で起居していたことになる。一方，柄部（玄関口）中央部の土壙上面は無敷石であるが，ここにも成人骨が伸展葬位されていたと考える。家人も客人も，死者の上面を踏みながら日夜頻繁にここを往来していた情景が復元できよう。

＊

柄鏡形住居・柄鏡形（敷石）住居は，いまや東日本を中心に膨大な数量が発掘されている。それらを中期末以降に発達した一住居型論で論断してしまうには，余りにも無理があろう。これがわたしの終始一貫した主張である。あえて敷衍化《ふえんか》して表現すれば，ムラを構成する明確な構成因子として位置付け，ほかに発掘された遺構・遺物などと客観的・総合的に分析して読み解く努力を怠ってはならない。この信念は，これからもかわらないと思う。

2　竪穴住まいの仕舞い支度考―神奈川県潮見台遺跡と長野県棚畑遺跡から

長年にわたり生活していた竪穴住まいを立ち去る前の仕舞い支度？にも，いろいろな作法があるようだ。

神奈川県川崎市宮前区に位置する潮見台遺跡は，市の浄水場拡張工事に先駆け1969年盛夏に発掘調査された（久保・関ほか1971）。わたしも仕事柄，何回も現地視察し，スコップをもって掘った記憶がある。さらに調査報告書をもとに拙論も書かせていただいた（村田1974）。ただ，本筋？から離れて非常に興味をおぼえたのは，各竪穴住まいの中央部に構えられた炉（囲炉裏）内に溜まっているはずの焼土とか炉石が撤去された，いわゆる仕舞い支度が完璧な住まいが多いこと。その一方で，炉石等は完存し，使用時の状態で炉内の焼土等が遺されていた住まいもあった。この仕舞い支度の差異にひそかに興味を感じていた。

ちなみに潮見台遺跡は，狭い谷部を挟んでA・B地点からなる。両地点は直線距離で180ｍしか離れていない。B地点からは中期勝坂・加曾利E期の円形集落跡を確認したが，発掘したのは個人住宅で壊される勝坂期の１軒のみ。一方，A地点は加曾利E期の単純集落で全面的に調査した。よって小論では，潮見台遺跡A地点を，以下「潮見台遺跡」として統一的に表現をする。

（1）潮見台遺跡の調査概要と，俎上《そじょう》に載せる話題の概要

潮見台遺跡の縄文ムラの竪穴住まいは，加曾利EⅡ期９軒（内１軒は半欠），竪穴状遺構Ⅰ基，土壙２基，特殊遺構１基で構成される。このうち住まいの特徴を類型化すれば，以下の４類型になる（図2）。

A型・4.　7号―浅い竪穴壁のみの小型住居。周溝もなく，柱穴も企画性がない。

B型・5.　6号―相互の平面形が酷似。竪穴壁が深く，周溝が廻る。２～３回住まいを建て直す。

C型・8.　10.　11号―相互の平面形が酷似。主柱穴は太い４本。柱間の間隔は，短軸の距離を１にしたとき，長軸は1.4を測る。３軒は，同一の設計で建てられていたとも考えられる。

D型・9号―この住まいのみ斜面に築く。加えて，主柱穴４本の柱の据え方が特徴的。A・B型の４軒は炉に近い内側で，柱の角度は住まいの天井部に向け傾く。C・D型の４軒は，前者の外側で，柱の角度は直立する。屋根形で復元すれば，前者は円錐形，後者は方形になろうか。

以上の４類型は，時間的な流れもあろうが，住居型を同じくしている背景には，家族単位的な

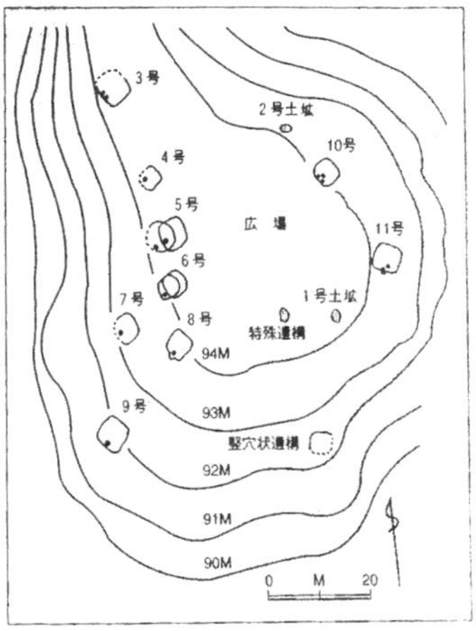

図２　神奈川県潮見台遺跡の遺構分布図（住居内の●印は埋甕の位置）

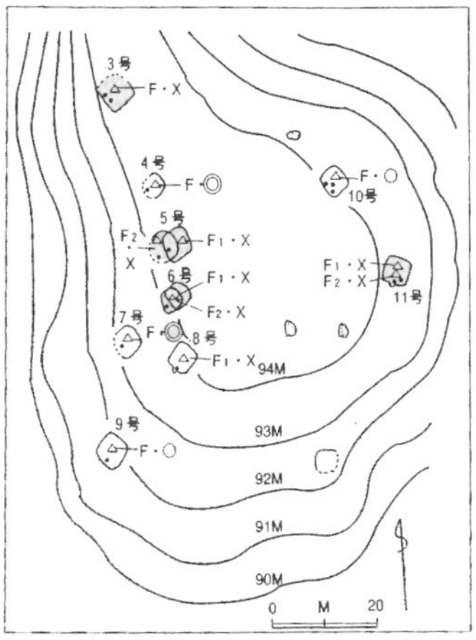

図３　潮見台遺跡（炉石，焼土の残存状況）　◎・炉石と焼土遺る，○・炉石のみ遺る，×・炉石も焼土も遺らず

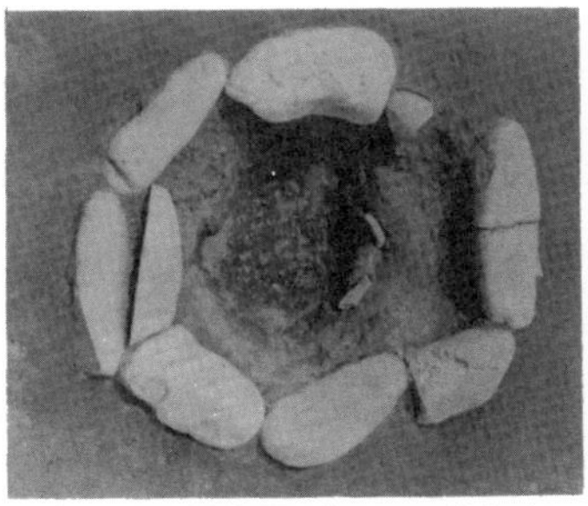

写真１　９号住居（炉石は残存するが，焼土は撤去する）

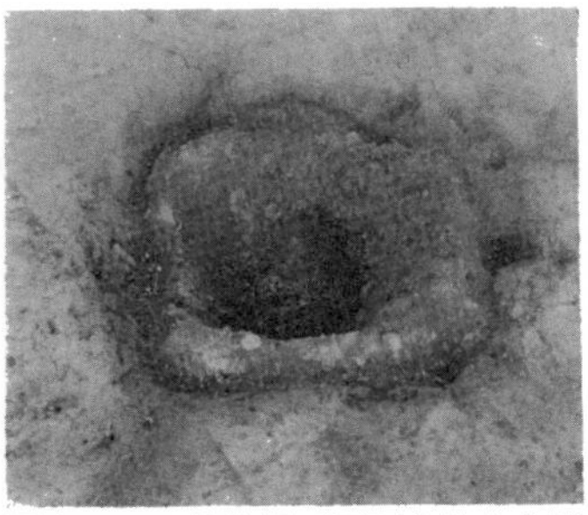

写真２　５号住居（炉石も焼土も撤去する）

親縁性が濃いという推測もできよう。が，これ以上の推測は控える。

一方，離村時におけるムラ内のルールが色濃く反映していると思われるのが，炉（囲炉裏）に認められた作法である。炉は炊事・照明・暖房のほか，家の伝統文化を口頭継承する〝場〟の中枢であったと思われる。その炉内に溜まっているはずの焼土とか，炉石の撤去状況などは以下のように類型化できる（図3，写真1・2）

Ⅰ型・4．7号―炉石も焼土も残存している。

Ⅱ型・9．10号―炉石は残存するが，内部の焼土は抉《えぐ》られ，残存していない（写真1）。

Ⅲ型・3．5．6．8．11号―炉石も内部の焼土もきれいに撤去されている（図3のアミ掛けした住まい。写真2）。

問題は，移村時の住居型Ａ～Ｄ型の住まいと，離村時の炉石状況Ⅰ～Ⅲ型の住まいが相互に連動していない点である。とくにわたしは，重量のある炉石を取りはずし，溜まっていた焼土も完璧に掻き出して離村したⅢ型・3．5．6．8．11号住居の〝作法〟が気になった。この点を1974年に発表した拙論には（潮見台遺跡に近い）多摩区生田五反田地域では，「本家から新たに分家する際，本家のカマドの灰や炭を分ける〝火別け〟の儀式という民間習俗が伝承する」と記した（村田 1974）。この一文をみて坂詰秀一先生は，「随分安直な民俗誌の援用だね」と笑って一蹴された。核心をつかれたこの一言は，31 歳の脳裏に，その後も教訓として深く沈澱した。

（2）長野県茅野市棚畑遺跡の縄文中期ムラの報告書を拝読，そして驚愕した !!

1991 年，茅野市教育委員会で遺跡の調査・保護行政に精励されていた鵜飼幸雄さんから，超大冊の報告書『棚畑《たなばたけ》』が届けられた（鵜飼ほか 1991）。遺跡名を聞けば，誰もが国宝の縄文ビーナス土偶を連想する「あの遺跡」である。悪戦苦闘しながらページをめくり，自分なりの棚畑ムラ像を描いた（村田 1992）。発掘調査を指導した鵜飼さんは不満であろうが，私的には御配慮いただいたお礼の気持ちを込めて拙文を書いた。その後も，棚畑遺跡にふれる機会があり（村田 2013），そこでも，炉石，焼土等の撤去問題にふれてきた。

棚畑遺跡は，縄文中期中葉～後葉にかけての大集落（図 4・左）。炉の形態等が類型化できる住まいは 116 軒もある。それらは時間の経過にあわせて主体的な形態は，中期中葉の［多角・円形系石囲炉］から，中期後葉の［方形系・石囲炉］に変化していった（表 1）。その変化の様相を概観してみる。

炉石が完全に遺存し，内部の焼土・灰等も遺されていた住まいは明らかに少数派。逆に炉石を毀《き》損《そん》・撤去し，加えて焼土・灰等までを掻き出している住まいの方が多数派であった。前掲した 116 軒のうち，地床炉，埋甕炉の 8 軒を除いた 108 軒が石囲炉。このうち，炉石が使用時のまま完全遺存していたのは 39 軒（遺存率 36%）。もう少し詳細に見ると，中期中葉期では遺存率と毀損率が相半ばしていたが，続く中期後葉期では 72 軒中，完全に遺存していた住まいはわずか 19 軒に過ぎなかった（遺存率 26%）。

つぎに炉石の状態と表裏の関係にある炉石内の焼土・灰等の遺存状況を見てみる。炉内にこ

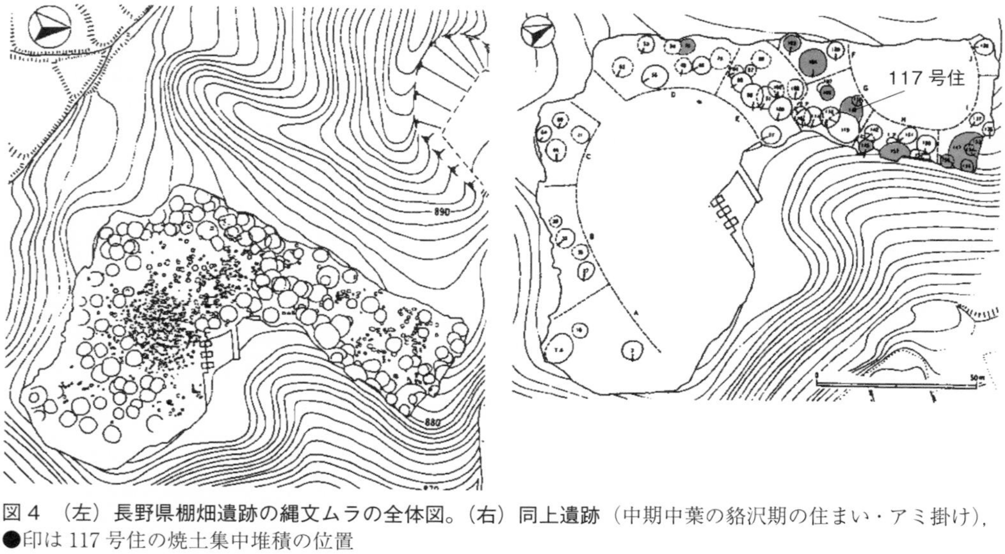

図 4　（左）長野県棚畑遺跡の縄文ムラの全体図。（右）同上遺跡（中期中葉の狢沢期の住まい・アミ掛け），●印は 117 号住の焼土集中堆積の位置

形態分類＼時期分類		縄文中期中葉						縄文中期後葉					合計
		I	II	III	IV	V	VI	I	II	III	IV	V	
非石囲炉系	地床炉	1						1					2
	埋甕炉	4	1				1						6
多角・円形系石囲炉	円形石囲炉	3(2)	1(1)	2	4(3)	6(4)	5(1)	2(1)	1				24(12)
	五角形石囲炉		1	6(6)		1(1)							8(7)
方形系石囲炉	方形石囲炉	1	1(1)	2(1)	1			2	24(6)	6(1)	9(3)	2(1)	48(13)
	長方形石囲炉					1	1	10(3)	8(4)	1	1	2	24(7)
土器埋設系石囲炉	土器埋設(長)方形石囲炉							3					3
	土器埋設円形石囲炉						1						1
合計		9(2)	4(2)	10(7)	5(3)	8(5)	8(1)	18(4)	33(10)	7(1)	10(3)	4(1)	116(39)

表1　棚畑遺跡の炉の形態分類と時期別の数量。アミ掛けは主体となる炉の形態。（　）内は完存炉の数量

れらが多量に堆積していると思いきや，これも掻き出されている住まいの方が多数派である。詳細に報告書にあたると，焼土等が「若干残存」と記されている炉石の実測図に，焼土が数cm～10cm前後と確認できたのは108軒中43軒（遺存率40%），10cm以上の堆積が計測できたのは，わずか8軒（遺存率7%）。さらに興味深いのは，焼土の細工である。中期後葉II期にあたる68・72号住まいでは，焼土を土饅頭《どまんじゅう》状に積み上げ，逆に113号住まいでは，焼土面を平坦に削っている。単なる悪戯心《いたずらごころ》からの所業とは思えない。

一方，炉内の底面が焼けて長期の利用痕跡が顕著であるにもかかわらず，焼土・灰等が完璧に掻き出されていた住まいが71軒もあった（全体比で61%）。炉石が完全に遺存しても，内部の焼土・灰等が完璧に掻き出されていた住まいは27軒も数えた（全体比で23%）。住まいを離れ，生活を放棄するだけなら，一切の作為は必要なかろうに—。これは神奈川県潮見台遺跡の炉石や焼土・灰の撤去時の仕舞い支度とも共通している。

（3）毀損・撤去したと思われる炉石・焼土・灰は，どのように処理されたのか

棚畑遺跡の場合，遺構の総数から計算して，[撤去された炉石]は相当量のボリュームになろうが，その行方は杳《よう》としてつかめない。

想定できるケース—。①ムラの外縁部に一括して遺棄した。②ムラ内の他の住まいで再利用した。③離村時に携行し，新居の炉材として再利用した。④離村時に携行し，新居で炉材以外の用途で再利用した。①と②は非常に現実的だが，まだ断定するに足る良好な報告例を知らない。③は潮見台遺跡でふれた本家から分家する際のカマド〝火別け〟儀礼と関連付けると魅力的であるが，恩師に一蹴されたように考古学的な立証は容易でない。

以上に対して，④は現実的には想定しがたい。が，東京都調布市上布田遺跡の敷石住居SI04（称名寺I期）や東京都秋川市の前田耕地遺跡1号敷石住居（堀之内I期）には，非常に興味を覚える所見がある（赤城 1992）。まず両遺跡の敷石遺構は【焼失家屋】ではないが，何故か敷設された

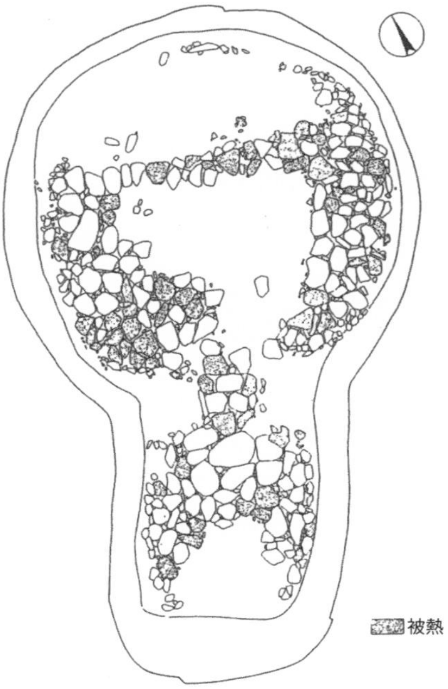

図５　東京都秋川市前田耕地遺跡。
1号住中の被熱痕跡の礫

敷石中に,「焼けた痕跡を持つ敷石」がまだら模様に混在する。前者の遺構では，全敷石534個中127個（24%）の焼礫がセンターラインから東側に偏して敷設されていた。後者の遺構では，全敷石737個中76個（10%）の焼礫がバラバラと敷設されていた（図5)。これらの焼礫数は，比率的にも単純な「混入」とは思えず，強い意図が感じられる。これは柄鏡形住居論の性格にも関わる可能性もあり，既往の類例の再検証を含め今後も注視する必要があろう。

（4）もう一つのパターン，［掻き出された焼土・灰］はどう処分されたか。石囲炉でも，埋甕炉でも少量ではなかったはず

以下の検討素材は，棚畑遺跡中期中葉Ⅰ期（貉沢《むじなさわ》期）で，炉の形態は，炉内に甕形土器を埋設した「埋甕炉」が主体。ここまでは中期後葉の「石囲炉」を素材にしてきたので，幾分古期に遡る（表1)。

検討素材は，117号住まい。この住まいの床面（生活面）から10cm前後浮いた覆土中に，多量な焼土が直径117cm × 104cm，厚さ10～20cmに土饅頭形に堆積していた（位置は図4右の●印)。報告書では積極的に「焼土遺構」として，住居廃絶後になされた火焚きの儀礼とされた。だが住まい廃絶後，床面に覆土が10cm以上も堆積していた時点での火焚き儀礼説には，あまり説得力が感じられない。遺物も土製の円板のみである。

以下はわたしの拙い推測である。117号の住人《すみびと》が家を離れてから時間が経過し，廃屋には10～20cm前後の土砂が堆積していた（●印)。その後，中期中葉Ⅰ期（貉沢期）に複数の家族が一斉に棚畑ムラを離れることになった（各住まいは，図4の右にアミ掛け)。その時，各家の炉内焼土を117号住の覆土上に一斉に遺棄していく風景を想定した。棄てられた焼土の数量的な根拠は村田（2013）で示した。すなわち117号住の覆土中に堆積していた焼土の総量は，直径117cm × 104cm，厚さ平均12cmで計算すると，約114,000 cm^3。一方，個別住まい8軒の焼土量を実測図から合算すると95,000 cm^3前後。この概算を是とすれば，棚畑ムラから一斉に離れていく情景は絵空事ではなくなる。

この後（中葉Ⅱ期・新道期）に，棚畑ムラに生活者は戻る。が，わずか3軒前後。しばらくの期間，寒村状態が続いたようだ。

（5）何故，撤去されたモノの追跡にこだわるのか

縄文時代の炉（囲炉裏）は，炊事・照明・暖房などに必須で，狩猟・漁撈・植物食採集などの

伝承を継承して家族を紐帯する中枢域でもあった。だが，機能的に設計・演出されていたはずの個々の「炉」の終焉についての追跡に，考古学徒は一様に冷淡だ。石囲炉も埋甕炉も，焼土も灰も，［燈火］されていた時点の物証。住人は，その［魂］を断ってムラを離れていった。その心情に想いを馳せてみたかったが，十分な結論は得られなかった。今後の研究に期待している。

3　埋甕研究の新展開—斜位に埋設された埋甕と乳幼児骨の新発見

縄文ムラや住まいに興味を抱いた人ならば，東日本を中心に縄文中・後期に普遍化した「埋《うめ》甕《がめ》」遺構・遺物に関心をよせた経験があろう。用途は諸説が提起され，乳幼児の遺骨を住まいの出入口に埋めたとする説，胎盤収納説，貯蔵具説，建築儀礼説など。埋甕の文様等から通婚圏拡大による人の移動，共同祭式，社会構造論にまで議論が及んだ（今泉ほか 2018）。でも現状は寂し

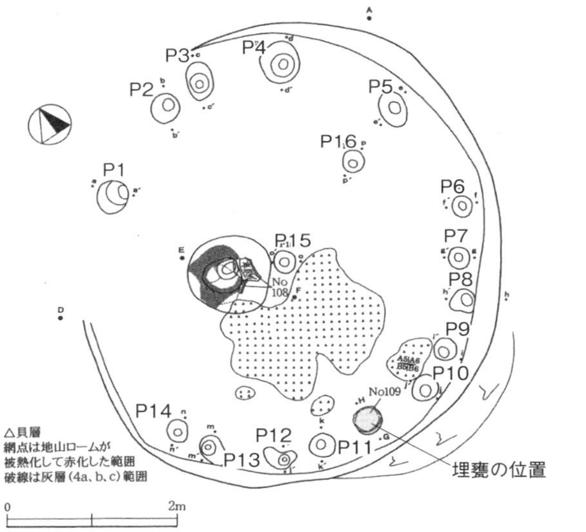

1・第５号竪穴住まいの全体図（アミ掛け部分・埋甕位置）

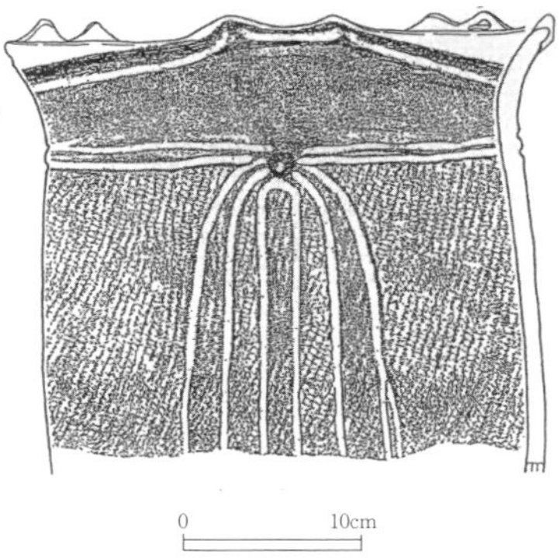

4・埋甕土器の拓影図

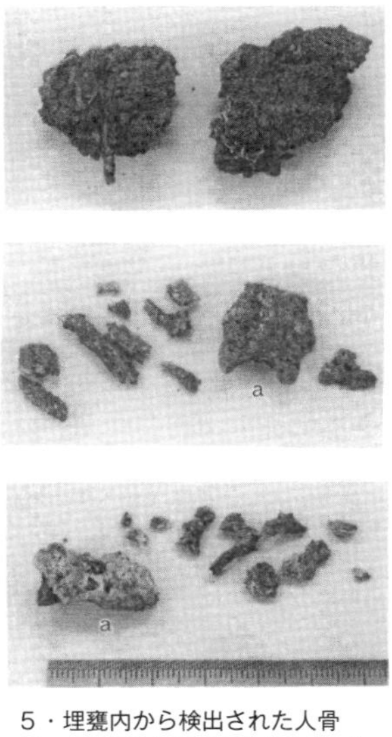

5・埋甕内から検出された人骨
（中・下段写真内に頭蓋骨を含む）

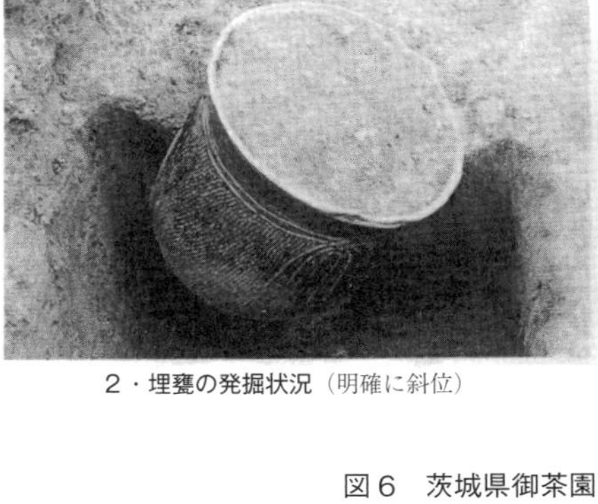

2・埋甕の発掘状況（明確に斜位）

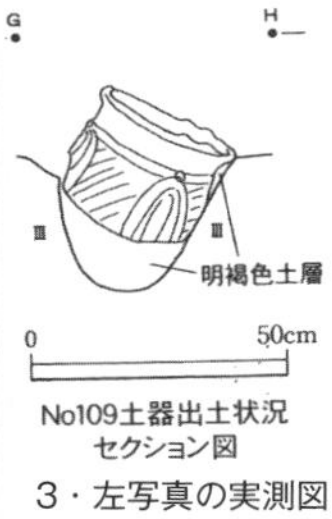

No109土器出土状況
セクション図
3・左写真の実測図

図６　茨城県御茶園西遺跡発掘の住まいと埋甕関係資料

い。あれだけ活発に「埋甕論」を闘わせていたのに，縄文文化研究会が2019年に開催した集会『縄文時代墓制研究の現段階』では，表項目に「埋甕」の文字は見いだせない。2013年刊の土生田純之編『事典・墓の考古学』中で「埋甕」項目を執筆された設楽博己先生は，従前の緒説を検証し，結論的には，「千葉県市川市権現原貝塚の竪穴住居の入り口に埋設された埋甕にイノシシの絵画が描かれていた例から，埋甕は豊穣に関わる儀礼に用いられたと解釈するのが無難なところであろう」と結ばれた。甲論乙駁をしていた時代からは，隔世の感がする。

（1）もっと光を―。茨城県御《お》茶《さ》園《えん》西《にし》遺跡の「埋甕」から乳幼児骨が検出されていた

2018年5月，東京都町田市にお住いの中村公省さんから，お手紙と御自身の世界の古代文化に関する御研鑽の成果などをお送り頂いた。資料を拝読すると，茨城県稲敷郡美浦村の御茶園西遺跡から人骨を収納した埋甕が発掘されているとある。まず，中村さんの御教示に心から感謝申し上げます。早速，調査報告書を取り寄せた。ただ当時，わたしは別テーマで駄文執筆中のため，埋甕問題に想いを寄せる余裕がなく，時間だけを浪費していた。

御茶園西遺跡の発掘は2013年。茨城県稲敷郡美穂村に所在する縄文後期堀之内期の貝塚を伴う「貝塚遺跡」。以下は調査報告書から，後期堀之内Ⅰ期の第5号竪穴住まいと，同竪穴住まいの埋甕を中心に簡明に紹介する（馬場ほか2017）。

第5号竪穴住まいは，最大径5.0m × 4.7mを測る円形プランで，遺構確認面から床面までの深さは20 ～ 60cm。壁際に沿ってP1 ～ P14の柱穴が掘られている（図6の1）。とくに南側のP6 ～ P14の並びはきわめて等間隔（平均間隔は53cm）に並ぶ。埋甕は，P10とP11の1.3mの間隔の中央部から発掘された。位置的には南面している。炉跡は中央やや西寄りで，約1m × 1m弱の円形プランである。

埋甕は，床面から50cmほど地山のロームを掘り込んだピット内に，口縁部を上位にして，かつ竪穴の中央部に向けて27度前後傾けた状態で検出された（図6の2・3）。容器としての埋甕は深鉢形で，口縁部から胴部までが現存する（図6の4）。口縁部径31cm，口縁部から胴部の中央部までの現存高25cm。文様は単節縄文を沈線で区画した後期堀之内Ⅰ期。

土器内には土が充満していたので，土器ごと取り上げられた。整理の段階で，土器内の土は乾燥し，硬化していた。竹串を使って土を崩していくと，骨があらわれた。骨の形まで抽出できたのはわずか。そこで骨の特質を確定するため，形質人類学者の谷畑美帆氏（明治大学日本先史文化研究所）と坂上和弘氏（国立科学博物館）に鑑定を依頼し，二人によってヒトの頭蓋骨の一部破片であることが確認された（図6の5）。後頭部の一部で，サイズ（前後径13mm，最大幅15mm）から推測して，生後直後から3か月と鑑定された。四股骨の一部も確認できたので，土器内には全身骨が収納されていた可能性もあると判断された。

御茶園西遺跡第5号住の「埋甕」遺構は，住まいの上部を覆っていた貝層が，幸運にも「埋甕」の乳幼児埋葬説を鮮やかに蘇《よみがえ》らせてくれたのである。

（2）埋甕を斜位に据えていた理由―あの縄文絵画が暗示していた

気になるのは，埋甕を斜位に据えていた状態。これが埋甕発掘後に故意に操作された可能性も否定できなくはなかった。そこで，発掘担当者の馬場信子さんには失礼を承知で執拗にこの点を確認した。が，写真・実測図の通りとのことであった。

思い出したのは，埼玉県和光市の義名山《ぎなやま》遺跡4号竪穴住まいの埋甕遺構を発掘現場で拝察したときの記憶（調査は1990年）。遺構は柄鏡形住居址で，出入口部の前方に60cm × 45cmの浅い楕円形の土坑があり，その先端部に口縁部を欠損した深鉢形土器（現存高50cm，胴部径35cm，底部径8.5cm）が，23度ほど傾斜して埋設されていた。時期は，後期初頭の称名寺Ⅱ期（竹石・野中ほか1992）。前掲の設楽先生の『埋甕』論のなかに，「西日本では縄文後期中から後半に45度に近い斜位に埋置されたものが登場するが，多くが土器棺と考えられている」とあるのを思いおこした。

調査年代を一気に遡らせると，埋甕論研究の嚆矢《こうし》・東京都船田《ふなだ》向《むこう》遺跡の敷石住居の埋甕事例（口縁部径39.4cm，現存高54.5cm，底部に穿孔）も，住まい縁辺に20度の斜位に埋設し，底部は円形に欠損し，そこを土器片で塞いでいた。ほぼ同時期に発掘され東京都羽ヶ田《はけだ》遺跡の敷石住居の柄部先端の埋甕も，中心部に向けて斜位に埋設されていた（後藤1940）。

図7　長野県唐渡宮遺跡の縄文絵画（渡辺誠著『目からウロコの縄文文化』）。渡辺先生は上半身と下半身が接する部分の楕円形は，陽炎《かげろう》のように立ち上がる子供の魂の再入をイメージしたと推測された。

わたしはもっと直截的に思っている。楕円形部分を〝斜位〟に埋設された埋甕の口縁部に向け，そこに次なる子供が転入している情景と推測している。

そうすると，斜位埋設例は偶然ではない。何故，斜位に設定したのか？　死産児や乳幼期に亡くなった生命を逸早《いちはや》く再生させたい，と母親が斜位角に合わせて陰部を開示し，子供の転入を期待したからであろう。この母親の懸命な所作を，じつは縄文人は秀逸な縄文絵画として遺していた。長野県富士見町唐渡宮《とおどのみや》遺跡の大形甕形土器の下半部に，黒色の顔料で描かれた著名な絵柄がそれだ（図7）。出産情景とする見方が支配的であるが，妊娠に伴う正中線がない。渡辺先生は死んだ子供の魂が大地から陽炎《かげろう》のごとく母親の胎内（絵の中心部の楕円形部分）に入る瞬間であると主張された（渡辺2008）。人類学者の金関丈夫先生の著書『発掘から推理する』には，「バーブイスの旅行記には，路上に埋めた死児の遺体を掘り出し，その魂を自分の胎内に導き入れ，その転生を確保しようとした中央アジア・バンガラ族の母親の実例が見える」とある（金関1975）。これらの民族誌こそ，〝縄文民族誌〟の長野県唐渡宮遺跡の縄文絵画に符合する。

加えて縄文埋甕論には，御茶園西遺跡5号住の斜位埋設の「埋甕」内から乳幼児骨が確認されている。これで埋甕用途論は，胎児再生を願望した所作とする見方で帰趨は決したといえる。

（3）古代戸籍と中位数年齢から縄文時代の年齢構成層を推測する

子供は社会の宝―。これはいまも昔も変わらない。が，縄文時代に実態を探る手掛かりはあるのか。でも，その実態に迫らずして，亡くなった子供の再生を願う縄文埋甕論は成立しない。これがわたしの主張である。

わたしは大宝2年（702）の御野国（岐阜県）半布里の古代戸籍に記載された1,117名の年齢構成に注目した（村田2020）。この戸籍は，古代史上の著名遺産。半布里の「里」は，天平12年（740）からは「郷」となる。地域を変えて表現すれば，武蔵国橘樹《たちばな》郡内の［橘樹郷］の戸籍に相当する。その歴史人口学的な分析上のキーワードが，統計学上の用語である「中位数年齢」であった。まず順を追って説明する。

半布里戸籍に記載された人口を，性別・年齢（5歳単位）別に図化した（図8の1）。最多の年齢層は1～5歳。年齢の上昇に合わせ人口数は逓減《ていげん》していく。それを男女合算して，年齢別に円グラフにした（図8の2）。1～10歳は合計309人（全体比で28%。以下同じ），11～20歳は合計323人（29%），21～30歳は合計170人（15%）。このように，1～20歳で総人口の半数以上の57%を占め，40歳までを含めると82%に達する。

ここに，もう一つのキーワード「中位数年齢」が登場する。これはきわめて単純な原理である。あるかぎられた範囲の総人口を若い年齢から順に並べ，丁度真ん中にあたる人の年齢が，統計用語でいう中位数年齢である。

図8の4は，1884年（明治17）以降の我が国の中位数年齢の変化（国勢調査は1920年から。それ以前は1884年から実施された日本長期統計総覧。統計精度は同じ。国立社会保障・人口問題研究所に確認）。ちなみに702年の半布里戸籍の中位数年齢は，19歳である。図8の4で1884年（明治17）の中位数年齢を見ると21.0歳。わずか2歳の上昇。この間に1,182年の歳月が流れている。さらに中位数年齢を追う。1955年（昭和30）までは25歳以内。そして1960年（昭和35）以降は数値が急上昇し，その後は，現在に至る未曽有《みぞう》の超高齢化社会となる。

つぎに図8の1と図8の3を比較する。すると702年の男女の人口構成曲線（図8の1）と，後者の1955年（昭和30）の曲線（図8の3）は，見ての通り瓜二つのピラミット型である。ちなみに両者の中位数年齢差は，4.7歳の差である。

では埋甕の風習が発生・普及した縄文中期後半期（4,600年前頃）の中位数年齢は？　当然，そのような絶対値なぞわかるはずがない。が，精度の高い半布里戸籍を手掛かりにすれば，ヒントはある。

前掲した図8の1と図8の3（1955年）に見る人口構成比は，この間に1,253年の歳月を経過してもなお類似の様相を呈している。が，この間には各種の流行病《はやりやまい》，干ばつ等の異常気象，地震・津波等の自然災禍などが頻繁に列島各地を襲っていた（田家2013）。たとえば，近世における享保・天明・天保の三大飢饉時には，「高死亡率危機期」（出生率より死亡率の方が高い）が起きているが，総人口は，その都度強靭な反発力で回復している（速水2001）。そこから，あえて時代を

図８　御野国（岐阜県）半布里の古代（大宝２年・702）戸籍関係の分析資料

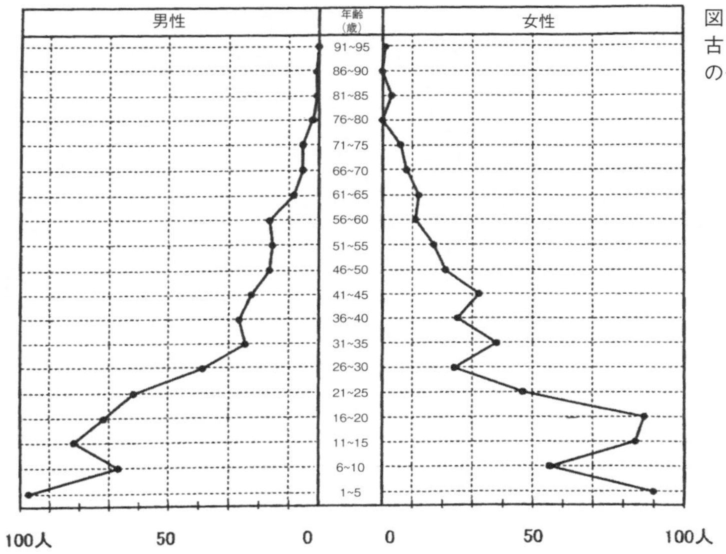

1・半布里戸籍からみた年齢別（５歳単位）の集計図

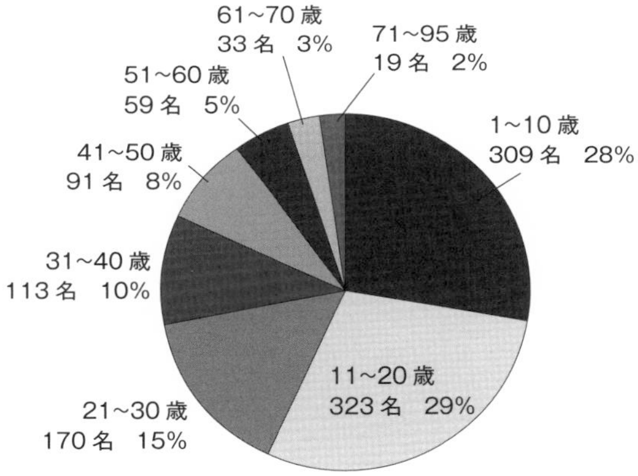

2・10 歳単位からみた年齢集計図

西暦年次	中位数年齢（歳）
1884	21.0
1888	24.5
1898	23.9
1908	24.1
1920	22.2
1930	21.8
1940	21.9
1947	22.1
1950	22.3
1955	23.7
1960	25.6
1965	27.5
1970	29.1
1975	30.6
1980	32.5
1985	35.2
1990	37.7
1995	39.7
2000	41.5
2005	43.3
2010	45.0
2015	46.7
2016	47.1
2017	47.5

4・1884 年以降の中位数年齢の推移

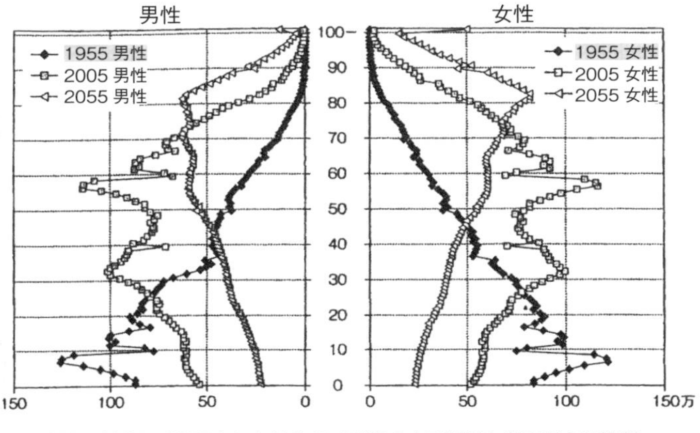

3・1955・2005・2055 年における 10 歳単位の人口集計図（2055 年は推定）

＊注目は，この図の 1955 年の曲線と，上図１の半布里戸籍（702 年）の曲線の類似性にある。

逆転させ，遠く遡らせた縄文中期後半期（4,600 年前頃）でも，中位数年齢は 20 歳 ± 5 歳前後ではなかったかとわたしは大胆に推測している。この数値，当たらずと雖《いえど》も遠からずと確信している。

（4）縄文中期末の年齢別人口構成比を推測する

関東・中部地域の縄文ムラは，中期前葉までは最盛期であるが，埋甕はまだ住まい内に設置されていない。つぎの中期中葉期を過ぎ，加曾利ＥⅠ式期に入ると，埋甕遺構は俄然広範囲に普及する。鈴木保彦先生によれば「（今から）4600 年前の少し前から 4400 年を超える位までの約 180 年間位の期間は，寒冷期」（土器形式では，加曾利Ｅ４式期～称名寺式前半期）であったという（鈴木 2020）。ちなみに縄文期は全般的に温暖であったが，上記の期間は急激に約 1℃以上の低温となり，縄文社会は間違いなく混乱した（坂口 1989）。しかし冷温期は，縄文スケール的には超短期であった（中塚 2022）。

では，埋甕の風習は上記の環境変化と，どのように関係していたのか。これまで埋甕研究では，その社会的背景に正面から踏み込んでいなかった。以下は，わたしの独断的な推論である。

関東・中部地方などの縄文ムラは，中期中葉期までは順風満帆，幼子を含む村人の数は着実に増えつづけていたと思う。ちなみに大宝２年（702）の半布里戸籍の幼子の人数を調べると，１歳の男女・37 人，２歳の男女・45 人，３歳の男女・45 人，４歳の男女・32 人，５歳の男女・28 人で，合計 187 人。この数値は，半布里戸籍の総数 1,117 名中の 17％にあたる。5 歳単位の括りでは，勿論最多である。参考までに記すと，2021 年 10 月の全国集計では，15 歳未満は全人口の 11.8％にあたるが，半布里戸籍では 42.4％を占めている。一方，縄文ムラから総数の分母は算出できないが，仮に一つの「生活共同体」（地勢的に一体的な環境，貝塚などを含む住まいや広場などの稠密な分布景観，水さらし場など日常的に必須の生活装置など）という大枠をはめて大胆に想察してみれば，縄文中期前半までは５歳以下の子供だけで優に 15 ～ 20％前後を占める子沢山《こだくさん》の社会であったと思っている。

ところが加曾利Ｅ期後半頃から気候が急激に寒冷化しはじめた。これを受けて食料資源も一気に枯渇化し，流行病なども蔓延したであろう。環境の激変で真っ先に生命を絶たれたのは，未熟児・乳幼児などまだ発育状況が十全でないコーホート出生年者（1 歳の児女）などであろう。そこからムラの復活を賭けて，縄文アニミズムの真骨頂・埋甕遺構が登場した。住まいに出入口に埋甕を２～３個体を据えている場合は，亡くなった男・女を仕分ける等の目安か。大きな扁平石で埋甕の口縁部を塞いでいる場合は，すぐにでも後続する不幸を予測していたのであろうか―。このような情況を，考古学では，中期末以降の〝縄文ムラの崩壊〟としてこれまで総括していた。

参考までに，妊娠８か月以降の「後期死産児」と，生後１週間未満の「早期新生児」の死亡者を合わせた数を「周産期死亡者」というが，平成６年（1994）では出生者 1,000 人に対し，わずか 5.2 人であったが，43 年遡った昭和 26 年（1951）では，47.8 人とはるかに高率であった（鈴木 1998）。縄文時代中期末の冷温期における「周産期死亡者」数は，推して知るべしである。

4　縄文竪穴住まい内の〝顕示する祭儀・秘匿する祭儀〟考

中部・関東地方における縄文中・後期ムラと住まいには，生活手段として多様な祭儀があり，その一齣を垣間見てきた。さらに凝視すれば，細部に宿り給う神に邂逅《かいこう》できるかも知れない，と淡い期待を込め，最後のテーマに挑戦してみる。

＊

顕示する祭儀

長野県小諸市の郷土《ごうど》遺跡は，藤森栄一先生の著書にしばしば登場していた。平成4年以降に同遺跡は広域に掘られた。早速，調査報告書を取り寄せた。とりわけ興趣を覚えたのは24号住まいの祭儀空間の演出で，わたしは2回も愚論を呈した（村田2013・2019）。最近では，雑誌『雑木林』34・34・35号合併号に，同遺跡の調査を担当された櫻井秀雄さんが「炉址に石棒の家－小諸市郷土遺跡」を発表されている（櫻井2019）。勿論，興味深く拝読した。そこで櫻井さんの見解も含め，若干の想うところを述べる。

（1）郷土遺跡24号住まいと，顕示する祭儀空間の仕掛け

当該の24号住まい（図9・上段）は，直径8ｍほどの円形系プランで，時期は中期後葉の加曾利ＥⅡ期新段階（櫻井ほか2000）。この時期の郷戸ムラ最大の住まいで，奥壁寄りに立派な石囲炉を構築し，その三隅には小形の無頭石棒を据える。奥壁との狭い空間には，約4ｍの間隔を空けて鶏卵形をした2個の丸石（29cm × 22cm，厚18cmと28.3cm × 19cm，厚13cm）が置かれている。丸石に挟まれた空間には，胴部の下半部を見事に切断した深鉢形6個体（入れ子状態含む）が，全て口縁部を床面に密着した逆位の状態で発見された。逆位の深鉢形土器6個体の中央部には，超大形の浅鉢形土器が，こちらは口縁部を上にした正位に置かれていた（発見時の状態から復元）。その浅鉢形土器のサイズは超の字がつくほどの大型品で，最大径約80cm，高さ51cm，容量90ℓという。一升瓶に換算すると約50本分。大相撲で優勝力士が，大盃に酒をそそいで一気飲みするあの情景と重なる。

以上はまさしく顕示する祭儀の空間。それを以下のように復原してみた。①奥壁部に死者の頭蓋骨を祀った。御先祖は家人を庇護し，家人は御先祖を敬う。②祀られた死者は，ムラの広場内墓壙などから掘り起こし，頭蓋骨は洗骨して前記の胴部下半部切断の深鉢形で被《かぶ》せ，住まい奥壁部に置いた。それが6点（わたしは神奈川県川崎市宮添遺跡の中央土壙墓から発掘された胴部以下を損壊した加曾利Ｅ式土器などを思い浮かべていた）。③縄文男性の頭蓋骨の最大長は，平均で約18cm前後，最大幅は平均で14.5cm（女性骨は若干小さい）（山口1981）。これなら逆位に置いた深鉢土器で十分に被覆できる。④横浜市市ノ沢中崎遺跡から，縄文中期後半の髑髏《どくろ》形土製品が発掘されている。縄文人は，血肉が削がれた頭蓋骨は見慣れていた。⑤逆位深鉢土器群の真ん中に，正位に据えられた超大形の浅鉢形土器には，山野河海《さんやかかい》から得た植物食や獣類を盛り付け，さらには頭蓋骨と一緒に掘りだした骨類も一緒に供儀することもあったのでは—。⑥奥壁部の土器群の両脇には，約

4mの間隔を空けて2個の丸石が置かれ，祭儀空間を明確に区画している。

⑥の丸石について若干の補足をする。民俗学の泰斗・谷川健一先生は，古代文芸では，妊婦が裳着《もぎ》に丸石をつける信仰を紹介する。出産は女性の一大事。知の巨人・南方熊楠は，「安産石」といって鶏卵大の黒い石があり，中にある小石が動く（胎内に宿す子の胎動）。「子孕石《こはらみいし》」も同じ位の大きさの黒い石で，中に小石が含まれ，振ると音が聞こえる。「子孕石」や「安産石」を産婦が腿《もも》（股）に括りつけると，流産も難産もせずに安産ができた（谷川 1997）。縄文中期の丸石と，古代文芸を牽強付会《けんきょうふかい》することは慎むべきだが，丸石が鶏卵状で2点である点は興味深い。まさしく奥壁部は〝生と死〟のパラドックスが巧みに演出された〝顕示する祭儀〟の空間であった。

（2）住まい奥壁寄りの「大型石囲炉」による祭儀

郷土遺跡の発掘された櫻井秀雄さんのメインテーマは，大形の方形石囲炉とその周辺（図9）。その主張を簡明に整理させていただく。①炉は扁平な安山岩質を方形に組んだ大形石囲炉。南西隅・南東隅・北東隅及び南辺中央に石棒1点，立石3点が樹立する（図9下段に実測図）。②これにより，6個体の逆位深鉢，正位の超大形浅鉢，これらを仕切る2個の丸石と合わせ，石囲炉までの空間が〝顕示する祭儀〟空間となる。③石棒は男性原理の表徴で，これに対する女性原理は—。その候補として，土偶・石皿・丸石をあげ，とくに石囲炉では，石棒と丸石が近接している現象に関心を寄せる。④櫻井さんは，考古学者の堤隆さん，民俗学者の飯島吉晴先生らの先行研究を紹介しながら，家人が住み慣れた家を離れるまでの儀礼に思惟をめぐらす。とくに飯島先生のご研究に，竈神《かまどのかみ》に素焼きの男根を供儀する地域が瀬戸内海にあることを紹介し，強い関心を示されている。櫻井さんもわたしも，「大形の石囲炉から北壁部にいたる略三角形のスペース」（図9上段・アミ掛け部分）が，〝顕示する祭儀〟の場と見る認識では共通している。

ここでやや唐突であるが，大形石囲炉と屹立する石棒などの事象を理解するうえで参考になる民俗学者・千葉徳爾先生の研究を紹介したい。それは〝女房と山の神〟と題する論文。初出は『季刊人類学』6巻4号（1975）。1983年に同名タイトルで単行本として発行・堺屋図書，発売・こずえから刊行されている。わたしは拙論に千葉論攷を若干引用したことがある。ただ千葉論攷を噛み砕いて，積極的に論じた論攷は春成秀爾先生が「性象徴の考古学」の中で論じた以外は知らない（春成 1996）。わたしは千葉論攷の，以下の記述にきわめて感動をおぼえた。

マタギ（狩猟者）は熊を獲った夜，山小屋でクライドリという秘儀を行った。一同は円座になり，燃えさかる薪の上に新入りしたマタギの陰茎（サッタテ・語意は説明不要）を出させ，揉んで勃起させ，頃合いをみて手を打ってオホホと嘲笑しあう。こうして山中の生物《いきもの》を差配している女神・山の神を喜ばせた。ちなみに力強く屹立《きつりつ》した陰茎は，生命・活力を生む源泉であり，それを山の神に差し出すことで，森に棲む万物の死命を制覇できたと—。なんとも刺激的な論旨だ。

言葉をかえれば，これこそが男女の交合を絶対視する以前に日本列島を覆っていたきわめて基層的な歴史民俗観であったのであろう。わたしは，そのように確信している。

＊

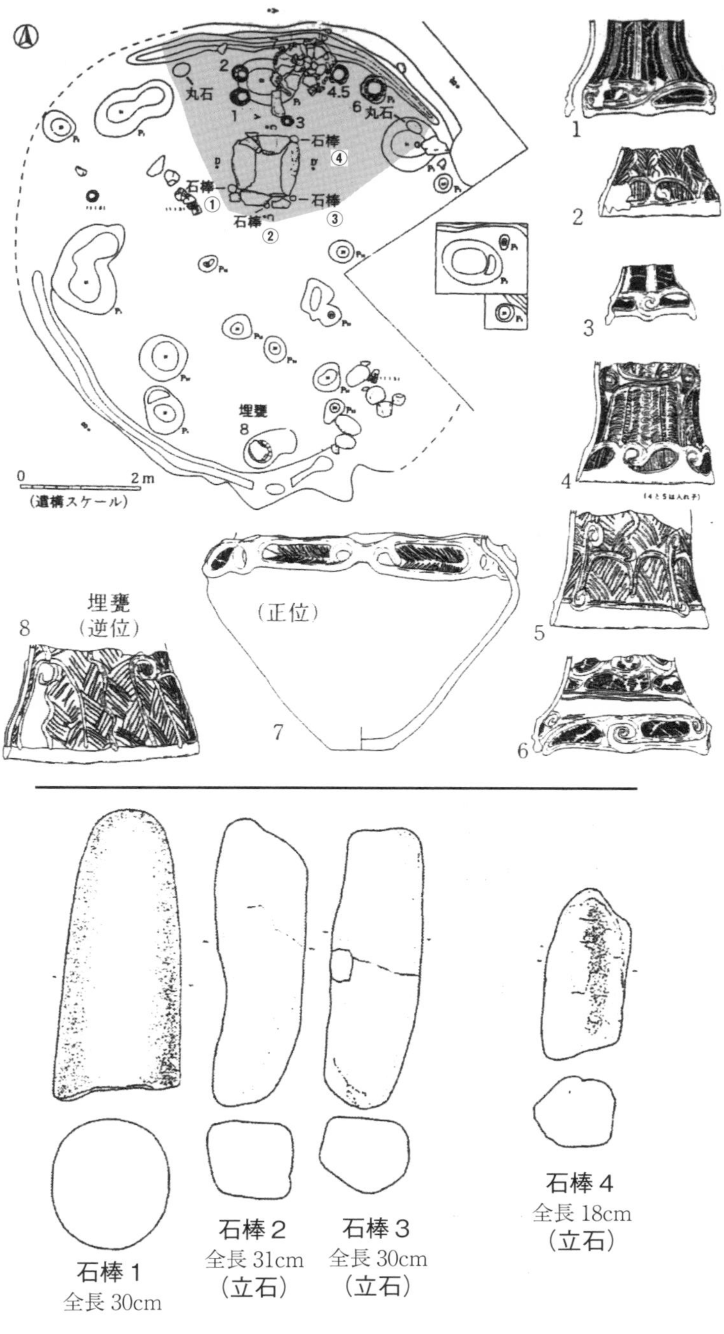

図９　上段・長野県郷土遺跡 24 号住まい（上段は住まいの全体図と各土器の位置関係）。
下段は石囲炉に付帯する石棒・立石の実測図

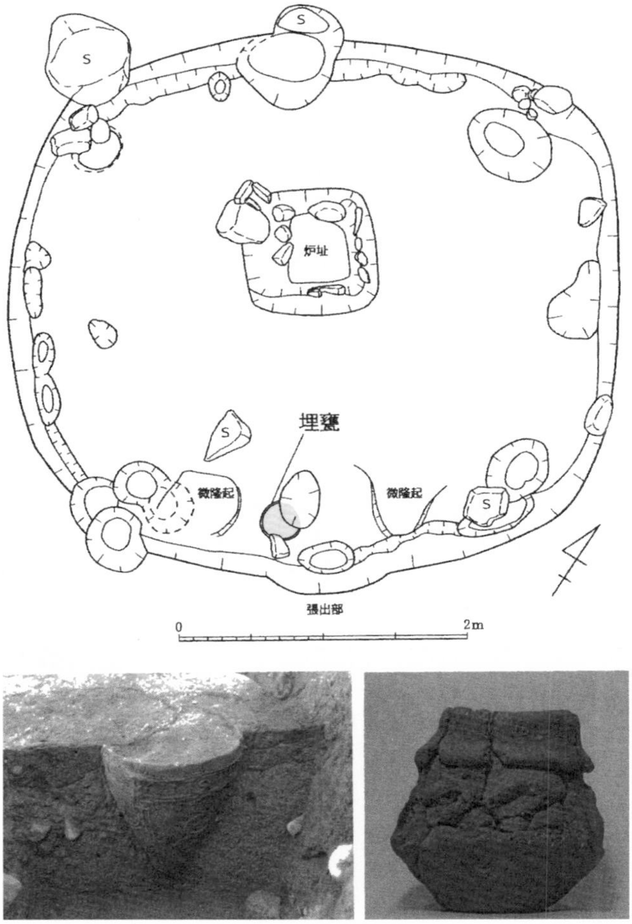

図10　上段・長野県中越遺跡403号住まい実測図。下段左の写真・403号住まいの埋甕検出状況。下段右の写真・埋甕内から検出された小形土器（器高約8.6cm）

秘匿する祭儀

長野県上伊奈郡宮田村に所在する中越遺跡群中の一つ中越Ⅱ遺跡403号住から，2012年に以下にふれる関係資料が発掘された（小池・渡辺2014）。

403号住居は，中期・曽利Ⅲ式期の唐草文系住まい（図10・上段）。その規模は，東西4.2m×南北4.0mを測る隅丸方形で，玄関口に相当する南壁中央部から，正位に据えた「埋甕」が1個体が発掘された（図10・下段左写真）。作業所で慎重に充填土を除去すると，底部に密着して珍奇な意匠が付く小形土器が顔を出した。玄関口の埋甕は，口縁部径26.2cm，底部径8.2cm，器高34.4cmを測る普遍的な深鉢形。埋甕の内部から発見された小形土器は，口縁部径5.8cm×4.9cm，胴部径9.2cm×8.3cm，器高約8.6cm，底部径は4.5cmの円形・平底。その小形土器は中空であって，内面に制作時の輪積み痕が明瞭にのこる手捻《てびね》り製。表面には，太い隆帯文様が付く（図10・下段右写真）。この特異な小形土器を，渡辺さんは死産児の人面と見，真上を跨《また》ぐ母親

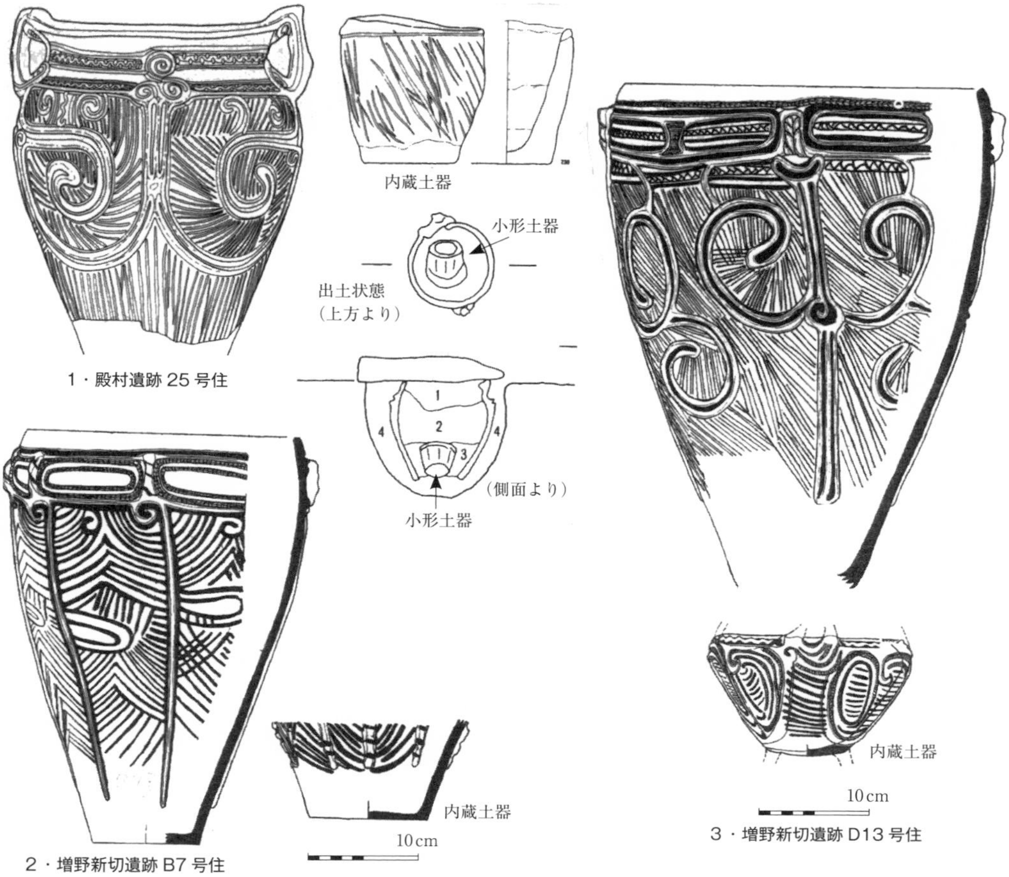

図 11　埋甕と内蔵されていた小形土器

表 2　埋甕内に収納された小形土器類の比較表

遺跡名	埋甕（外容器）(cm)	収納された容器 (cm)	特記事項	時期
中越遺跡 403 号住 （図 10 下段写真）	口縁部　26.2 器高　34.4 底部　8.2	口縁部　5.8 × 4.9 器高　8.6 底部　4.5	小形容器は手捻り製。表面は隆帯文様。	中期 （曽利Ⅲ期）
殿村遺跡 25 号住 （図 11 の 1）	口縁部　25.0 器高　29.0 底部　（欠損）	口縁部　9.0 器高　9.0 底部　6.0	小形容器内から粘土塊を発見。	中期 （曽利Ⅱ期）
増野新切遺跡 B7 号住（図 11 の 2）	口縁部　25.5 器高　38.6 底部　10.0（欠損）	器高　29.0 底部　10.8		加曽利 E （曽利期）
増野新切遺跡 D13 号住（図 11 の 3）	口縁部　33.0 器高　47.0 底部　11.0	台付土器を加工。 （現存部） 口縁部　17.5 器高　11.4 底部　8.0	台付土器の口縁部と台部を損壊し，その後を整形している。	加曽利 E （曽利期）

の門戸に再入して生まれ変わることを祈願した縄文アニミズムとして捉えた。

中越遺跡例を知った時点では，埋甕内に小形土器を内蔵する事例は初見と思っていたが，その後，わが家に架蔵する長野県下の発掘報告書から，以下の２遺跡３例が見出せた。

①・殿村遺跡 25 号住居　本遺跡は長野県東筑摩郡山形村に所在し，昭和 59 ～ 60 年度に発掘された縄文中期の集落跡。25 号住居は，4.3 m × 3.5 m を測るほぼ円形のプラン。主柱穴は５本。真南に蓋石を被せた埋甕が正位で１基発見された。その埋甕内に１点の小形土器が内蔵されていたのである。

埋甕本体は，口縁部径 12.3 cm，頸部径 19.3 cm，現存高 28 cm。底部は欠損（図 11 の 1）。この埋甕内の底部に，口縁部径が 8.6 cm，底部径 6.0 cm，高さ 8.9 cm の小形土器が斜位に横たわっていた（図 11 の 1 内の小形土器）。文様は，口縁部に１条の沈線，胴部にやや斜位の沈線が入る。報告書には「（小形土器の）内部には粘土塊が入っていた」とある。住居の時期は，中期の曽利Ⅱ式期。

②・増野新切遺跡　本遺跡は長野県下伊奈郡高森町山吹に所在し，昭和 47 年度に中央道関係の発掘で調査された。この遺跡からは，埋甕内に小形土器を内蔵する事例が２例発掘されていた。

□ B7 号住居・本遺構は 5.0 m × 5.35 m を測る略方形。主柱穴が４本配され，中央部に堀炬燵《ほりこたつ》風の炉を据える。主軸に沿った南東隅に，口縁部径 25.5 cm，高さ 38.6 cm，底部径 10 cm の埋甕（底部欠損）１基が位置し，その内部から高さ 10 cm，底径 10.5 cm の底部破片が横位に寝かされていた（図 11 の 2）。

□ D13 号住居・本遺構は，6.40 m × 5.60 m を測る楕円形プラン。南東隅には，埋甕が３基並ぶ。最も新しい外側の№３埋甕は，口縁部径 33 cm，高さ 47 cm，底部径 11 cm を測る。この埋甕中に台付土器（現存の口縁部径 17 cm，高さ 11.4 cm，底径 11 cm）が斜位に納まっていた（図 11 の 3）。台付土器は，おそらく埋甕内収納に際し，口縁部も台部も意図的に折損し，その後を平滑に磨いたのであろう。

以上，３遺跡４事例の小形土器の特徴を一覧表にした（表 2）。①４点とも器高が低く，8.6 cm ～ 11.4 cm の範囲内。②容器の作りが特徴的。中越遺跡例は写真から見ると手捻り製で，殿村遺跡例も手捻りのように見える。③増野新切遺跡Ｂ 13 号住の場合は，台付土器の口縁部と台部を損壊し，そのあと損壊部を整形する。

これらの特徴の背後に，どのような意図が秘匿されているのであろうか。

最近，縄文人骨を納骨する際のヒントを得るため，沖縄の洗骨葬（18 世紀中葉）に使用された 27 基の蔵骨器のサイズを調べることがあった（村田 2019）。器高は 37.4 ～ 60.4 cm 内で，平均 51.6 cm。一方，納骨されていた成人男性の大腿骨長は，平均すると約 40 cm 前後。前記した蔵骨器の器高は，四肢骨中で最長の大腿骨を折損せず，容器内に収める鄭重《ていちょう》な思慮として浮かんでくる。時代を一気に遡り，関東・甲信地方の縄文中・後期に見る大形の倒置埋設土器などが，ほぼ同様な器高前後に集中するのも，同一要因として想定できないであろうか，と推量した。そうすると，子供の遺体にも大腿骨（長）を特別視する同様な観念があったのであろう。

縄文時代のお産では，誕生直前・直後における嬰児《えいじ》の死など，不憫《ふびん》な情景も頻発していたであろう。この背景と，再度の子宝を求めて埋甕アニミズムが普及した背景は述べてきた。そこから想像すると，埋甕内にもう1個体，器高9～11cm前後の小形土器を納め，その土器内にも死した子供の大腿骨などを忍ばせるようなことがなかったのか。奇抜な発想と思われようが，その可能性も検証してみたい。

上記の推測には，母体内で臨月を迎える胎児の大腿骨長の推移を知る必要がある。以下は今から1世紀も遡った昭和2年に報告された研究報告である（長谷部1913）。それは岩手県陸前高田市の中沢浜貝塚（縄文晩期）の胎児を研究された際の手法。東北大学人類学教室の長谷部言人《ことんど》研究室には，母親が助産婦に胎生何か月と告げて集められた26遺体があり，それを曝《さら》して四肢骨長を計測した。その結果，大腿骨長は，胎生8か月で全長4.8～6.3cm（5.0～6.5cm。カッコ内の数字は，最新機器による計測値を示す），9か月で5.8～6.6cm（5.8～6.5cm），10か月で6.0～7.8cm（6.6～7.4cm）となる。

前記した小形土器4点の器高は，8.6～11.4cm内。仮に大腿骨長から産育環境を推測すれば，臨月の直前にまでに成長していた死産児とか，誕生間もない周産期の嬰児の大腿骨などが浮かんでくる。その骨を小形土器内に収納して，世継ぎの再生を確実なものにしたいと必死に期待したのであろう。増野新切遺跡B13号住の場合は，容器を一部損壊・整形しているので，さらなるパフォーマンスが付加されていたのかも知れない。

関連して，容器のサイズと収納人骨の情報をもう一つ加える。縄文中期末から後期初頭に北東北地方には大形の再葬土器棺墓が盛行するが，同じ時期に〝小形の切断壺形土器〟も発達した。葛西勵先生の研究で，小形品は胎児や嬰児の埋葬に使用されたと考えられた（葛西2006）。容器高は，10～15cmの範囲内にきわめて集中する（図12）。これまで俎上に載せてきた縄文中期埋甕内の小形土器との牽強付会は慎むが，参考になる数値であることは間違いない。

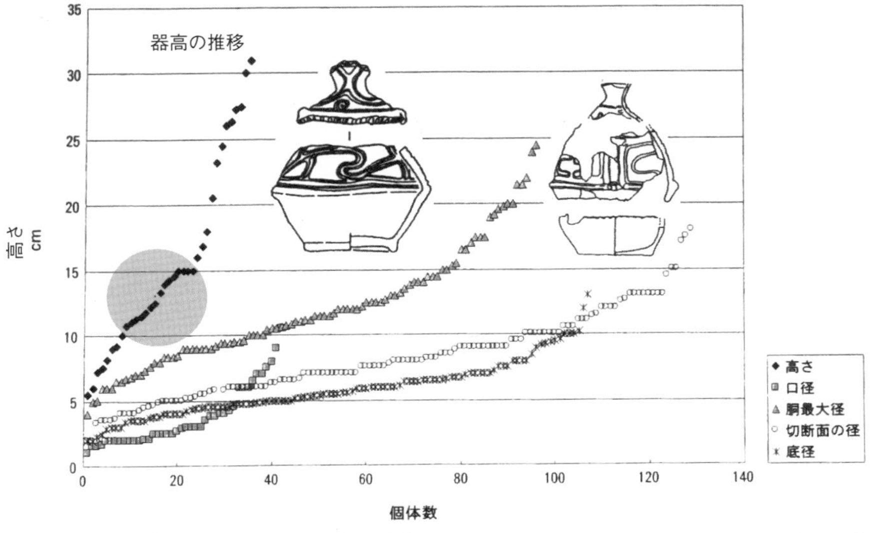

図12　小型切断壺形土器の容器高の変化（アミを掛けた○印内の10~15cmに器高は集中。筆者加工）。図中の実測図は，左が上半部切断形。右が下半部切断形（葛西2006に加工）

おわりに

細部の宿り給う「神」にめぐりあえないものか，卑しい下心を隠しての旅路であったが，所詮，怠け者に僥倖《ぎょうこう》などあるはずもない。最後に，小論で主張したかった要旨を簡明に記す。

1の深沢遺跡では，個々の柄鏡形住居跡を細かく見れば，まだまだ多様な機能が復元できるぞ，という気概を示したかった。このように研究の視点は多岐でる。

2の潮見台遺跡・棚畑遺跡の石囲炉から垣間見えた仕舞い支度の諸相では，竪穴住まいの象徴である炉址が，その仕舞い姿では一変している。この「破壊的な行為」を実践した住人《すみびと》に，心の痛みはなかったのかな，と素朴な疑問を深めた。満足いく結論は導けなかったが，テーマの重要性は共有してほしい。

3の埋甕問題は，茨城県御茶園西遺跡の事例を分析しながら，重要な発掘所見を共有したかった。さらに埋甕＝乳幼児埋葬説に立てば，埋甕が盛行期した縄文中期・後期社会における乳幼児を含む人口構成比を知ることは重要。精度の高い御野国（岐阜県）半布里の大宝2年（702）戸籍の人口構成比から，仮に時代を縄文期に遡及させても，乳幼児がきわめて多勢であった可能性を強調した。この点はこれまでの埋甕研究にはなかった視点であり，わたしは細部の宿り給う「神」の後ろ姿を，瞬時拝めたような錯覚を覚えた。

4の顕示する祭儀・秘匿する祭儀は，中部・関東地方の縄文中・後期ムラを発掘すれば，実例は数多く実見できる。〝遺物〟個々の詳しい分類は重要であるが，何故，その場からその種の遺物が検出されたのかという考察はさらに重要。たとえば，太い柱穴内に据えられた完形の深鉢土器，住まい中心軸奥部に掘られた孤高の大形柱穴，大形の扁平石，その前面に置かれた遺物類など，「顕示された祭儀」はあちこちに姿を現している。若い研究者が〝神〟と対話ができる絶好の機会であるから大いにがんばってほしい。

引用文献

赤城高志 1992「縄文時代柄鏡住居の微視的研究」『人間・遺跡・遺物－わが考古学論集2』発掘者談話会
安孫子昭二 2015「切目石錘で編布を編んでみる」『東京の縄文学』之潮所収
石井　寛 2001「縄文時代後期の住居址内土坑」『縄文時代』第22号，縄文時代文化研究会
今泉沙希ほか 2018「縄文中期南西関東多摩武蔵野地域の屋内埋甕の研究」『セツルメント研究』第9号，セツルメント研究会
葛西　勵 2006『続・再葬土器棺墓の研究―切断壺形土器と子供の再葬を考える』再葬棺墓の研究刊行会
金関丈夫 1975『発掘から推理する』朝日選書40，朝日新聞社
久保常晴・関俊彦ほか 1971『潮見台遺跡』潮見台遺跡調査会
小池勝彦・渡辺誠 2014「人面付小型壺を内蔵する埋甕―長野県宮田村中越2遺跡の近年の発掘例について」『古代文化』第66巻1号，古代学協会
後藤守一 1940『上古時代の住居』考古学・先史学講座，第15巻，雄山閣
坂口　豊 1989『尾瀬ヶ原の自然史』中公新書928，中央公論社

櫻井秀雄 2019「炉址に石棒の家」『雑木林』第 34・35・36 合併号，山麓考古同人会
鈴木保彦 2020「縄文時代の気候変動及び海流と縄文文化」『縄文時代』第 31 号，縄文時代文化研究会
鈴木隆雄 1998『骨からみた日本人』講談社
竹石健二・野中和夫ほか 1992『丸山台遺跡群Ⅰ』埼玉県和光市遺跡調査会
土井義夫ほか 1981『深沢遺跡・小田野城遺跡』八王子深沢遺跡および小田野城遺跡調査会
中塚　武 2022『気候適応の日本史』歴史文化ライブラリー 544，吉川弘文館
長谷部言人 1927「石器時代の死産児甕葬」『人類学雑誌』42 巻 8 号
馬場信子ほか 2017『御茶園西遺跡―発掘調査報告』茨城県稲敷郡美浦村文化センター
速水　融 2001『歴史人口学でみた日本』文芸春秋
春成秀爾 1996「性象徴の考古学」『国立歴史民俗博物館研究報告』第 66 集
村田文夫 1967「関東地方における縄文前期の竪穴住居について」『考古学雑誌』53 巻 3 号，日本考古学会
村田文夫 1974「神奈川県川崎市潮見台遺跡の縄文中期集落復元への一試論」『古代文化』26 巻 4 号，古代学協会
村田文夫 1985『縄文集落』考古学ライブラリー 36，ニューサイエンス社
村田文夫 1992「長野県棚畑遺跡縄文ムラの語り」『縄文時代』第 3 号，縄文時代文化研究会
村田文夫 2013「炉石・焼土の行方と頭蓋骨を祀る住まい」『考古学の諸相』Ⅲ，坂詰秀一先生喜寿記念論集
村田文夫 2019「縄文竪穴住まい内の祭祀と墓制に関する一考察―甲信地域の中期後半期の資料から」『旧石器時代文化から縄文時代文化の潮流―研究の視点』六一書房
村田文夫 2020「御野国（岐阜県）加毛郡半布里の人びと」『神奈川考古』第 56 号，神奈川考古同人会
山口　敏 1981「縄文人骨の特徴」『人類学雑誌』第 5 巻，日本人Ⅰ
渡辺　誠 1973『縄文時代の漁業』考古学選書 7　雄山閣

次の関係者にお世話になりました。

茨城県御茶園西遺跡の埋甕の情報を頂いた中村公省さん，同遺跡の発掘状況をご教示頂いた馬場信子さん，長野県宮田村中越 2 遺跡の情報をご教示頂いた渡辺誠先生，同遺跡発掘調査者の小池勝彦さん，長野県下の縄文関連情報をご教示頂けた小池岳史さん等に深謝。

第Ⅱ部　古墳壁画や戸籍・考古資料等から描く古代史像

武蔵国・熊ヶ谷横穴墓群中の線刻画考
―第２号横穴墓の絵解き―

はじめに

律令期の武蔵国・相模国には，領内を流れる中・小の河川をのぞむ丘陵地から，前代に位置付けられる古墳時代の横穴墓が数多く発掘されている。それらの横穴墓群をめぐる歴史的な意義付けについては，遺構・遺物の両面から分析した長い研究史が蓄積されており，わたくしたちはそこから多くのことを学んできた。

わたしはその一環で，武蔵国・相模国内から発掘される横穴墓の壁面に，鋭利な鉄製工具で刻んだ「線刻画」に注目し，それらが築造時に線刻されたものか，相応に時期を隔てた時点での線刻画なのかなど，その歴史的な意義付けに愚考をめぐらしてきた[(1)]。小論では，武蔵国・熊ヶ谷横穴墓群中の第２号横穴墓から確認された線刻画を検証する（以下「第」は省略）。

熊ヶ谷横穴墓群は，住宅・都市整備公団の土地区画整理事業に伴う発掘調査で，その成果は『武蔵・熊ヶ谷横穴墓群』として1985年に刊行されている。小論はその再検証である性格上，報告書の記述に若干批判的な記述が含まれる。この点については，発掘調査と報告書づくりを指導された現・立正大学教授の池上悟氏にあらかじめ御説明し，承諾をいただくことができた。まずその御海容な配慮に厚く御礼を申しあげたい。

1　熊ヶ谷横穴墓群の位置と発掘経過など

本横穴墓群は，神奈川県横浜市緑区奈良町106番地ほかに位置し，1982～83年にかけて奈良地区遺跡調査団が，No.8地点として発掘調査をされた。調査期間中に何回か現地を拝見する機会を得，池上悟氏から懇切な御説明を頂いた。調査成果は，1985年に『武蔵・熊ヶ谷横穴墓群』として刊行された。以下，報告書とした場合は，熊ヶ谷横穴墓群の報告書を指す。

奈良地区遺跡群は，神奈川県横浜市の北西部，緑区奈良町に位置し，多摩丘陵を貫通する鶴見川の支流，恩田川に面している（図１の1）。

奈良地区遺跡群No.8地点は，東より西にふかく湾入する谷戸の最奥部に築かれた総数25基からなる横穴墓群。南斜面から19基（第１支群），北斜面から6基（第２支群）の横穴墓が発掘されており，両者には直線距離で約30mの空白帯が存在する。横穴墓が築かれた地点の標高は，第1支群は53～65m，第２支群は68～72m，すなわち第２支群側の方が相対的に高位に築かれ

図１　熊ヶ谷横穴墓（１・■印）と関連横穴墓（●印）の位置（２：王禅寺白山横穴墓，３：西谷戸横穴墓，４：早野横穴墓）

ている。

横穴墓の築造時期は，発掘された土器・鉄器類のほか，横穴墓の平面形・断面形や，その設計に使用されたと思われる基準尺などを根拠に検討され，最古の段階が2号墓で，6世紀第4四半期，最も新しい段階が4号墓の7世紀第3段階。最も集中的に築造されたのは，7世紀中葉を挟んだ約100年。小論で俎上《そじょう》に載せる2号墓は，南斜面（第1支群）の上段に築造され，築造時期は25基中最古の6世紀第4四半期である。築造年代は調査を指導された横穴墓研究の第一人者・池上悟氏の分析であるから，十分に信が置ける。

2　線刻画が認められた横穴墓とそのあらまし

線刻画は，2・3・7・18号墓の4基から確認され，全て第1支群とした南斜面に位置する。報告書では，線刻画の概要を次のように記している。

*

4基の横穴墓に認められた線刻画文は，その描かれた時期及びその性格により大きく二様相に区分することができる。

つまり2・3・7号墓に描かれた線刻による人物・船・鳥等の具象的な図文や抽象的な図文はその題材や表現法等により，恐らく横穴墓造営に伴う所産と考えられるものである。従ってこの3基は，装飾古墳の分類における横穴墓系の範疇に属するものといえよう。一方，18号墓の示す様相は，後世における横穴墓の再利用に伴って描かれたものと推定され，奥壁に地蔵導を大きく描き，両側壁に庵《いおり》と思われる図文などが認められた。

*

この短い文章のなかに，2・3・7号墳の線刻画は築造当初，18号墓は後世の追刻と見る見解が示されている。小論の再検証の対象は2号墓であるが，そのまえに3・7号墓に認められた線刻画についても一言ふれておく必要があろう。

3号墓は7世紀中葉の築造で，発掘時では羨道部全体が閉塞されていたが，調査所見では3次にわたる追葬が確認されている。玄室の平面形は逆台形である。線刻画は奥壁部の中央に認められた。図文は線描きで10本前後を集中させて，逆三角形を描いている。意匠の心意は読みとりがたく，描いた時期も特定しがたい。

7号墓は7世紀前半期の築造で，調査以前に開口し，後世の落書きが多数確認されていた。玄室の平面形は逆台形で，狭くて長い羨道部が接続する。報告書では，明確な後世の落書きを除いた西側壁に線刻された図文に注目する。とくに西側壁の中位に鳥の横面を写実的に捉えた図文は，「尾羽が比較的長いので水鳥よりも，むしろ山鳥を描いたもので，山鳥の静止した姿をあらわしたものであろう」とする。嘴《くちばし》・目・羽根・脚・尾羽まで写実的に描く。山鳥か雉《きじ》のような図文は，静岡県焼津市の兎沢9号古墳（6世紀後半）の横穴式石室の奥壁面からも確認されている(2)。

鳥の造形物といえば，古墳時代中期以降に多く出現する白鳥・鴨などをモデルにした水鳥形埴輪が思い浮かぶ。『日本書紀』には，葬られた日本武尊の陵《みささぎ》から白鳥が飛び出した白鳥陵の話が伝わる。鳥は霊魂を運び，葬送儀礼の場では，死者霊を呼び戻す再生の役割を担い，また埋葬終了後は死者霊を祭りのために運んでくる使者としても重んじられた。山鳥か水鳥かの解釈は留保されるが，報告書では横穴墓の築造期にあわせて描いた図文と判断された。類例から推しても妥当であろう。そのほか２点の図文，縦長の長方形に区画した中に，三重に描かれた同心円文，もう１点，斜格子状に交差するように描かれた直線状の図文がある。この２点は，時期も意匠の心意もつかみがたい。今後も類例の渉猟《しょうりょう》につとめ，再考してみたい。

つぎにメインにあげた２号墓の線刻画の再検証にはいる。

3　2号横穴墓と線刻画

（1）横穴墓のあらまし

２号横穴墓は南斜面（第１支群）に属し，築造時期は古く６世紀第４四半期とされる。横穴墓の平面形は，玄室と羨道部との境がない狭長な逆台形である。

報告内は未開口の状態で遺存したとする一方，墓前域の覆土は天井・側壁部から崩壊した岩盤ブロックで最大厚さ1.2mほど堆積していたとする。続けて

> 土層堆積状況により，当初構槃以降５次に亘る追葬面が確認でき，とくに第１・３次葬に伴い，（中略）本来玄室に敷かれていたと思われる円礫を掻き出して面を形成している。（中略）他の横穴墓と異なり，閉塞には大形の岩盤ブロックを使用した痕跡はなく，岩盤ブロックを混入する土砂をもって閉塞を行ったものと考える。

前段では未開口状態で遺存したとしながら，後段では羨道部の土層堆積状況から，５次にわたる追葬面を確認したとする。まぎらわしいが，築造後，５次にわたる追葬面があったから決してバージンではない。この所見は，線刻画の再検証にあたって重視する必要があろう。

遺物は，羨道部の第一次追葬面上を中心に，須恵器提瓶１，刀子・鉄鏃・両頭金具８，耳環３，ガラス小玉68が出土した。

（2）線刻画のあらまし

線刻画は奥壁面・西壁面・東壁面から発見された。三壁面のなかで奥壁面の図文は明瞭な人物画である。西・東壁面の図文にも人物画が含まれるが，幾何学的な図文が主体的である。まず，奥壁面の線刻画を中心に眺めてみたい。

奥壁面の線刻画

床面より85cm上の位置にある（図2・3）。報告書には個々の特徴が間断なく解説されているが，実測図との関連性が読みとりにくいので，わたしの判断で実測図に番号を付し，その番号をもとに報告書の解説に私見を加えて要約する。

1・奥壁面からは複数の人物画が確認でき，わけても中央部から東側（右側）に描く①〜③と，西側（左側）に接する同種系の④と⑤が明らかに主役級である。

2・①〜⑤は，顔面を略円形に表現する。頸部から胴部（腰回り）は，釣鐘状に線刻し，内部を斜格子文で埋める。①は，両側に描いた②・③に比べると大きく（全長61・5cm），奥壁人物画の中心的な人物と察せられる。顔面は，幅18cm・長さ25cmの楕円形に描く。ただし顔面部は鉄製工具で明瞭に抉《えぐ》られており，②〜⑤にはない特徴である。この点は報告書でも注目し，わたしも考察部分で言及する。

3・②は顔面と頸部・胴部との境が明瞭でなく，さらに胴部の東側が①の胴部に重なる。顔面は幅15cm・長さ13cmを測る。報告書では，①を線刻した後に②を描いたのではないか，と時間差を考えている。しかし，②の胴部の左上から右下に流れる斜線の何本かが，切れずに①につながっている（図3の矢印A〜C）。よって①と②は，同じ絵師によって一気に描かれたものとわたしは考えている。

4・③は，全長51.5cmで，顔面は幅11cm・長さ11.5cmを測る。頸部から胴部（腰回り）にかけての斜格子文の間隔・リズム感は，①や②と共通している。さらに，③と①をつなぐ斜線の一部は切れずにつながる（図3の矢印D・E）。よって①〜③は同時にまとめて一気に描かれたものと判断している。

5・④と⑤は，東側に位骰する①〜③に比べると明らかに小さい。④と⑤は全長45cm前後で，①の全長61.5cmとの差は歴然としている。頚部から胴部（腰回り）の斜格子の間隔は，①〜③と比較すると倍近く空き粗い。ただし，④と⑤が接続する部分の細線はつながっているので，一緒に描いたものであろう（図3の矢印F・G）。また，⑤と②の間隔は幾分広いが，両者はこれまた細線の一部がつながっている。さらに①〜⑤は，四肢，すなわち腰部以下の両脚と両腕の表現を完璧に省略している。

以上のような理由から，わたしは報告書の時間差とする見解と異なり，①〜⑤は同じ絵師，または同系の絵師たちによって一気呵成《いっきかせい》に描かれたものと推測している。

6・②の上方に⑥が描かれているが，報告書にはその図文の説明がない。おそらく⑥の顔面の位置が①のそれよりも高くなるので，急遽中断せざるを得なくなり，すこし下げた②の位置に描き直したのであろう。少し推測が過ぎるかも知れないけれど—。また，②・⑥と⑤との間隔は，明らかに広い。その間に描かれた傘状の⑦は，一見すると翳《さしば》画のようにも判断できなくはない。このような絵解きが首肯されれば，前段の5で推測した，①〜⑤は同時的に描いたと推測した見方にさらに蓋然性《がいぜんせい》が高まろう。

7・丸顔で表現した二つの図文のうち，東側端の⑧は，直径約11cmの円形の中に目と鼻がつけられている。その下方の線を報告書は胴部とするが疑わしい。が，辛うじて確認された2本の斜線は，①〜⑤に顕著な斜格子文の特徴とも通底している。図文の大きさから推測すれば子供画であろうか。西側下方の⑨は，おなじ丸顔で，これまた辛うじて目と鼻が認められるが，胴部の図文はない。このようにおなじ人物画と思われる図文でも，相互に通底する特徴と，異なる要素が錯綜している。

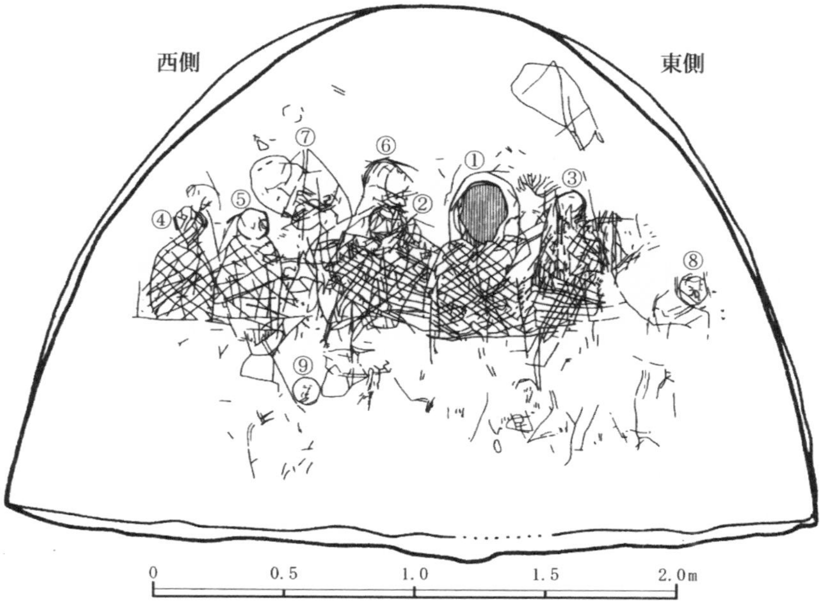

図2　熊ヶ谷2号横穴墓奥壁面の線刻画（①〜⑨は本文に一致。以下同じ）

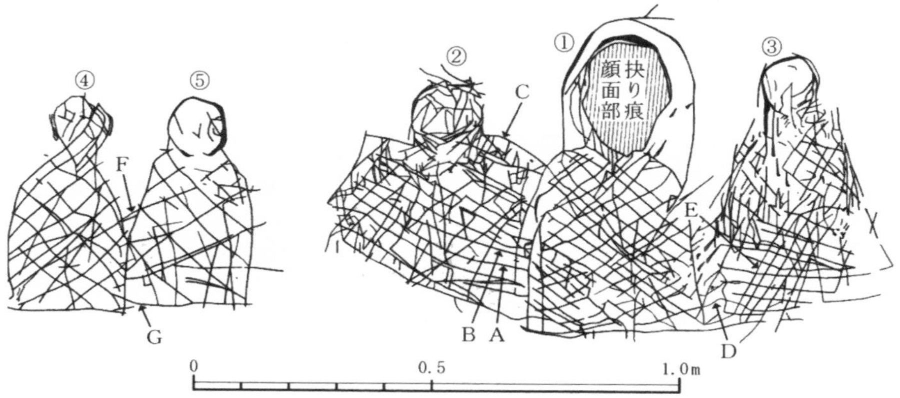

図3　奥壁面の人物画①〜⑨の拡大図（A〜Gは本文に一致）

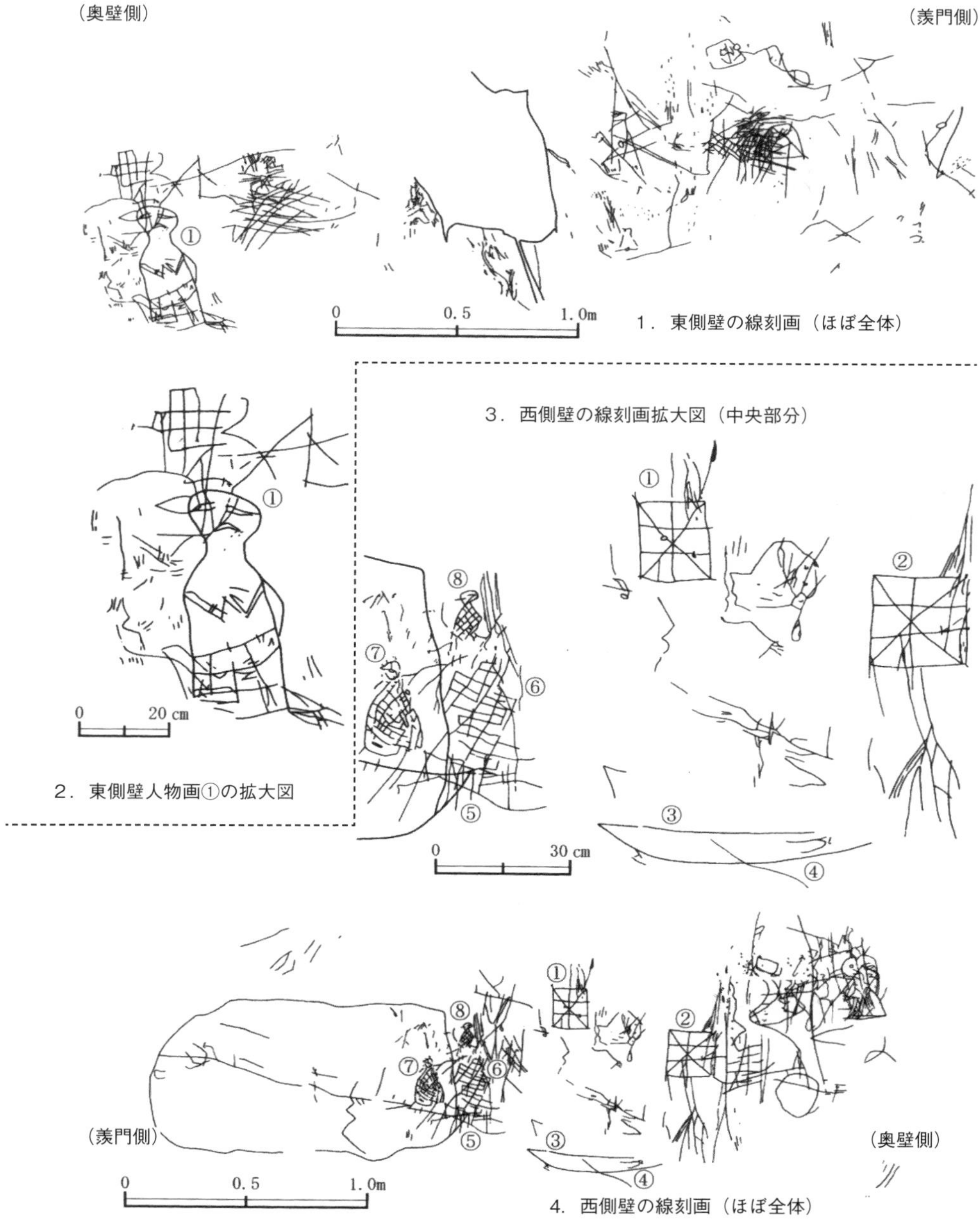

図４　熊ヶ谷２号横穴墓　東・西壁面の線刻画（１～４）

東壁面の線刻画

多数の図文が認められた（図4の1・2）。意匠的に明瞭なのは奥壁寄りの①の人物画のみ。報告書では，両目・口唇部が明瞭な顔面，胸前に両手が重なる胴部，四肢から，哀悼の意を表現しているという。興味深い指摘である。

事実としては，奥壁面①～⑤の人物画とその表現方法はいちじるしく異なる。奥壁面の人物画①～⑤の顔面は，輪郭のみで目・鼻・口唇などの器官は省略されている。胴部の表現は斜格子文で充填しており，この点でも東壁面の①と異なる。

西壁面の線刻画

多数の図文が確認できたが，東壁面と同様に意匠が判然としないものが多い（図4の3・4）。まず報告書は，中央と奥壁寄りの方形区画文①と②をあげる。両者とも区画内は縦中央に1本と横に2本の直線が等間隔に入り，その枠中をX状に細線がクロスする。意匠は明瞭であるが，何を表現したものかの説明はない。報告書はつづけて①の下方に船③とそれを漕ぐ櫓④が線刻されているという。さらに羨道寄りにも船⑤があり，それには大きな帆⑥が描かれているという。

船⑤と帆⑥に隣接して，人物画⑦と⑧が描かれている。奥壁面の人物画①～③に比べると明らかに小形であるが，頸部から胴部（腰回り）は釣鐘状で，その内部を斜格子文で埋める表現などは共通している。同じ絵師らによって奥壁部の人物画などと一緒に描いたとも考えられる。

奥壁面，東壁面・西壁面に認められた線刻画の解釈については，後段で再論することになる。

4　2号横穴墓の線刻画を再検証する

2号横穴墓は，追葬面が5面も確認されているから，決してバージンではない。つまり線刻画の追刻も十分に可能であった。その前提をふまえて再検証してみる。

奥壁画の線刻画

1・奥壁面の中心部分に線刻された人物画①～⑤が，壁画線刻画の主役級であることに疑義はない（図2・3）。顔面から胸・腰部に至る釣鐘状の区画，頸部以下の内部を充填する斜格子文はきわめて特徴的である。両腕・両脚の四肢は省略され，腰部の横線の位置で一斉に全体観を揃えている。よって，人物画の①～⑤が同じ系統の絵師らによって描かれたとする報告者の理解には賛同している。

　ただし，「中央の3体の人物画群は胴部を表現した斜格子の状況より，中央の人物を描いた後に両側の人物を描いたものと考えられる」。つまり報告書では①が最初で，②・③はその後に追刻されたとする。しかし，これには異論がある。すでに詳述したように，斜格子文の細線の一部の①～⑤，とりわけ①～③では確実につながる部分があり，かつ図文の意匠的な特徴も明確に貫徹している。おそらく①～⑤の五躯は，一気呵成に描かれたと理解した方がはるかに蓋然性《がいぜんせい》があると確信する。

2・報告書は，「中心となる人物（①のこと）は，両側の人物（②・③のこと）と比較して大形で，顔・胴部の表現が明確な線で区画されていた。顔は他の人物と異なり，壁面を楕円形に抉って表現されていた（写真1）。これは壁面の剥落によるものでなく，意識的に造作され，壁面には先端部の尖った工具痕が明瞭に遺存していた」とある（・印は村田）。

写真1　奥壁画の人物画①の顔面抉り痕

写真2　奥壁面の人物①～③

報告書の解説文からは，顔面部は先端の尖った工具で当初から意識的に抉《えぐ》ったようにも理解できる。しかし①は，②・③の真ん中であり，奥壁面線刻画のセンター。そのような枢要な位置にある人物画の顔面を，当初から鉄製工具で抉って表現するであろうか―。

参考までに，わたしも調査に関わった川崎市麻生区王禅寺横穴墓1号墓（7世紀後半）の線刻画を取り上げる（図5の上段）。

奥壁中央部には，おむすびを反転したような楕円形内に，眉・目・鼻・口を表現した人物画が描かれる（人面相1）。その左下方には，鑿《のみ》状工具で大きく抉った剥離面が認められた（図5の削り痕）。風化面から，近時の所業には思えず，わたしは「この部分に当初（人物の）線刻画が描かれていたが，その後に忌み嫌われる事情が生じたので，それを追刻時に意識的に抉り取ったのでは―」と推測した。

また，同横穴墓玄室部の側面（図5の下段），すなわち東北隅の鬼門部からは，矢を放つとビューと音を発する鳴鏑《なりかぶら》が羨門部にむけて一斉に描かれている（弓矢1～9）。しかし，弓矢画は徐々に簡略化・形骸化している。すなわち追刻されるたびに，当初の明確な表現的な意図が希薄になり，模倣化されていたからであろう(3)。

そこから熊ヶ谷2号横穴墓の抉られた顔面画を想像してみる。2号墓の羨門部には，5枚の追葬面がある。そこから推測を逞しくすれば，①のモデルの生前の事績がまだ記憶・伝承されていた段階で，集団内にその人物を忌み嫌う事情が生じ，そこから①の人物の顔面部を追墓時に抉ったのではなかろうか。その発想は，王禅寺白山横穴墓と同様，思考の源泉である頭蓋から下顎を含む顔面を損壊して，当該人物の存在を否定することにあったと推測できよう。

このような負の衝撃痕は，線刻画ではないが，川崎市高津区久地西前田横穴墓群の１次３号横穴墓でも窺える。

平瀬川流域左岸の津田山・久地周辺の横穴墓群では，飾大刀・象嵌大刀・刃関孔大刀のほか，弓弭《ゆはず》状有栓骨製品・高師小僧製の管玉などが副葬され，遺骸も組合木棺・組合石棺内に納まる事例も少なくない。これらの考古資料から，流域は律令期の武蔵国橘樹《たちばな》郡縣守《あがたもり》郷の拠点地域で，そこには郷長に系譜するような有力人物の横穴墓も含まれていよう。

その最有力が，久地西前田横穴墓群の１次３号横穴墓（7世紀第２四半期）である[4]。玄室の規模は超大形で，奥壁沿いに見事な造り付け石棺（刳抜式箱形）を造作する。しかし，発掘時には５枚あった石棺の蓋石は外され，うち３枚は石棺内に立て掛け，２枚は石棺前に置かれていた（写真3)。しかも石棺内には，人骨の痕跡すらなかった。また，数多く副葬されていたと推測できる鉄刀類も皆無。推測を逞しくすると，地域豪族として覇権を握っていた３号横穴墓の墓主（郷長？）と，新たな郷長とのあいだにおそらく政治的・系譜的な齟齬《そご》などが生じたのであろう。そこで密封されていた石棺が開けられ，眠りについていた遺骸のほか，前覇者の象徴物である各種の鉄刀類も全て墓室外に持ち出されたのではなかろうか，とわたしは推測を逞しくしている。

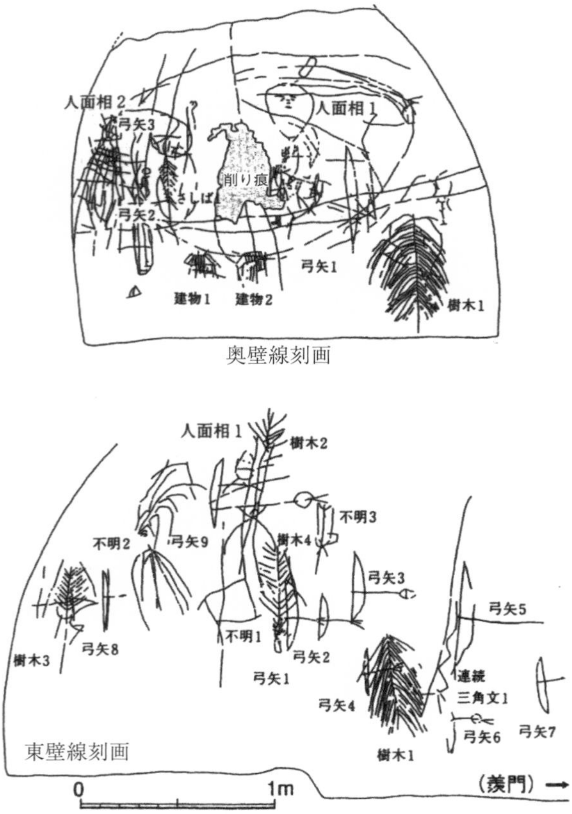

図５　王禅寺横穴墓の線刻画

現在の犯罪捜査なら，遺骸や副葬されていたと思われる鉄刀類などの物証が立件の条件である。が，世は古代―。秀逸な横穴墓が集中する久地・津田山周辺でも，きわめて傑出した規模と構造で造作された３号横穴墓に，威信具の象徴である鉄刀類が皆無。装身具類もなし。さらに石棺の蓋石も開けられ，遺骸の痕跡も皆無。わたしはこれらの状況証拠からでも，意図的に攪乱した嫌疑は十分立件できると確信している。

そもそも横穴墓は，発見時にはバージンのように見えても，実は何回か開けられている。茨城県ひたちなか市館出支群Ⅰ区第35号墓は，玄室形態は7世紀前半であるが，墓前域・羨道部からは，８世紀第４四半期の須恵器類が，玄室からは９世紀第２四半期の土師器や人骨（火葬骨含む）のほか，蕨《わらび》

写真３　久地西前田１次３号横穴墓の大型造り付け石棺（石棺前方の２枚の石は，外されていた石棺墓の蓋石）（小池汪氏撮影）。５枚の蓋石で石棺の蓋がぴたりとなることは現地で確認ずみ。

手刀《てとう》の優品が納まる[5]。このように横穴墓は，地域の記憶・伝承にもとづく正・負の痕跡を何回かにわたって遺しているのである。

東壁面の線刻画

１・人物画①の特徴は再論しないが，奥壁部①～⑤の表現手法とは異なるので，おそらく絵師は別系統であろう。あわせて追刻の可能性もあろう。なお報告書では，合掌するポーズから仏教的思想の有無や鎮魂儀礼を推測するが，その是非論は控える。壁面の随所に斜格子文状の線刻が見られるが，図文の解釈もいまは控える。

西壁面の線刻画

１・個別的な解釈は前段でしているので，できるだけ重複は避ける。人物画⑦・⑧は奥壁部の人物画①～⑤と比較すれば小形化しているが，釣鐘状に表現した頸部以下を斜格子文で充填する表現手法はきわめて共通している。同じ系統の絵師が，横穴墓の築造時に一緒に線刻したものと考えられる。

２・問題は，③の船と漕ぐ櫓④の関係，⑤の船と⑥の帆の関係である。円筒埴輪に線刻されている船画などを参照すれば，可能性は肯定できる。とくに⑤の船体部に立てられた⑥の斜格子状の意匠は，風を受けた帆網であろうか。報告者は，横穴墓にも数多くの類例があることを強調され，解釈としては霊魂船であろうとする。辰巳和弘氏らが，主張されている舟葬観議論に想いが至る[6]。

もう一度線刻画を理解するうえで，調査報告書の記述を再確認をする。「Ⅳ・まとめ」章の「2・装飾横穴墓と横穴墓の再利用」では，「本横穴墓は，未開口の状況で調査がおこなわれたものであり，横穴墓造営に伴う線刻図文を完全に確認することができた」（143頁）。その一方，横穴墓系の葬法では追葬が一般的で，その際に追刻される可能性を否定していない（144頁）。

このように曖昧に書かれると，線刻画の解釈は右顧左眄《うこさべん》するが，2号横穴墓の場合は，奥壁部の人物画①の楕円形顔面部が鉄製工具で明瞭に抉られ，さらに羨門部における複数回の追葬面から判断して，わたしは意図的な追刻行為は確実にあったと判断している。

5　2号横穴墓線刻画の歴史的背景・素描

2号横穴墓奥壁面には，①〜③と，④・⑤の5躯が描かれている。配置や図文の内容などから推測して，これらが明らかに主役級である。5躯は前述したように，一気呵成に同系統の絵師らによって描かれたのであろう。顔面の各器官は省略されているが，釣鐘状に区画された上半身は，密な斜格子文で丁寧に充填されており，装いとしては前合わせの袍衣《ほうい》を着た人物の盛装であろう。この推測が正鵠《せいこく》を得ているならば，眼前に横たわる墓主たちの霊を慰撫《いぶ》する目的の葬列であろう。そこから②・⑥の間のわずかな間隙に描かれた傘状の⑦は，いわゆる翳《さしば》画であろう。比較するのもおこがましいが，奈良・高松塚古墳の盛装して葬列する人物画群が想い浮かんでくる。

主役級のなかでもメインの①の顔面部が，鉄製工具の鋭利な先端で抉られている事実は見逃せない。わたしの推測では，葬に際して参列した人物の記憶がまだ鮮烈であった段階で，中央に立つ①の人物を忌み嫌う理由が生じ，再開口して顔面部を意図的に抉ったのではないかと推理している。一種の追刻的な行為である。

なお，図文の考察と直接的には関連しないが，報告書では横穴墓の平面図と奥壁部の線刻図を別個に示している。しかしこの種の実測図は，たとえば奥壁部のどの位置に，どのような線刻図文が描かれていたのか，そのフレーム（枠）にあわせて一枚に図化し，解説してくれると理解しやすい。図2は，報告書の解説文をもとに，わたしが縮尺を統一して奥壁面に図文を嵌《は》め込んだ。若干の誤差を危惧するが，類例稀な線刻図文であるから，こまやかな気配りがほしい。

おわりに

古墳研究の泰斗・大塚初重先生は多くの研究論文とは別に『装飾古墳の世界をさぐる』（祥伝社・2014）などの普及啓発図書も多数刊行されてきた。わたしも愛読者の一人である。同書には，「東国における線刻壁画」が収められ，ことのほか興味深く拝読した。その中に「千葉県の長柄町の線刻壁画のように，全部写真撮影し，計測機器で壁画の線の幅，深さ，タッチなどを分析して，当時の壁画だとしたものもあります」とあった（72頁）。この横穴墓は，現在は国史跡という。これは新しい科学的な技法であって，この種の調査事例が陸続《りくぞく》したならば，悪戯画《いたずらが》と識別しにくい古墳時代線刻画の研究は確実に前進するであろう。

一方，小論で取り上げた図文のように，細線が過ぎたり，壁画の風化が顕著の場合などでは，たとえ最新の科学的な技法を駆使しても明快な判定はむずかしかろう。線刻画は往時の絵師が，時々の思想を織り混ぜて懸命に描いたのは間違いない。その思想の片鱗《へんりん》に一歩でも迫るために，たとえアナクロ的な手法でも，同時代的な文物と比較しながら，地道に彼らのイデオロギーの真髄を探る手法もまだまだ捨てがたい。大塚先生がいわれる最新の科学的な手法・技術と，歴史資料の実態に思慮した双方向からの研究が求められているとわたしは理解している。

引用文献

1　村田文夫　2013「横穴墓に描かれた線刻画を絵解きする」『関東の古代遺跡逍遥』所収　六一書房

2　鈴木源　2011「静岡県焼津市兎沢９号墳の線刻画について」『梅檀林の考古学』大竹憲治先生還暦記念論文集　同論文集刊行会

3　村田文夫　1998「神奈川県・王禅寺白山横穴墓線刻画考」『列島の考古学』渡辺誠先生還暦記念論集　同論集刊行会

4　村田文夫　2013「多摩川にそそぐ平瀬川流域の古代史像」『東国の考古学』　群馬考古学研究会編・六一書房

5　稲田健一　2014「イワキとヒタチ」『海の古墳を考える・Ⅳ』　海の古墳を考える会編集

6　辰巳和弘　2011『他界へ翔る船』　新泉社

高師小僧と同製管玉の事例

持田 春吉
村田 文夫

はじめに

筆者のひとり持田は，今から約20年前の1988～1991年に多摩川下流域右岸にあたる神奈川県川崎市高津区下《しも》作《さく》延《のべ》巳《み》ノ《の》谷《たに》に所在する，古墳時代から奈良・平安時代に至る3遺跡の集落跡を発掘する機会があった。これらは比較的に隣接していることから，わたしたちは「下作延巳ノ谷遺跡群」として呼称してきた。その後，長らく調査報告書発刊の責任を果たせずにきたが，2009・2010年に至って村田も協力して，刊行に漕ぎつけることができた。詳細は3冊の調査報告書（持田・村田2009a，持田・村田2009b，持田・村田2010）と，それらを総括した歴史像をめぐる拙論（持田・村田2011）に譲るが，その過程で二人を悩ませながらも興味を惹きつけてやまなかったのが，標題に掲げたいわゆる高《たか》師《し》小《こ》僧《ぞう》の発見であり，そこから派生する高師小僧製と思われる管玉への関心であった。

そもそも高師小僧は，茶系統の色彩であるから遺跡での土壌と識別が容易でなく，手にしても土の塊と見間違えるであろう。ましてや，それを素材にした歴史的な人工遺物の存在など考えがたいなどの理由から，多くは現場に遺棄されてきたものと推測できる。

持田は下作延巳ノ谷遺跡群の発掘調査をさらに30年近くも遡る1961年，同遺跡群と小河川（平瀬川）を挟んだ高津区下作延中之橋横穴墓群から，亡き畏《い》友《ゆう》の新井清氏とともに高師小僧製の管玉を発掘し，本当にそのような類例が他にも存在するものか興味・関心は常に脳裏を離れなかった。さいわい，下作延巳ノ谷遺跡群から，明らかに高師小僧製と思われる素材が発掘され，半世紀にわたってあたためてきた関心事に一定の決着をみることができた。そこで下作延巳ノ谷遺跡群から発掘された高師小僧と，下作延中之橋横穴墓から発掘された高師小僧製の管玉を広く江《こう》湖《こ》に紹介し，今後も類例の渉猟に努めたいと思いに至った。

1　下作延巳ノ谷遺跡群と下作延中之橋横穴墓群の位置

まず遺跡の位置を紹介する。下作延巳ノ谷遺跡群は，多摩川下流域右岸にあり，行政区としては神奈川県川崎市高津区下作延巳ノ谷にあたる（図1・A)。地形学的には下末吉台地と多摩丘陵

図１　A・下作延巳ノ谷遺跡群と，B・下作延中之橋横穴墓群（AとBの中間を平瀬川，Bの北方を多摩川が流れる）

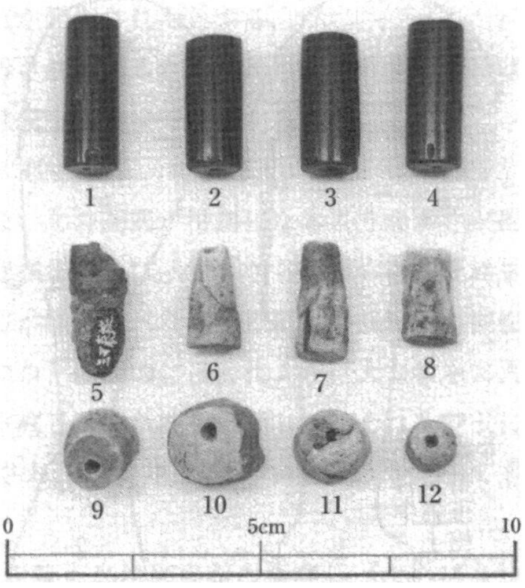

写真１　碧玉製（上段）と高師小僧製（中・下段）管玉（1：下作延中之橋横穴墓，２～４：下作延神社東南遺跡，５：下作延巳ノ谷遺跡第３次，６～12：下作延中之橋横穴墓）

の移行地帯にあたり，標高は30～34mを測る。JR南武線の武蔵溝ノ口からは約700m前後南方にあり，遺跡の北方約2kmには多摩川の清流が北東～南西方角に流れる。つぎに下作延中之橋横穴墓群であるが，調査時には開口していた５基で構成されていた。その位置は，下作延巳ノ谷の北方にあたる津田山と呼称されている丘陵の裾部に穿《うが》たれたもので，さらに多摩川に接近する（図１・B）。両遺跡は約500mという至近の位置にあるが，この中間域を多摩川に注ぐ支流・平瀬川がほぼ東西方向に流れている。

下作延巳ノ谷遺跡群からは，高師小僧が第１次調査６号住居跡（8世紀第3四半期）の覆土中から１点，第３次調査区より表面採集した１点，下作延神明神社東南遺跡の12号住居跡（7世紀第2四半期）から発掘された１点の都合３点が得られている。３点とも素材そのもので，人工的な加工痕は認められない。一方，下作延中之橋横穴墓群から発掘された高師小僧は，いずれも管玉に細工したと思われる人工遺物で，報告書では２号墓から19点，３号墓から２点が発掘されたとある。まず，1961年に下作延中之橋横穴墓群から発掘された高師小僧を，新井清氏によってまとめられた報告書から眺めてみる（新井1962）。

2　下作延中之橋横穴墓群から発掘された高師小僧製管玉

下作延中之橋横穴墓群中の２号墓は，玄室と羨道が明瞭に仕切られる形態で，羨門部の周辺には閉塞に使用したと思われる岩塊や河原石が散在する（図２の1）。奥壁は幅3m・高さ1.55mで，

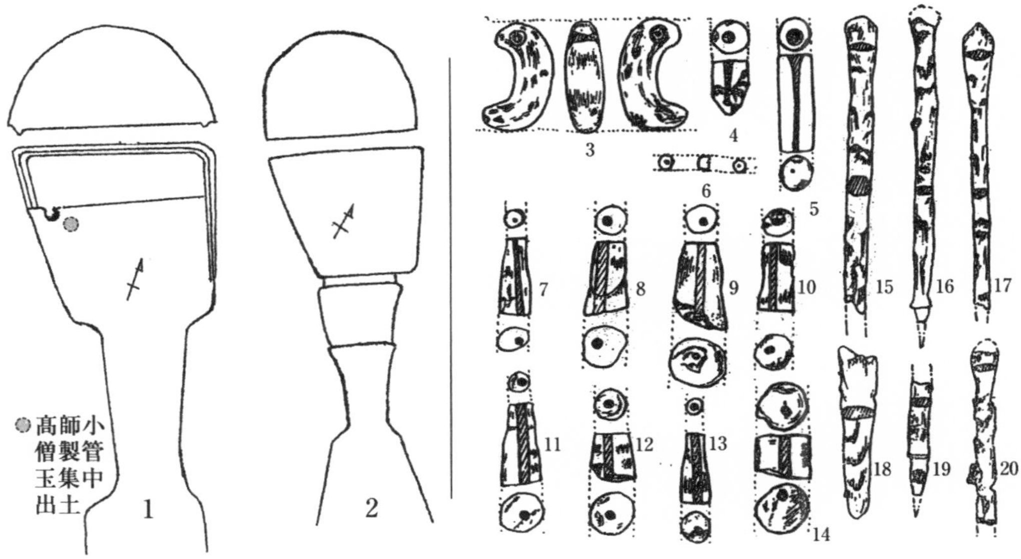

図２　下作延中之橋横穴墓と出土遺物（新井 1962）
（1：2 号横穴墓，2：3 号横穴墓。4 〜 20：2 号横穴墓出土遺物〔3．勾玉，4 〜 5．碧玉製管玉，6．臼玉，7 〜 14．高師小僧製管玉，15 〜 20．鉄鏃〕）

奥壁沿いに幅 90cm・高さ 10cm の棺座がある。床面精査の結果．棺座及びその前面から勾玉 1，管玉 2（碧玉製で，内 1 は欠損），小玉 1，直刀片多数，鉄鏃多数，木棺片，臼歯 10 に混ざって高師小僧製の管玉が 19 点発掘された。これらの遺物類は実測図で見ると，棺座よりもその前面の床面から偏在的に発掘されている。とくに高師小僧製管玉は，棺座前方の右壁近くから鉄鏃，鉄片，臼歯とともに 12 点が纏まって発掘されている。観察所見通りであれば，細紐で結ばれた複数の高師小僧製管玉を頸の掛けた墓主が，ここに横たわっていたのであろう。葬儀時には，質・量にめぐまれた遺物類を副えた横穴墓であったと察する。

高師小僧について，新井清氏は実測図をつけてつぎのように記す（図 2 の 7 〜 14）。まず高師小僧であると明確に認識したうえで，それを一部加工して管玉にしたとする。名称は「岩製管玉」としたが，これは「土製管玉」との混同を避けるため。「形状は円錐台形で，一端ないしは両端が人工的に平坦に削り磨かれており，孔穴は中心より一方に偏する。表面は褐色で鉄分を含み，内部は白褐色を呈する」など。このように，その特徴は的確に捉えていた。

同横穴墓群の 3 号墓は，報告書では 2 号墓と同様の平面形としている。しかし実測図を見るといわゆる羽子板形で，しかも玄室は両側壁を二箇所も凸状に細工する（図 2 の 2）。報告書ではこの細工を（木製）扉を受け止めるためと推測するが，現在の知見に照らせば，複式構造をもつ横穴式石室の平面形を模倣していることは明らかで，そこには前室・後室（玄室）と羨道との境界意識が横たわっている。奥壁は幅 2.3 m，高さ 1.7 m である。遺物としては，直刀片 1，鉄鏃片 3，鉄釘 1 とともに高師小僧製の管玉 2 点が発掘されたとする。

横穴墓の築造時期は，7 世紀中葉から同終末と報告されているが，平面形状から判断すれば 2

号墓の方が7世紀前半代，3号墓は若干遅れた7世紀中葉前後ではなかろうか。

発掘された高師小僧製管玉については，つぎのように総括する。

まず勾玉，管玉（碧玉製），臼歯と一群をなしていた出土状況，高師小僧の一端ないしは両端が平坦になるような工作が明瞭に認められることなどから，副葬された管玉であるとの認識を明快に示す。さらにこの種の素材を管玉に細工した背景については，石製の素材で全てが揃えられなかった墓主の経済的な側面とともに，宗教的・信仰的な意味合いなどを想定しつつ，結論的には古代人が巨大な樹木に人智を超えた畏怖感・神秘感を抱き，かつ高師小僧の生成される状況を熟知しつつそれを管玉に細工し，つねに佩用《はいよう》していたのではないか，と考察された（新井 1962）。いま読みかえしても，十分に傾聴すべき所見である。

以上が1962年に刊行された調査報告書。発行元が川崎市高津図書館の機関誌『たちばな』25号という小冊子で，図版・写真の仕上がりも正直にいってよくない。この貴重な横穴墓報告を読まれた考古学関係者は，皆無に近いであろう。

3　発掘された高師小僧製管玉の形態など

高師小僧は，褐鉄鉱が草の根の周囲に厚い皮殻状になったもので，必ず管状を呈する。この特性を活かして管玉に細工したのではないか，というのが小論の主旨である。

下作延巳ノ谷遺跡群から発掘・採集された3点の高師小僧には，人工的な造作は認められない（図3の1～3，写真1の5）。色調は一様に茶褐色系であるが，部分的に表面が剥がれたような箇所があり，そこは白っぽくなっている。この点，愛知県豊橋市の周辺で得られる高師小僧が，明るい茶褐色系の色調であるのとは異なる。一方，下作延中之橋横穴墓群発掘の管玉に細工された高師小僧は，黒味がかった部分が明瞭に認められる褐色系を呈するものが主体的であって，一部に下作延巳ノ谷遺跡群の高師小僧のような茶褐色系のものを含む。褐色系で黒味がかった部分は，鉄分が集中的に沈着している痕跡であろう。管玉に仕上げるために削平・磨かれた両端面は，白色を呈する（図3の4～15，写真1の6～12）。

新井氏の報告では2号墓から19点，3号墓から2点とあるが，いま持田の手許には12点しかない。加えて12点がいずれの横穴墓から発見されたものか識別ができない点は，資料管理者として責任を痛感している。そこでいま手許にある12点から形態的な特徴などを観察してみる。数値については，表1にして整理した。

法量を見てみよう。全長は1.20～2.70cmまであるが，平均すると1.8cm。石製の管玉と比較すれば小さい。切断・削平面は2面認められ，直径のサイズには若干の差があり，実測図の上端では平均1.38cm，下端では平均1.23cm。この3つの数値が，発掘された高師小僧製管玉の形態的な特徴である。切断面の形状は円形が基調で，なかには切断面がスベスベになるほどに細工されている。おそらく鋭利な刃物（鉄器か）で切断し，その後，切断面を丁寧に研磨したのであろう。切断面に認められる孔の位置は，ほぼ中央部の事例が主体的。直径が1.5cm以上もある太

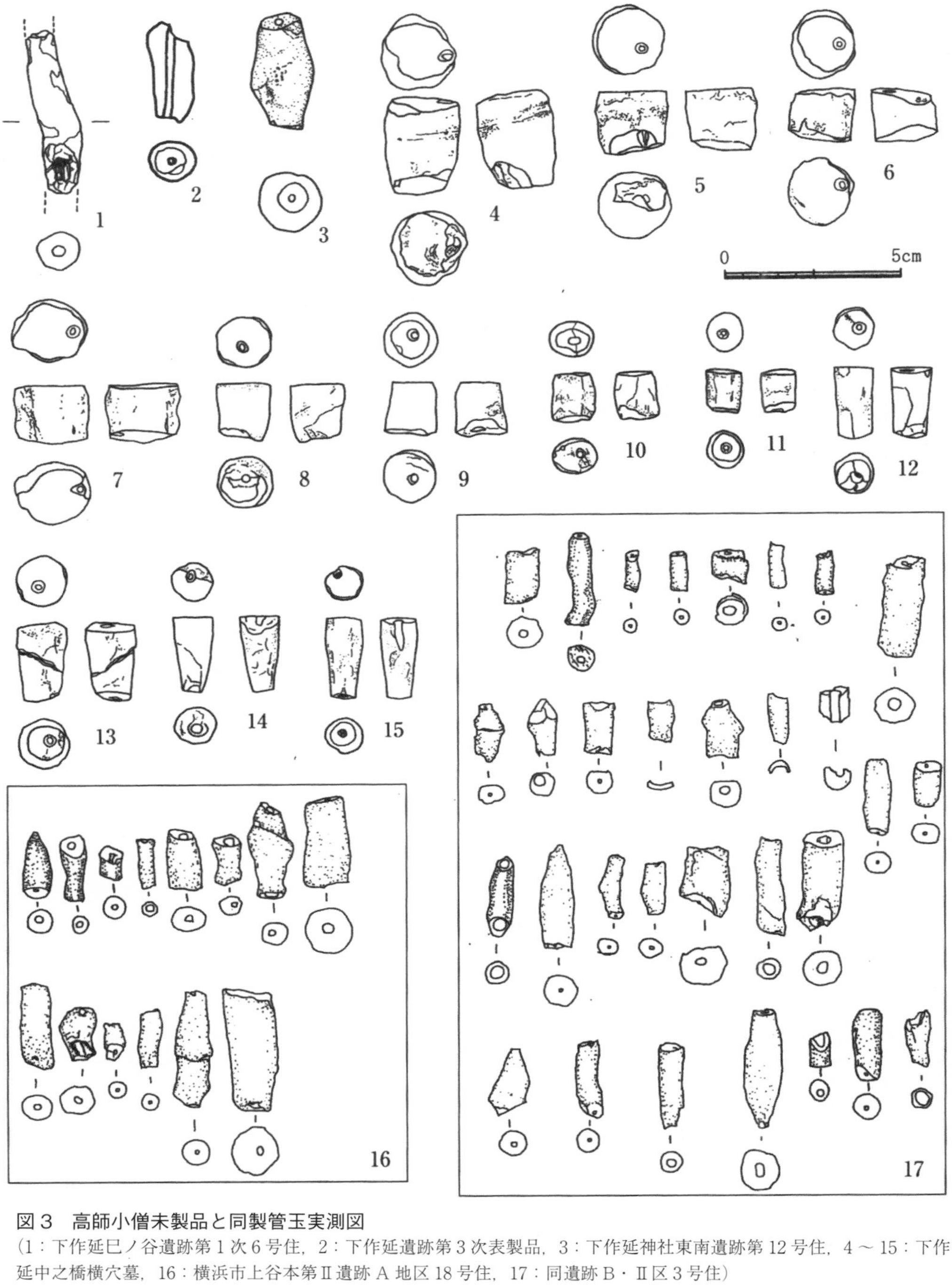

図３　高師小僧未製品と同製管玉実測図
（1：下作延巳ノ谷遺跡第１次６号住，2：下作延遺跡第３次表製品，3：下作延神社東南遺跡第 12 号住，4 ～ 15：下作延中之橋横穴墓，16：横浜市上谷本第Ⅱ遺跡 A 地区 18 号住，17：同遺跡 B・Ⅱ区３号住）

表１　下作延中之橋横穴墓出土の高師小僧製管玉の測定値（No. は第３図に符号）

No.	全長 cm	上端部径 cm	下端部径 cm	切断面形	孔の位置	孔の径 mm	特徴等
4	2.70	1.90	1.63	略円形	極偏在	4 × 3	下端部欠損
5	1.65	1.87	1.73	円形	極偏在	3 × 3	孔上部に擦り痕 下端部欠損
6	1.45	1.65	1.65	円形	極偏在	3 ×3.5	略完形
7	1.50	2.03	1.85	略円形	極偏在	3 × 4	瘤状隆起あり
8	1.55	1.43	1.25	円形	略中央	3 × 3	孔上部に擦り痕 下端部欠損
9	1.48	1.15	1.48	円形	略中央	3 × 3	略完形
10	1.32	1.15	1.08	円形	略中央	3 × 2	
11	1.20	1.00	0.90	円形	略中央	3 ×2.5	完形
12	2.03	1.03	0.90	円形	略中央	3 × 3	孔上部に擦り痕 下端部欠損
13	2.25	1.30	1.00	円形	略中央	3 × 3	完形。中央部で二折
14	2.13	1.05	0.60	円形	上端部偏在 下端部中央	3 × 3	下端部は極小にすぼまる
15	2.30	1.00	0.70	円形	上端部偏在 下端部中央	2 × 2	上端部欠損
平均値	1.80	1.38	1.23			3 ×2.9	

めの素材の場合は，極端に偏在する。孔の直径は平均 3 mm である。孔の上部にわずかながら擦り痕が認められ，紐などを通した際の痕跡かと推測できるが，擦り痕が観察できない事例の方が主体的である。孔の直径が 3 mm で，全長が 1.8 cm 前後であるから，そこに細い紐状のものを貫通させることは比較的容易であろう。

下作延巳ノ谷遺跡群から発掘・採集された高師小僧 3 点，下作延中之橋横穴墓群から発掘された高師小僧を素材にした管玉 12 点については，平成 22 年 10 月 14 日に（有）考古石材研究所代表取締役柴田徹氏（東海大学非常勤講師）に持参し，直接素材の鑑定をお願いした。前者が高師小僧であることはわれわれの肉眼でも鑑定できる。問題は後者の管玉である。柴田氏が双眼実体顕微鏡（20 倍）で観察した結果，管玉の長軸に沿った表面外周に茶褐色系の色調が見られるが，それは鉄分が沈着して砂粒をつけて固くなった状態と観察でき，また管玉として切り口が造作されたその中央部孔端部からも同様の鉄分の沈着が観察できる。よってこの素材は，高師小僧として確実に識別できるという観察結果をいただくことができた。

つぎに産出層の確認も必要であるが，地質学者の増渕和夫氏より東京都世田谷区桜上水付近の工事現場の関東ローム層中の中位下末吉ローム（火山灰質シルト層）に含まれる緑色層の上部（地表からの深さ 465 ～ 490 cm），下部（深さ 540 ～ 570 cm）から植物痕跡状の高師小僧の発見を報じた論文を御教示いただいた（稲子他 1978）。これによって比較的近隣の地域からも確実な産出層の一つが確認できた。かくしてわたしたちは，改めて件《くだん》の素材が高師小僧であると判断した。

4　集落跡や古墳から発掘された高師小僧製管玉などの類例

下作延巳ノ谷遺跡群や小論の執筆にあたって，集落跡や古墳から発掘された高師小僧製遺物の類例を調査報告書のほか，知人などを通して渉猟してみた。

（1）島根県松江市竹谷町所在の中竹矢遺跡

本遺跡は5世紀を中心とする古墳群であるが，うちⅢ区のほぼ中央に位置する小さな方墳の内部主体SK27から高師小僧製管玉が1点発掘された（内田他1983）。しかし，調査報告書ではその存在に直接ふれられていない。発掘された当時，高師小僧は遺物として認識されていなかったが，調査担当の内田律雄氏がたしかに記憶されていた。管玉が発掘された主体部は，3.8m × 1.05mを測り，地山を加工した棺床中央の2.1m × 0.2mの範囲に礫が敷かれた礫床であった。主体部の直上からは古墳時代前期末から中期前半の土師器の壺，礫床上からは土師器片数点と碧玉製白玉2が発掘されたと報告されている。それ以外に高師小僧製管玉1点が発掘されたわけで，実測図上に発見位置を示して頂いた（図4）。

（2）神奈川県横浜市緑区上谷本町所在の上谷本第二遺跡A・B地区

本遺跡は，A地区とB-Ⅰ・Ⅱ・Ⅲ地区に分けられ，7世紀以降を中心とする集落跡である（合田他1971）。高師小僧はA地区18号・49号住居跡，B-Ⅰ地区1号・19号住居跡及びB-Ⅱ地区3号住居跡の5軒から発掘された。報告書では「土製品」扱いであるが，掲載された実測図の特徴から判断して高師小僧であることは明白である。もう少し詳細に見てみよう。

まず住居跡別に見た点数とサイズ。A地区18号からは14点が発掘され，長さは0.9～3.5cm（図3の16）。A地区49号からは2点が発掘され，長さは0.8cmと2.0cm。B-Ⅰ地区1号からは7点が発掘され，長さは1.5～3.8cm。B-Ⅰ地区19号からは5点が発掘され，長さは1.5～3.0cm。

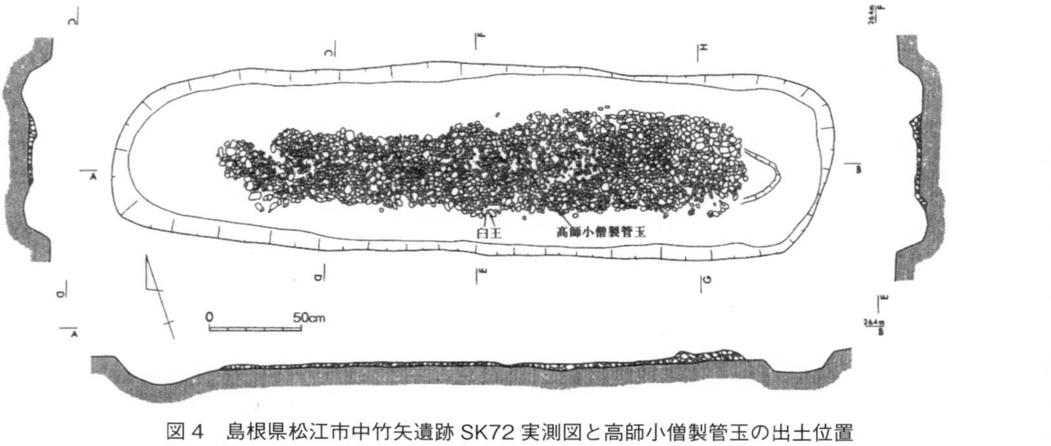

図4　島根県松江市中竹矢遺跡SK72実測図と高師小僧製管玉の出土位置
（出土位置は内田律雄氏のご教示による）

B-II 地区 3 号からは多く 31 点が発掘され，長さは 0.9 ～ 3.5 cm（図 3 の 17）。整理してみると，長さは 0.8 cm から 3.8 cm までで明らかに多様であるが，集中域は 1.5 ～ 2.5 cm 前後にある。

発見位置は，A 地区 18 号では竈の煙出し口の右側付近。B-I 地区 1 号では竈前方に長方形に穿たれた合計 8 本の柱穴周辺に散在。報告書では，ここに方台状の上部施設を想定する。ともに竈周辺に偏在していた事実は重視しておきたい。その性格について報告書は，「管状を呈するが，土錘等とは考え難く，その出土状態や機能等については細かく分析してみる必要がある」とする。調査団長の稲生典太郎氏は，土製品としては考えがたいとも記している。この遺跡の成果が刊行された 1971 年には，新井清氏が高師小僧と明言していた下作延中之橋横穴墓の事例は公表されていたが，それに気づかれていなかった点を責めるつもりはない。むしろ竪穴住居跡の床面から正体不明の遺物が発掘された事実に着目し，実測図まで掲げて記録化した真摯な姿勢こそ正当に評価されよう。

では，上谷本第二遺跡の高師小僧はいかなる目的で採取し，この地に持ち込んだのであろうか。実測図には細工痕が認めがたいので，確実にその用途を推し量ることはできないが，下作延中之橋横穴墓から発掘された高師小僧製管玉 12 点のサイズと比較したとき，仮に管玉の素材として利用するのであるならば，こちらも十分細工は可能である。ちなみに B-I・II 地区が営まれた台地の南側縁辺からは，5 基からなる横穴墓群が存在する。両者の関連性を幻の管玉と称して無理にこじつけることはしないが，参考までに紹介しておく。

（3）神奈川県横浜市港北区日吉所在の矢上台遺跡

本遺跡は，弥生時代後期から同終末期と古墳時代後期（6・7 世紀）の複合集落跡で，2011 年春まで発掘調査が実施されていて，現在整理・報告書づくりが進行中である。ここから高師小僧製の管玉が発掘されているとの情報を村田は穴沢咊光氏より御教示頂いていた。そこで石神裕之氏（慶應義塾大学准教授・矢上地区文化財調査室）の立会いのもとで親しく当該資料を実見する機会を得た。下作延中之橋横穴墓との比較のなかで若干の印象を記することが許されれば，以下のようであった。

実見できたのは 4 点。2 点は両端が明瞭に削られた完形品。1 点は一部欠損した半完形品。1 点は欠損資料の一部のように見受けられた。完形品の 2 点は，下作延中之橋横穴墓のそれと比較すると，直径は細目で，全長も相対的には短小である。中央に貫通する孔は太目であったが，これは目的をもって穿孔を加えた結果なのか，素材そのものに起因しているのであろう。肉眼ではあるが，材質はいずれも高師小僧のように観察できた。これらの資料は古墳時代後期の竪穴住居跡周辺の土壌を水洗している過程で発見されている。時期はその時期前後に帰属するのであろう。なお，本資料に関する最終的な見解は，今後，調査関係者が講査報告書のなかで記述される内容が全てであることは断るまでもない。現時点で実見の機会を与えていただいた関係者に深く感謝申し上げます。

おわりに

他にも，この種の遺物にふれた報告書・論文を見落としている可能性は十分に考えられるが，いまのところ高師小僧製管玉および未製品と思われる素材は，多摩川にそそぐ平瀬川下流域（下作延中之橋横穴墓・下作延巳ノ谷遺跡群）や，鶴見川の支流である矢上川流域（矢上台遺跡）とか谷本川流域（上谷本第二遺跡Ａ・Ｂ地区）から集中的に発見されている。しかし，これがこの遺物の分布域を示しているとは到底思われない。げんに，遠く離れた島根県松江市の中竹矢遺跡（方墳）からも発見されているからである。

そもそも高師小僧そのものが茶系統の色彩であるから，集落跡の調査中などに見出すことは容易なことではない。おそらく下作延中之橋横穴墓や中竹矢遺跡（方墳）のように，墓主周辺に副葬品として副えられているか，あるいは矢上台遺跡のように土壌の水洗選別を丁寧にするなど細心の注意をはらわなければ見出すことは叶わなかろう。その意味で，竪穴住居跡の床面から発見された高師小僧の未製品を記録化し，報告された上谷本第二遺跡Ａ・Ｂ地区の調査関係者には敬意をはらいたい。高師小僧製の管玉の分布域は，おそらく東・西両域に拡散しているものと予測している。特徴から識別しにくい遺物とはいえ，矢上台遺跡のように土壌の水洗選別の過程などで見出すことは可能であるわけであるから，今後，調査・整理関係者には一層の注意を御願い申しあげたい。

ちなみに多摩川にそそぐ平瀬川下流域には，後期の高塚古墳群とか，銅鋺《かなまり》や銀象嵌《ぎんぞうがん》大刀を伴う横穴墓群，埼玉県鴻巣市の生出塚《おいねづか》遺跡窯跡産と特定できる埴輪を樹立した高塚古墳，静岡県・湖西窯跡産と特定できる須恵器杯・蓋を伴う集落跡などが濃密に分布する。とくに横穴墓から発掘される副葬遺物の質・量は，高塚古墳のそれと十分に比肩でき，むしろ凌駕する。高師小僧製の管玉類もこのような一連の動静のなかで遠方から招来された可能性も排除できないと考えている。律令期に至り，この地域周辺が「武蔵国橘樹郡県守郷《たちばなぐんあがたもりごう》」に比定できうるような歴史的な環境を示すのも，この前代の歴史と脈絡したところに位置付くからであろう（村田 2010，持田・村田 2011）。ともあれ，高師小僧製管玉の類例の渉猟が当面の課題であることは明瞭である。

引用文献

新井清　1962「川崎市下作延中之橋横穴墓群発掘調査報告」『たちばな』第25号，高津図書館

稲子誠・辻誠一郎・遠藤邦彦　1978「淀橋台西縁地域の関東ローム層と段丘地形」『日本大学文理学部自然科学研究所研究紀要』13，日本大学文理学部

内田律雄ほか　1983『国道9号線バイパス建設予定地内埋蔵文化財発掘調査報告書』Ⅳ，建設省松江国道工事事務所・島根県教育委員会

合田芳正ほか　1971『横浜市緑区上谷本町上谷本第二遺跡Ａ地区・Ｂ地区発掘調査概報』上谷本第二遺跡発掘調査団

村田文夫　2010『川崎・たちばなの古代史』有隣新書 68，有隣堂

持田春吉・村田文夫　2009 a『川崎市高津区下作延巳ノ谷遺跡第3次発掘調査報告書』同遺跡発掘調査団

持田春吉・村田文夫　2009 b『川崎市高津区下作延神明神社東南遺跡発掘調査報告書』同遺跡発掘調査団
持田春吉・村田文夫　2010『川崎市高津区下作延巳ノ谷遺跡第 1 次発掘調査報告書』同遺跡発掘調査団
持田春吉・村田文夫　2011『川崎市高津区下作延巳ノ谷遺跡群の歴史像を探る―平瀬川流域における 6 ～ 9 世紀の地域史―」『川崎市文化財調査集録』第 46 集，川崎市教育委員会

追記（1）

脱稿後，持田の収蔵施設から 4 点の高師小僧製管玉が新たに出てきた。当然，下作延中之橋横穴墓のもので，これで 21 点中 16 点の現物が確認できたことになる。この 4 点の全長平均は 1.34 cm，直径平均は 1 cm 弱であるから，さきの 12 点より若干小形である。この遺物を含む 16 点は，持田から川崎市市民ミュージアムへ移管された。

追記（2）

小論で紹介した高師小僧の遺物の存在は，文中でふれたように今から 60 年余り前に遡り，発見者は新井清さん（故人）と持田春吉さんである。小論の最終文責は村田にあるが，発見時，新井さんと行動を共にしていた持田さんから全面的なご協力を得て，小論を書き上げた。そこで持田さんとの連名にした。なお，持田さんも小論発表後，物故された。お二人の御冥福をお祈りします。

その後の見聞録

（1）類例が川崎市宮前区小台遺跡第 2 地点 1 号竪穴（古墳時代前期前半）から 1 点発掘されていた。報告書では，上端を欠損する「土製管玉」とあるので，高師小僧製と見て間違いなかろう。現存部長は 8mm，径 3mm 前後。報告書は『川崎宮前区小台遺跡第 2 地点発掘報告書』2005 年（有）吾妻考古学研究所とあるから，わたしたちの見落としである（次頁の写真・左）。

（2）小稿発表後，高師小僧の用途論を論じた論考に接した。諸橋千鶴子　2015「遺跡出土の高師小僧の意味」『横須賀考古学会研究紀要』第 3 号，横須賀考古学会。

諸橋さんが取り上げた横須賀市赤坂遺跡は，著名な弥生時代の大集落跡。多量に発見された 21 次地点 2A 住居跡は弥生時代中期末。焼けた状態の使途から，製鉄づくりに使用された可能性を記している（次頁の写真・右）。なお管玉使用の可能性には全くふれられていない。

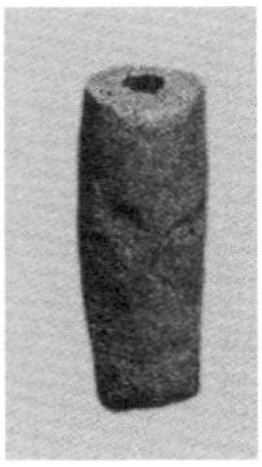

神奈川県川崎市宮前区小台遺跡出土の「高師小僧製管玉」

赤坂遺跡跡 21 次地点 2A 号住居址出土の高師小僧

武蔵国橘樹郡衙の正倉院周辺を散策する
―発掘された東区画溝などを評価する―

はじめに

神奈川県川崎市高津区千年《ちとせ》から宮前区野川に至る平坦な台地上に位置する【武蔵国橘樹《たちばな》官衙遺跡群】が国史跡に指定されたのは，平成 27 年（2015）3月10日であった（指定範囲は，千年伊勢山台遺跡と影向寺境内）。川崎市では初めての国史跡の指定で，大きく報道されて多くの市民も喜んでくれた。その後の情況もふまえ，市教育委員会文化財課職員で発掘調査を担当された栗田一生氏が，平成28年度までの知見を披瀝され，それにより成果の概要を知ることができた（以下「栗田レポート」と略称。栗田 2017）。

わたしは職務上，かつては橘樹官衙遺跡群の発掘調査に関わってきた。現在でも一市民として調査・保存のなりゆきに関心を寄せている。そのなかから最新の話題について，若干の想いを述べる失礼をお許しいただきたい。

1　正倉院跡の東区画溝の新発見―「失われた平坦地」を復元する

『日本歴史』828号誌上に載った栗田レポートを拝読して一入《ひとしお》感激したのは，正倉院《しょうそういん》跡（千年伊勢山台遺跡）の東側を区画する明確な溝状遺構（以下，「東区画溝」と略称）が発掘されたことである。この区画溝の有無については，ひそかに期待していた。それは以下の理由による。

千年伊勢山台に郡衙正倉院《しょうそういん》跡が確認された当初から非常に気になっていたのが，台地東側の崖面が大きく抉《えぐ》られ，そこに大規模な崩壊事故などが予測できたからである。それは現地を見れば一目瞭然で，その際に正倉院遺構の一部が消失しているのでは―と推測できた。そこで中原図書館に出向いて，当該地域の明治 14 年（1881）・大正 6 年（1917）・昭和 4 年（1929）の白地図を見出し，コピーして比較してみた。すると明治14年製では，地勢にあわせた等高線であった（図1）。が，大正 6 年製では不自然な谷戸状の曲線で，これは昭和期以降にもつづく（図 2）。そこから崖曲線の変更は，明治期と大正期の間の出来事と特定できるのではないか。

これをわたしは「失われた平坦地」と呼び，執拗に言及してきた（村田 2007，2016）。今回，東区画溝の発見によって，その推測が一気に真実味を増してきた。

栗田レポートでは，東区画溝の発見をもとに，「正倉院が最も整備された時期であるⅢ期（奈良時代最盛期の８世紀前葉～後葉）には，正倉院を囲み溝がめぐらされるが，確認された溝（東区画溝の

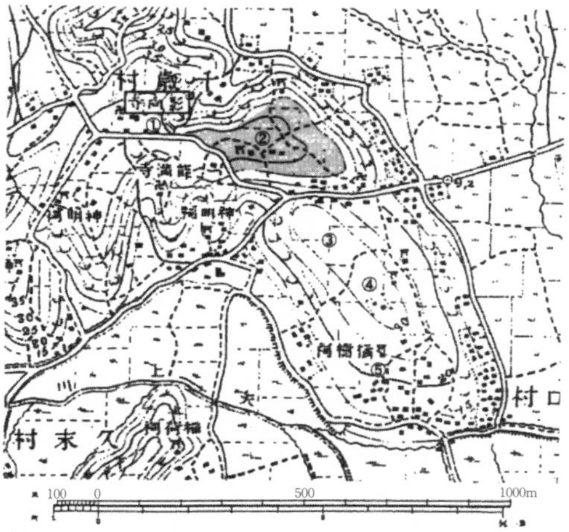

図１　明治14年の千年伊勢山台遺跡（アミ掛け）。
等高線のラインは湾入していない

こと・筆者補註）は東西約210 m を測り，当時の尺（約30cm）で（正倉院の東西溝幅・筆者補註）は，約700尺にあたる（以下，略）」とあり，計画的な造営であることを強調された（図2）。わたしの主張は，これにより事実上認められた。写真で見ると，区画溝の断面形は典型的なＶ字状で，直線距離で約160mが発掘されていた（現説資料）。北側の区画溝は断面Ｖ字状で，千年伊勢山台北遺跡（事実上の第１次調査）で発掘されていた。この東・北側の区画溝を直線的に延ばすと，当然，北東隅で直角に交差する（図3）。わたしは，その肝心な部分を含む周辺が崖崩れしていると再三にわたり提言してきた。ちなみに各地発掘の郡衙正倉院は，長方形・方形の「方」区画が基本型として墨守《ぼくしゅ》されている。東京都北区の御殿前遺跡（武蔵国豊島郡衙）や千葉県我孫子市の日秀《ひびり》西遺跡（下総国相馬郡衙）などから，その典型例が発掘されている。

2　正倉内のクラの様相

律令制に基づいて毎年各国で作成される，決算報告書にあたる天平期の「正税帳《せいぜいちょう》」を分析された山中敏史氏によると，１郷あたりの穀倉《こくそう》（脱穀した稲籾を納めた倉）は１～３棟，頴倉《えいそう》（稲穂状態の束《たば》を納めた倉）は１～４棟。各地の発掘事例も，穀倉・頴倉が２棟前後あるから，正税張と発掘資料は整合的であるという。さらに穀倉・頴倉２種の建物を比較すると，穀倉の方が比較的に大形で堅牢であるから，郡の財政上は穀倉の方がより重視されていたと考えられた（山中2007）。これらの特徴をもとに，橘樹郡のⅢ期（奈良時代最盛期）の正倉院遺構群の在り方を，以下のように大胆に復原してみた。

1．奈良時代の橘樹郡は，橘樹・高田《たかた》・御宅《みやけ》・縣守《あがたもり》の四郷であるから，穀倉は２棟×４郷で８棟。頴倉も同じ試算で８棟，合わせて16棟前後となる。栗田レポートでは，北区画溝に沿うように２列で正倉が８棟並ぶ。空間的には，西側の現家屋下にも１～２棟，東側にも２列で10棟前後の正倉を建てるスペースはある。

千年伊勢山台北遺跡（事実上の第１次調査），すなわち北側の区画溝沿いから発掘された正倉建物（3間×3間）のうち，全容がわかる２号・４号の面積は，前者が約40㎡，後者が約46㎡。一方，各地の郡衙正倉で，最も多い事例は35～40㎡。つまり，橘樹郡衙例はやや大振りである。柱の「掘《ほ》り方《かた》」（直径40cm前後の丸柱を固定するため，広目に掘られた穴）も１m以上。これをもとに建物群を復元すれば，国家の権威が十分に示威《じい》された堅牢な構造物群となる。こ

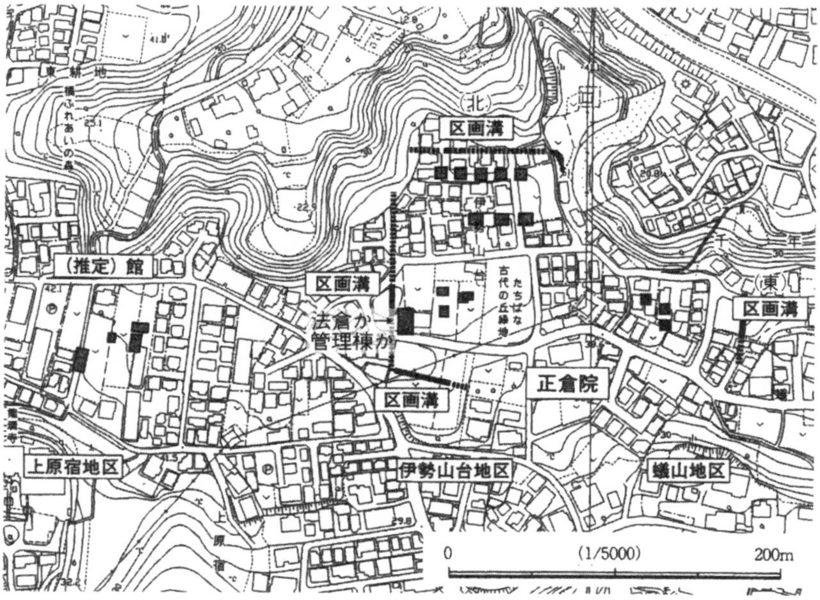

図２　橘樹郡衙正倉院域（栗田 2017）

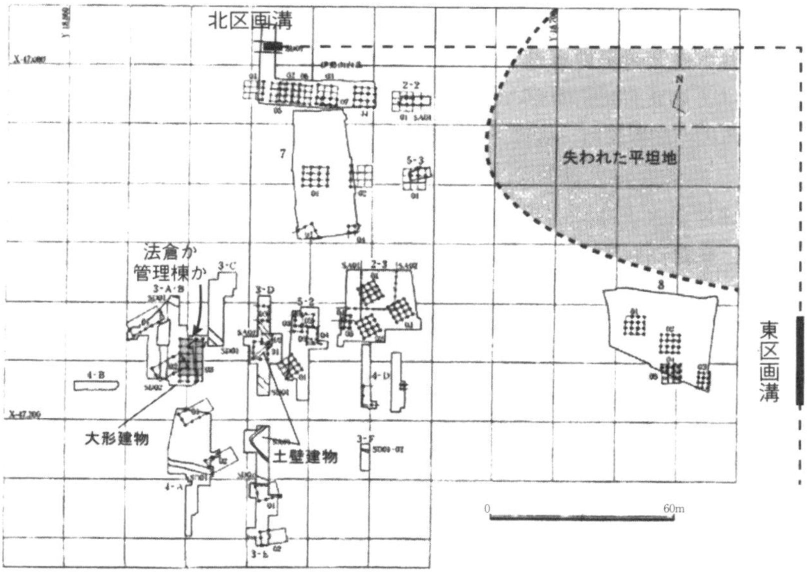

図３　橘樹郡衙正倉院域。北・東区画溝と「失われた平坦地」の範囲（アミ掛け）
（村田 2010 年に加筆）

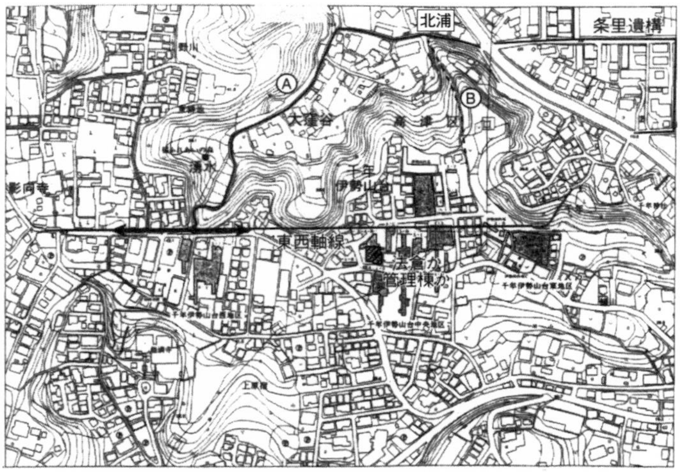

図４　北浦と郡衙正倉院域・影向寺の位置。Ⓐが村田案ルート，Ⓑが栗田案ルート。

の一角に穀倉・頴倉群が東西軸に並列している景観は壮観であったであろう。

2．北区画溝と東区画溝の背後の地形も注目される。北区画溝の背後は，そのまま急峻な崖となる。東区画溝の場合は，すでに崖側が崩壊しているが，明治 14 年（1881）製の地図では，北側と同様に急峻な崖面となっていた（図 1）。この特徴を北・東側の崖下から眺めると，急峻な崖→登りきると直線的な人工のＶ字溝→その内部に郡衙正倉の遺構群となる。

言葉をかえれば，穀倉・頴倉の正倉枢要建物群は，天然の急峻な崖と直線状の人工のＶ字溝で，忍び込もうとする不逞《ふてい》の輩《やから》から防御する仕掛けになっていた。

3．古代の税は「租（稲）・庸（指定の労務か布・米など）・調（地域の特産品）」で，わたしは学校で意味もわからず「ソ・ヨウ・チョウ」と丸暗記してきた。このうち「租」は郡衙の正倉に蓄える。「庸・調」は，村人が「運脚《うんきゃく》」（運び人）になって，役人に連れられて奈良・平城京まで運んだ。橘樹郡の住人《すみびと》も当然同じで，その証拠物件が平城京二条大路から発掘されている。

その証拠物件こそが，俵に入れた納税物を締めつける縄に付けられた「橘樹郷茜《あかね》十一斤」・「三宅郷茜廿斤」と墨書された木簡（木札）である。国と郡名は省略し，郷名・品名・数量が墨書されている（三宅は御宅の異体字）。茜は平地や山地に自生しており，止血・利尿・解熱・強壮などの薬剤に利用され，また根は乾燥させて染料としても重宝《ちょうほう》していた。これらは中男《ちゅうなん》（男子 17～20 歳）に課せた調の特産品であろう（望月 1991）。さらにこの地域の主たる調は織物類で，これこそが多量に生産されて都に運ばれていった。

おそらく橘樹郡の庸・調の納税物を収納する「蔵」は，すでにふれた穀物倉・頴倉群よりも南側のエリアに存在していたのではなかろうか。さらに周辺には，「蔵」に納める前の集約的な作業場所や，厳しい計量などを行う「場」も確保されていたであろう。ちなみに相模国下寺尾官衙遺跡群（高座郡衙）の一角からは，織物の糸を紡《つむ》ぐときの回転に使う木製の紡錘車《ぼうすいしゃ》などが発見されているので，郡衙の一角には，製糸から織物までを一貫して行う「場」が存在していた（大上

2014)。また，長野県屋代遺跡から発見された「布手」と書かれた木簡から，男性の関与も考えられている。

3　正倉院の運営に関連する遺構―その1

発掘調査された千年伊勢山台遺跡の性格を，わたしは正倉院特区と暫定的に記してきたが，その後，渡来系氏族の建物と推測される「壁《かべ》立《た》ち建物跡」（「土壁造り建物跡」ともいう）が2棟判明し，様相が少し変わってきた。

さらに周辺を眺めると，お米を生産する田圃《たんぼ》，その制度を裏付ける古代の条里制水田は，中世期の庄園を介して，現在の久本・千年・小田中などの周辺の現道路の区画などから辿《たど》れてきた。それらの条里痕跡は，発掘された正倉院（千年伊勢山台遺跡）眼下の沖積地に広く展開していた（図4）。さらに正倉院の北方には，なんとも思わせぶりな「北浦」という地名が遺る（バス停の「北浦」周辺）。以下に，これらを束ねる歴史的な景観復原をしてみよう（村田2016）。

1．川崎市域の水田耕地は，稲毛・川崎領を流れる近世の二か領用水が著名で，それ以前の歴史はやや等閑に付されてきた。が，橘樹郡衙の正倉院が発掘された現在，新たに古代・中世史との関わりが浮上してきた。昭和11年，社会経済史の深谷正秋は「久本村周辺」に，さらに歴史地理学の足利健亮は「小杉村周辺」に条里痕跡があることを看破《かんぱ》されていた。が，古代郡衙との関係などは，勿論，視野に入れられていなかった。そこで，現時点で両者を結びつけて復元してみると，以下のように描くことができよう。

2．国史跡の千年伊勢山台遺跡と古刹・影向寺は，ぴったり東西軸に並ぶ。立地景観も標高も同じ。両者のほぼ中間に台地を降る急坂があり，そこは三方に急峻な崖が聳《そび》えるきわめて静《せい》謐《ひつ》な大空間。谷奥には，いまでも湧水が確認されている。

　さらに歩を進めると「北浦」に出る。前方には，かつては広大な古代の条里水田が展開していた（図4のAルート）。ちなみに「浦」とは，入江の周辺で，舟をつけ神霊を歓送迎する場（山川静の『字通』）。地名の「北浦」は，郡衙正倉院から見て“北方の浦”の意味ではないか，という直感が浮かんでくる。

　倉に納める稲などは，台地裾部と沖積面との境を流れる小河川（その脇道を通ってわたしは高校に通学した）を小舟にのせて運んだのであろう。正倉院から見て“北方の浦”で荷をおろし，神々と交感した後，ここからは深い渓谷の坂道を登って郡衙の正倉に納めたのであろう。近年，栗田一生氏は正倉院北東区から「北浦」にでる旧道の存在を確認し，わたしが発想したAルートとは別のBルートの可能性を指摘されている（図4）（栗田2016）。

4　正倉院の運営に関連する遺構―その2

上記のA・Bルート案は，いずれも確証はないが，仮に大渓谷を通るAルート案で正倉院域に稲などが運ばれた場合，（現在）正倉院内で最大規模となる桁行６間以上×梁間３間以上（面積112㎡以上・約34坪）の建物跡の使途・性格が俎上《そじょう》にのぼる。ちなみにこの建物の床面積は，郡衙正倉の平均的な面積35～45㎡と較べると，なんと約３倍に相当する。

まず考えられるのは，この建物遺構を「法倉《ほうそう》」とする考えである。法倉とは，災害や飢餓《ききん》などの非常時，高齢者や貧民・病人などに天皇の名で賑給《しんごう》する物資を貯蔵しておく倉のことで，いわゆる恩勅《おんちょく》にあたる。各郡の正倉のうちで最大級のものは，多くの場合，法倉と想定されている（大橋2012）。栗田レポートでも，この法倉説に疑念を差し挟んでいない。

一方，わたしは，管理棟説である。理由の一つは，この遺構を実際に発掘した河合英夫氏が，当該建物の「掘り方」や柱痕から，建物は床が高い「高倉」ではなく，床張り面が低く，階段での昇降が容易な「束柱《つかばしら》」型の建物を想定されているからである。

そこから，大渓谷の坂道を登るＡルート案では，平坦地に出てから東に折れて正倉院域に向かうと，院の西側に建つ規模大の件《くだん》の建物がまず視野に入る（図3・4）。おそらく村人は，まず床面が低いこの広い部屋に入って，納税物の検閲手続きなどを済ませたのであろう。つまりそこが，納税の実務を円滑に行う管理棟でなかったのか。

和銅７年（714）４月16日，律令政府は，「全国に新しい格（律令の決まりを部分的に改めた書）と一緒に，権衡《けんこう》・度量（はかりや物差し）を配布した」（『続日本紀』）とある。この背景には，はやくも帳簿と実数を意図的に誤魔化すような事態が，各地の正倉で頻発していたからであろう。

わたしは現段階では，「法倉」説と「管理棟」説を併記し，将来の調査・研究に期待するのが最も穏当と考えている。

たかが「東区画溝」の１本の発見。これが存外に推理と推論を楽しませてくれる。お叱りを受けると思うが，わたしはこれも“考古楽”と考えている。

引用文献

大上周三　2014「相模国の木製紡織具」『神奈川考古』50号，神奈川考古同人会

大橋康夫　2012『古代日本における法倉の研究』科学研究費成果報告書

栗田一生　2016「橘樹郡衙跡・千年伊勢山台遺跡」『第40回神奈川県遺跡調査・研究発表会発表要旨』神奈川県考古学会

栗田一生　2017「橘樹官衙遺跡群の調査について」『日本歴史』828号，吉川弘文館

村田文夫　2007「武蔵国橘樹郡衙の郡庁域に関する一考察」『東国史論』21号，群馬考古学研究会

村田文夫　2016『武蔵国橘樹官衙遺跡群の古代学」川崎学双書，かわさき市民アカデミー

望月一樹　1991「二条大路出土の橘樹郡衙関係木簡をめぐって」『川崎市民ミュージアム紀要』第4集，川崎市民ミュージアム

山中敏史　2007「上神主・茂原官衙遺跡の倉庫群をめぐって」『上神主・茂原官衙遺跡の諸問題』栃木県考古学会

その後の見聞録

わたしは，橘樹郡衙正倉院域の範囲が崖崩れで広く崩壊している可能性を2007年発行の『東国史論』21号で指摘した。賛同がまったく得られぬまま歳月だけが経過していた。そして市教育委員会が2018年に刊行した『橘樹官衙遺跡群の調査』報告書の中に東区画溝遺構が報告され，わたしが執拗に提起していた正倉院域一部崩壊説が証明できた。この間に11年を経過していた。ただ調査報告書の図面・写真類では，以上の関係がわかりにくい。わたしの独断で，発表された調査報告書をコピーして1枚の図面・写真に再編集してみた。

この図と写真であれば，崩壊説を理解して頂けると思っている。

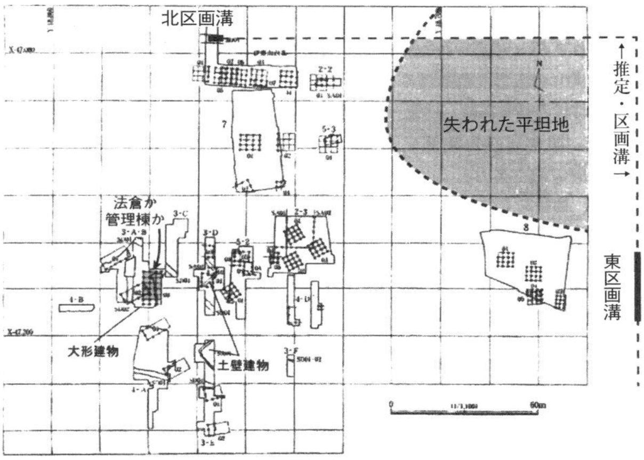

橘樹郡衙正倉院域。北・東区画溝と「失われた平坦地」の範囲（アミ掛け）（村田 2010 年に加筆）

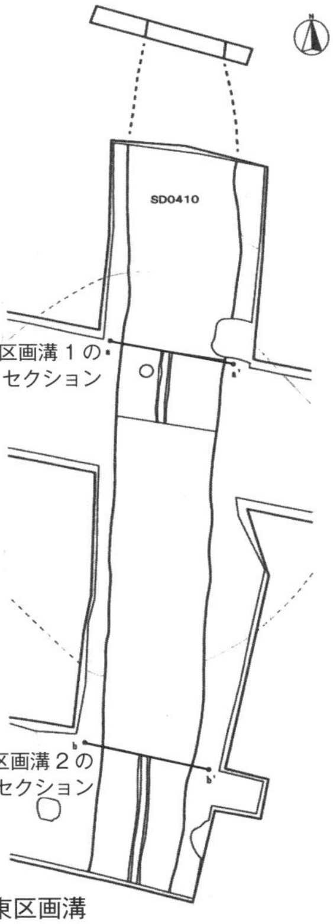

東区画溝

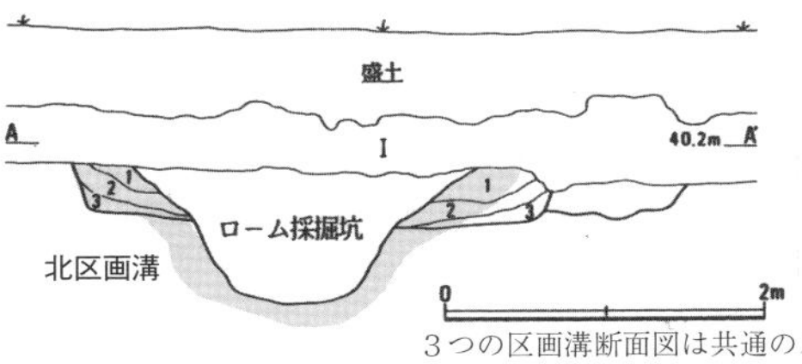

３つの区画溝断面図は共通のスケール

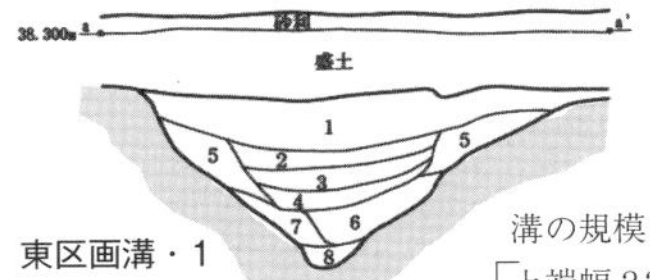

溝の規模
上端幅 2.2m 以上
深さ 0.9m 以上

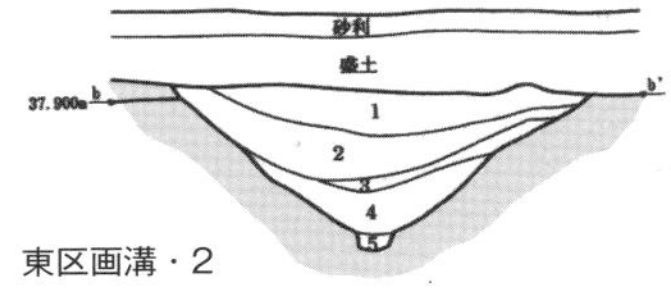

東区画溝（SD0395）（橘樹郡家跡第 18 次:南から）

御野国半布里と武蔵国橘樹郡の人びと(1)
―半布里・大宝二年籍《ねんじゃく》(702)の歴史人口学的な解析―

はじめに

興趣赴くままにテーマを設け，自己の考古人生を逍遥してきたが，何故か最近，標題のような内容で起稿しようと思い立った。はじめに，その背景を一言ふれておきたい。

2017年3月10日，国史跡に指定された武蔵《むさし》国《こく》橘樹《たちばな》官衙遺跡群に職務の関係で関わり，退職後も個人的な関心は継続している。ただ馬齢を重ねると，関心の中味は浮遊し，現在では官衙遺跡群の周辺に住む人びとは，家の内・外で，日々どのような社会生活を送っていたのであろうか，などきわめて素朴な疑問にとらわれきた。

そのような折り，親友の福田健司が近業の御高著『土器編年と集落構造』のなかで，彼の故郷である御野《みの》国《くに》加茂《かも》郡《ぐん》半布里《はぶり》の戸籍（大宝2年・702。以下，「半布里戸籍」とする）を分析され，古代遺跡の成果と考察された（福田 2017）。その手法に興味を覚えつつ，武蔵国橘樹郡衙の周辺に住まう人びとの動態的な復原には依然として興味があった。そこから，我流を承知で，半布里戸籍を歴史人口学的に解析したらどうなるか，と考えた。その背景には，半布里戸籍から導かれる歴史人口学的な分析結果は，おそらく武蔵国を含む列島各地の郡・里でも，相当程度は敷衍化《ふえんか》したデータとして応用できるであろうという期待があった。

1　半布里戸籍の概要

戸籍が正倉院に納まる御野国加毛郡半布里の中心地域は，現在の行政区では，岐阜県加茂郡富加町にあたる。昭和52年（1977）3月から7月にかけて発掘調査された大字滝田字東山浦に所在する東山浦遺跡は，その半布里戸籍に記載された人びとが居住する集落跡の一つとして推測されている（長瀬仁ほか 1978）。福田の所論も，半布里戸籍と東山浦遺跡の成果に焦点をあわせていた。また発掘調査報告書のなかでも，長瀬仁・安藤和男によってその史的背景が論述され（長瀬ほか 1978），また『富加町史』のなかでも，丹羽平一によってふれられている（丹羽 1980）。近年では，周辺の発掘調査がすすんで，布《ぬの》掘《ぼ》りでつながる2間×3間の総柱形式の建物跡なども発掘されている（島田 2014）。

かくして近年，東山浦遺跡とその周辺の考古学的成果は，確実に蓄積されてきた。一方，半布里戸籍の古代史上の研究には，当然のごとく膨大な研究史が蓄積されている。そもそも論として，戸籍に記されている家族は，戸の実態を正しく示しているのか，それを法的に否定しているのか，両説を止揚した編戸の擬制論に始まり，この種の研究史はきわめて奥が深い（新井ほか 2003，今津 2012 など）。だが，そのような深淵な世界に，わたしのような門外漢が足を踏み入れることはできない。そこで小論では，歴史人口学的な視点を中心に据え，そこから裏付けられる遺構・遺物などにふれることができれば満足したい。

半布里戸籍の記載内容については，古代史家が総合的に見てきわめて良質な戸籍と評価されており（田中 2015），当然，その考えに従って分析していくことになる。

2　記載されている人びとの仕分け

半布里戸籍には，54 の戸番《こばん》・1,119 名の戸籍が掲載されている（表1）。まず，各戸番に記載されている分類基準を解説する。

【五保】近隣の五家で構成され，うち一人が保長である。相互の検察・止宿人の告知・逃亡人の追補・租税（徴税）の代輸などを義務とし，近世の五人組の制度に似ている。なお 2 戸番の保長の前は 1 戸のみだが，その前に記載されていたと思われる 4 戸分が失われていたからであろう。よって半布里戸籍は，最少 58 戸・1,200 人前後以上で構成されていたと思わている。

【政戸】正丁（21 ～ 60 歳の男）の数。上政戸は 5 人以上，中政戸は 3・4 人，下政戸は 1・2 人の戸で，課税や徴兵の際に利用する。半布里戸籍では，上政戸 10 戸，中政戸 39 戸，下政戸 5 戸。圧倒的に中政戸が多い。

【資産】貧富差は，上上・上中・上下，中上・中中・中下，下上・下中・下下の 9 段階に分ける。半布里戸籍では，上位から 6 番目にあたる中下が最高の富戸で，1 戸。下上でも 1 戸，下中でも 9 戸。これに対し，最下層の下下は 43 戸。下下が全体比の 80％で，圧倒的な多数となる。

【戸口合計】所属する戸口の集計。内訳として，良民の男・女，奴婢《ぬひ》の男・女を分けた。奴婢は，古代の奴隷制度の名残り。奴（男）と婢（女）にわけ，一般人の良民に対して，賤民とされた。10 世紀平安時代には廃止された。半布里戸籍には，男 14 人・女 13 人の奴婢が載る。このうち男 8 人・女 5 人は，資産ランク最上位（中下）の 9 戸番（戸主・県造吉事）に纏まっている（全体比の 48％）。それ以外でも，資産ランク上位の戸番に集中する。逆に資産ランクが下下でも，戸主が県主・万得（11 戸番）や県造・紫（50 戸番）には奴隷の記載がある。奴婢の年齢は，最年少が 1 歳で，最年長が 55 歳。実態としては 1 ～ 33 歳内におさまり，年長者は 50 歳と 55 歳の女性が各 1 人だけである。全員が最下等の私奴婢で，口分田は良民の 1 ／ 3，課役は免除されたが，人身売買され，結婚も認められず，家族単位の生活は営めなかった。

疾病者も記録されている。疾状によっての廃疾と篤疾に分けられ，前者が軽い。廃疾 5 人と篤疾 1 人が記録されている。男性のみで，女性はゼロである。

3　記載されている人びとの年齢解析

いよいよ，戸籍に記載されている人びとの歴史人口学的な解析に進んでいく。

半布里戸籍は，正倉院文書として奈良正倉院に保存される。東京大学史料編纂所によって整理されて，明治34年に「大日本古文書一」として刊行された。それを地元の岐阜県加茂郡富加町が『富加町史』（上巻・史料編・1975）と『富加町史』（下巻・通史編・1980）として刊行された（以下，町史上巻・下巻とする）。戸籍原文に忠実に転載され，「異（体）字」も含まれている。

なお，半布里戸籍には54の戸番・1,119名が記載されているが，うち2名の名前・性別は伏字《ふせじ》であった。したがって小論では，人名のわかる1,117名を対象に歴史人口学的な解析をした。

ちなみに，町史上・下巻とも年齢区分は大宝令による。そこには以下の区分と，区分毎の人数などが示されている（町史下巻の108頁）。

緑（男は緑児・女は緑女）―3歳以下・合計125人　**小**（男は小子・女は小女）―4～16歳・合計369人　**少**（男は少丁・女は少女）―17～20歳・合計119人　**丁**（男は正丁・女は正女）―21～60歳・合計414人（男・47人の兵士を含む数）　**老**（男は次丁・女は次女）―61～65歳・合計27人　**耆**（男は耆老・女は耆女）―66歳以上・合計32人。このほかに，廃疾6人と奴婢27人がいる。

年齢区分による集計は，古代史研究上，きわめて有意な数値であるが，小論は歴史人口学的な解析に挑むのが目的であるから，以下の記述にあたっては大宝令区分を一旦離れ，戸籍に記載されている年齢を基本に，以下幾つかの事象を読み解いていきたい。

（1）年齢別の集計

戸籍から解読できた1,117名の1～93歳までの年齢別集計表を示す（表2）。この表は基本的な年齢別集計であるから，事後の分析に引用していくが，数字の羅列では理解が容易でないので，幾つかの項目を図形化してみた。

図1は，各年齢単位に男・女を区分し，合計人数を合算して図化した。男・女とも25歳以下に多く，26歳以上になると逓減《ていげん》していく。しかし詳細に見ると，14歳以下の低年齢層でも，歳単位の合計数が極端に増・減しており，男・女の比率も片方に偏向する歳がある。

図2（下段）は，年齢比率を10歳単位で集計して，円グラフで図化した。1～10歳は計309人で28%，11～20歳は計323人で29%，21～30歳は計170人で15%，31～40歳は計113人で10%。一方，41～93歳（最年長）は合計202人で18%に過ぎない。このように，20歳までの人口は632人で全体の57%，40歳までを含めると82%に達している。

図2（上段）は，年齢単位を5歳毎で区切り，それを男性・左側，女性・右側に図化した。図1で見た極端な増減傾向は平均化されたが，それでも男・女とも，6～10歳代は1～5歳人数に較べて大幅に減少し，それが男・女とも11～20歳代では大きく増加している。つまり子供は多く誕生（1～5歳）するが，その後（6～10歳）になると減じ，11歳以降20歳までは増加，21歳以上になると，再び減少していく。ここには「多産・多死」の歴史がリアルに反映している。

表１　半布里戸籍基礎表・その１

戸番	五保	政戸	資産	戸主　姓名	戸口合計	良民		奴婢	
						男	女	男	女
1		下	下下	石部　三田	17	9	8	0	0
2	五　保	中	下下	県主族　島手	30	18	12	0	0
3		中	下下	物部　宇麻	13	7	6	0	0
4		中	下下	県主族　都野	18	9	9	0	0
5		上	下中	県主族　安麻呂	21	8	13	0	0
6		上	下上	県主族　牛麻呂	31	14	17	0	0
7	五　保	上	下下	県主族　安麻呂	16	8	8	0	0
8		中	下中	県主族　津真利	23	12	11	0	0
9		上	中下	県造　吉事	44	12	19	8	5
10		中	下中	県造　荒島	13	7	5	1	0
11		中	下下	県主　万得	21	8	11	2	0
12	五　保	中	下中	神人　辛人	20	6	14	0	0
13		下	下下	県主族　比都自	30	9	21	0	0
14		上	下下	県主族　安麻呂	12	6	6	0	0
15		上	下下	県主族　与津	28	14	14	0	0
16		中	下下	守部　加佐布	18	10	8	0	0
17	五　保	中	下下	秦人　弥蘇	23	13	10	0	0
18		中	下下	秦人　小玉	18	9	9	0	0
19		上	下下	秦人部　身津	24	15	9	0	0
20		中	下下	秦人　古津	14	6	8	0	0
21		下	下下	秦人　身麻呂	15	7	8	0	0
22	五　保	中	下下	県主族　安多	13	10	3	0	0
23		中	下下	穂積部　安倍	20	7	13	0	0
24		下	下下	神人　牧夫	22	10	12	0	0
25		中	下下	神人　波手	14	6	8	0	0
26		中	下下	生部　津野麻呂	16	8	7	0	1
27	五　保	中	下下	秦人　黒当	13	8	5	0	0
28		中	下中	秦人　多都	24	11	12	0	1
29		中	下下	秦人部　都弥	15	8	7	0	0
30		中	下中	秦人　多麻	31	13	14	1	3
31		中	下下	秦人　久比	16	9	7	0	0
32	五　保	中	下下	県主族　母呂	29	7	22	0	0
33		上	下中	県主族　安倍	27	11	16	0	0
34		中	下下	神人　小人	16	7	9	0	0
35		中	下下	県主族　長安	32	14	18	0	0
36		中	下下	秦人　都弥	13	7	6	0	0
37	五　保	上	下下	秦人　石寸	18	13	5	0	0
38		中	下下	秦人　甲	24	9	14	0	1
39		中	下下	秦人　止也比	14	7	7	0	0
40		中	下下	秦人　山	22	10	12	0	0
41		中	下下	秦人　小咋	14	9	5	0	0
42	五　保	中	下下	秦人　都々弥	17	9	8	0	0
43		下	下下	秦人　堅石	11	8	3	0	0
44		中	下中	不破勝族　金麻呂	23	8	14	1	0
45		中	下下	秦人　安麻呂	36	16	20	0	0
46		中	下下	秦人　和爾	14	8	6	0	0
47	五　保	中	下下	県主族　身津	26	14	12	0	0
48		中	下下	県主族　稲寸	24	14	10	0	0
49		中	下下	敢臣族　岸臣目太	8	7	1	0	0
50		中	下下	県造　紫	32	16	13	1	2
51		中	下下	県主　古麻呂	18	11	7	0	0
52		上	下中	秦人　桑手	23	14	9	0	0
53		中	下下	秦人　阿波	26	16	10	0	0
54		中	下下	不破勝族　吉麻呂	17	9	8	0	0

表２　半布里戸籍基礎表・その２

年齢・総数	良民・男性				良民女性	良民集計		奴婢		男女別総数		誕生年（西暦）
	一般	兵士	廃疾	篤疾		男	女	男	女	男	女	
1才・37人	19人				17人	19人	17人	1人		20人	17人	702
2・45	23				21	23	21		1人	23	22	701
3・45	22				23	22	23			22	23	700
4・32	20				12	20	12			20	12	699
5・28	12				15	12	15		1	12	16	698
6・25	15				9	15	9	1		16	9	697
7・21	5				15	5	15		1	5	16	696
8・34	20				14	20	14			20	14	695
9・18	11				6	11	6	1		12	6	694
10・24	13				11	13	11			13	11	693
11・38	18				20	18	20			18	20	692
12・20	8				9	8	9	2	1	10	10	691
13・39	18				20	18	20	1		19	20	690
14・39	19				19	19	19		1	19	20	689
15・29	15				14	15	14			15	14	688
16・30	19				11	19	11			19	11	687
17・32	13				17	13	17	1	1	14	18	686
18・21	7				13	7	13	1		8	13	685
19・35	13	1			19	14	19	1	1	15	20	684
20・40	13	2			25	15	25			15	25	683
21・13	6	3			4	9	4			9	4	682
22・33	14	5			13	19	13		1	19	14	681
23・18	9	2			6	11	6	1		12	6	680
24・21	6	1			14	7	14			7	14	679
25・23	6	4	2		9	12	9	2		14	9	678
26・7	1	1			3	2	3	1	1	3	4	677
27・14	5				8	5	8	1		6	8	676
28・16	8	4			4	12	4			12	4	675
29・10	3	4			3	7	3			7	3	674
30・15	7	3			4	10	4		1	10	5	673
31・6	3			1	2	4	2			4	2	672
32・9	3	2			4	5	4			5	4	671

年齢・総数	良民・男性				良民	良民集計		奴婢		男女別総数		誕生年
	一般	兵士	廃疾	篤疾	女性	男	女	男	女	男	女	（西暦）
33・20	4	2			13	6	13		1	6	14	670
34・13	3	1			9	4	9			4	9	669
35・14	4	1			9	5	9			5	9	668
36・10	5				5	5	5			5	5	667
37・17	5	3	1		8	9	8			9	8	666
38・9	3				6	3	6			3	6	665
39・6	3	1			2	4	2			4	2	664
40・9	4	1			4	5	4			5	4	663
41・4	3				1	3	1			3	1	662
42・30	8				22	8	22			8	22	661
43・5	1	3			1	4	1			4	1	660
44・7	3	1			3	4	3			4	3	659
45・8	2	1			5	3	5			3	5	658
46・3	2				1	2	1			2	1	657
47・16	6				10	6	10			6	10	656
48・4	2	1			1	3	1			3	1	655
49・4	1				3	1	3			1	3	654
50・10	4				5	4	5		1	4	6	653
51・4	1				3	1	3			1	3	652
52・13	3				10	3	10			3	10	651
53・7	5				2	5	2			5	2	650
54・5	4				1	4	1			4	1	649
55・3	2					2			1	2	1	648
56・2			1		1	1	1			1	1	647
57・8	3				5	3	5			3	5	646
58・5	4				1	4	1			4	1	645
59・5	3				2	3	2			3	2	644
60・7	5				2	5	2			5	2	643
61・3	2				1	2	1			2	1	642
62・10	1				9	1	9			1	9	641
63・2	2					2				2		640
64・2	1				1	1	1			1	1	639
65・3	1		1		1	2	1			2	1	638
66・1	1					1				1		637

年齢・総数	良民・男性				良民	良民集計		奴婢		男女別総数		誕生年
	一般	兵士	廃疾	篤疾	女性	男	女	男	女	男	女	（西暦）
67・6					6		6				6	636
68・3	2				1	2	1			2	1	635
69・1	1					1				1		634
70・2	1				1	1	1			1	1	633
71・1	1					1				1		632
72・1					1		1				1	631
73・8	3				5	3	5			3	5	630
74・1	1					1				1		629
75・0												628
76・0												627
77・1	1					1				1		626
78・0												625
79・0												624
80・1	1					1				1		623
81・1					1		1				1	622
82・2					2		2				2	621
83・0												620
84・0												619
85・1	1					1				1		618
86・1	1					1				1		617
87・0												616
88・0												615
89・0												614
90・0												613
91・0												612
92・0												611
93・1					1		1				1	610
総数1,117人（内訳）	488	47	5	1	549	541	549	14	13	555	562	

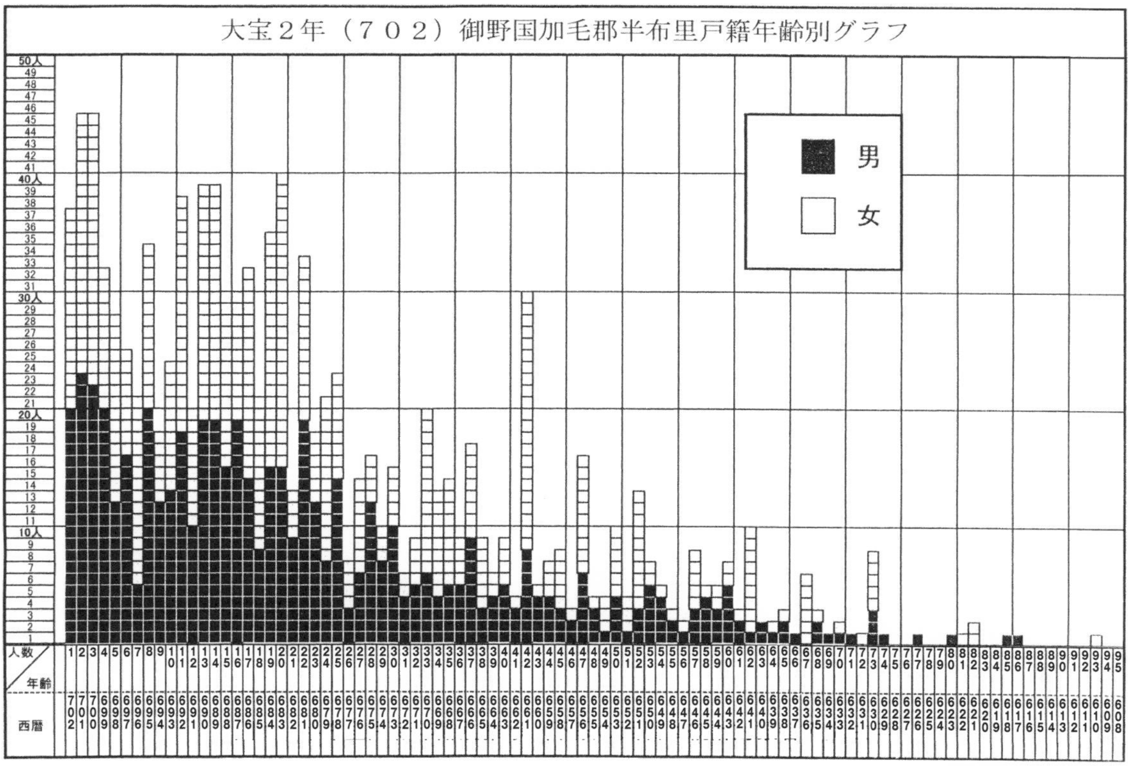

図１　半布里戸籍年齢別推移（下段の西暦は統計対象者の誕生年）

ここであえて，若干常識を外れた比較をする。手元に2009年刊行の『統計データでみる高齢者医療』と題する書がある（井藤英喜・大島伸一・鳥羽研二編・文光堂刊）。そこに1955年（昭和30），2005年（平成17），2055年という50年周期の人口の年齢別構成比が，折線グラフで示されている（図3下段）。1955年は，白黒テレビなどの三種の神器が普及した年，2005年は，日本国際博覧会が愛知県で開催された年。折線グラフで明瞭のように，1955年では高齢になるに従って人口が減少する，典型的な「ピラミット型」を描く。50年後の2005年では，人口総数のピークが50歳半ばから後半に，さらに50年後の2055年（2002・1推計）では，81・82歳にピークがあり，男女比も決定的に女性が多くなると予測されている。一方，半布里戸籍（702年）の集計では，555人（男）と562人（女）で，女性が7名多かっただけである。

『統計データでみる高齢者医療』をもとに，もう一つ重要な比較をしてみる。

図3下段の1955年における年齢別人口構成比は，半布里戸籍から描いた年齢別の曲線（図3上段）に驚くほど類似しているのは一目瞭然である。すなわち，低年齢層ほど人口が多く，高年齢になるに従い減少する，典型的な「ピラミット型」。比較する分母・分子の桁が違うにもかかわらず，何故か二つの資料が描く曲線は酷似している。この歴史的な意味を検証する数値として，「中位数年齢」がきわめて示唆的であることをつぎに指摘する。

（2）「半布里型年齢構成比」の提唱と，「中位数年齢」との相関性

中位数年齢とは，人口を低い年齢から順に並べて数え，ちょうど真ん中にあたる人の年齢。日本では，2017年に47.5歳であったから，もう50歳に近づいている。ちなみに半布里戸籍に記さ

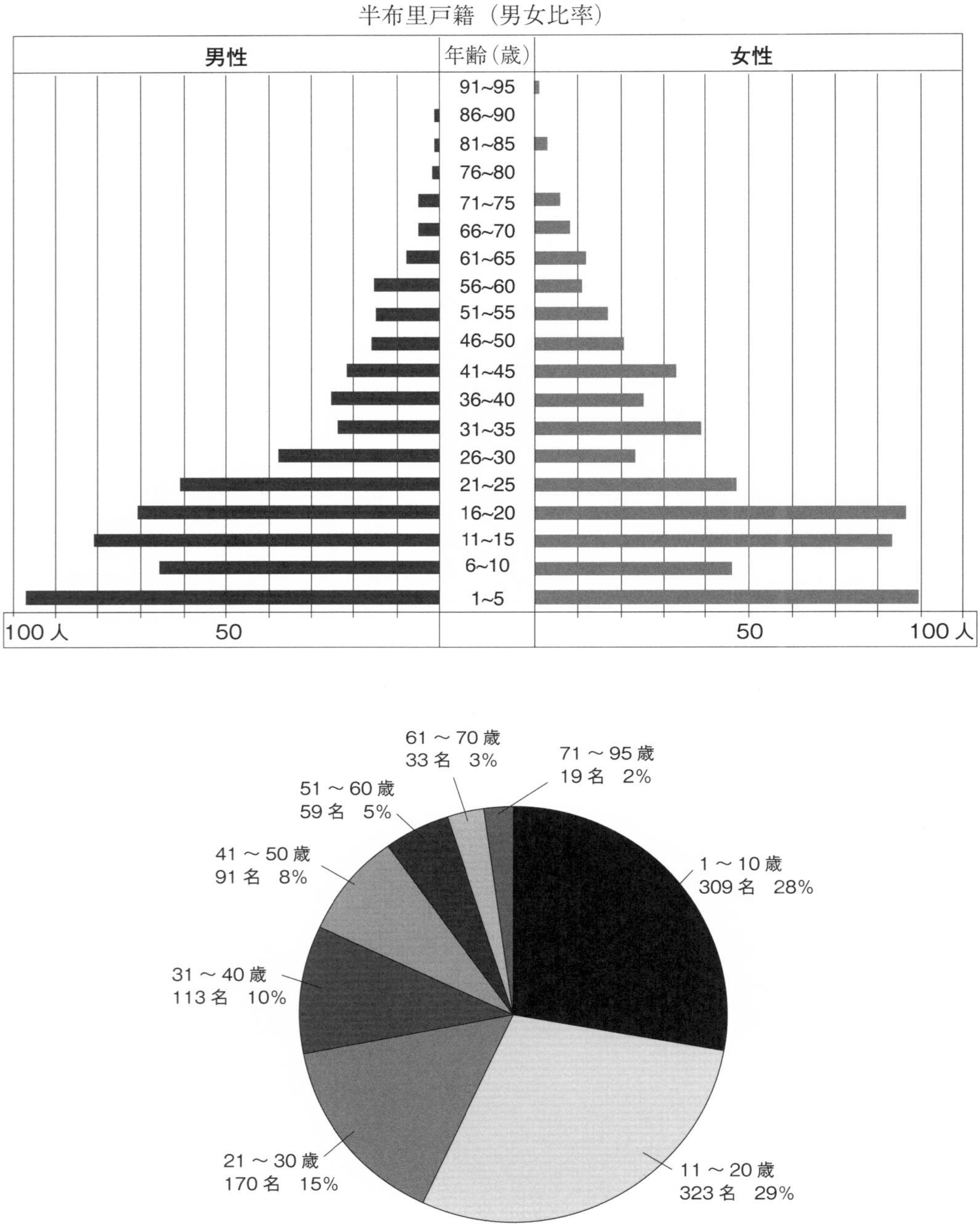

図2　半布里戸籍（上段）年齢別男・女推移，（下段）年齢別構成比

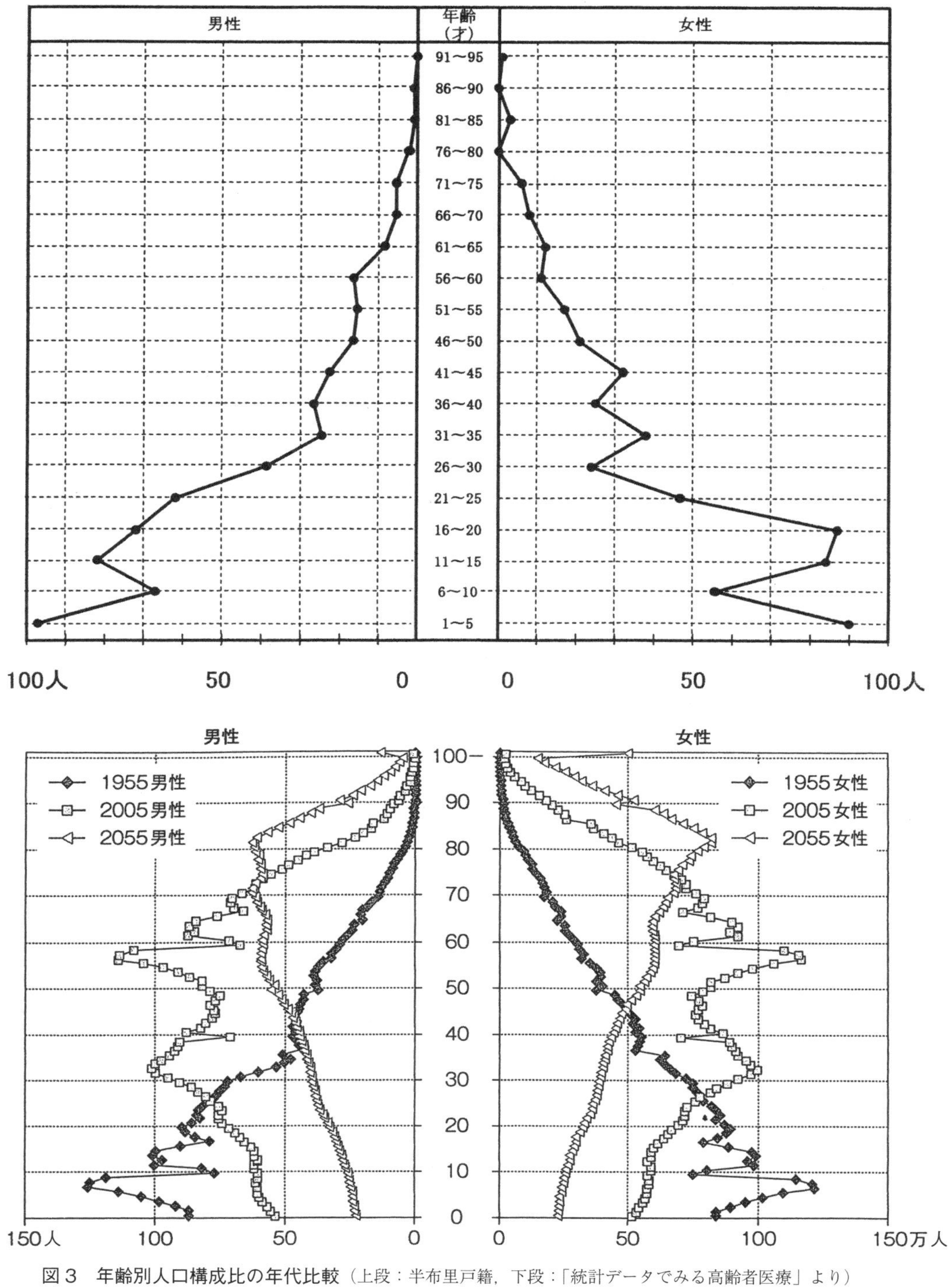

図３　年齢別人口構成比の年代比較（上段：半布里戸籍，下段：「統計データでみる高齢者医療」より）
＊上段の半布里戸籍の年齢曲線と下段の 1955 年の年齢曲線の類似性が注目される。

れている全員の中位数年齢を求めると，19歳（同年齢は35人）。当然のことながら若い。わたしはこれを，「半布里型年齢構成比」として提唱しておきたい。

では，手元にある厚生労働統計協会が発行している『人口の動向』から，半布里戸籍に類似の曲線を描く1955年（昭和30）の中位数年齢を見ると，23.7歳とある（図4）。702年（大宝2）と1955年との間には，1,253年の歳月が流れているが，中位数年齢はわずか4.7歳の上昇は留まっている。手元の『人口の動向』で中位数年齢が確認できた最古の1884年（明治17）では，21歳。702年（大宝2）から1,182年の歳月が流れても，中位数年齢は，わずか2歳の上昇に過ぎないのである。

この関連を考古資料から見ることができる。千葉県君津市の市宿《いちじゅく》横穴墓群（16基で構成。6世紀末～8世紀前半の築造）からは，165体という稀有《けう》な数の人骨が発掘された（小高1996，小高1997）。人骨は形質人類学者（鳥取大学井上貴史・影岡優子）が取り上げ，その結果は，0歳を中心とする出生時，1歳後半から2歳，6～9歳の子供の骨が多量に析出された。年齢が確実な142体では，16歳以下が73体（51％），16歳以上が69体（49％）であった。この数値を素直に読めば，中位数年齢は16歳前後になる。戸籍史料と考古資料とでは，比較の前提条件は異るが，両者は時期的にも非常に近く，加えて中位数年齢が近似値を示している点は，看過するべきではなかろう。

西暦年次	中位数年齢（歳）
1884	21.0
1888	24.5
1898	23.9
1908	24.1
1920	22.2
1930	21.8
1940	21.9
1947	22.1
1950	22.3
1955	23.7
1960	25.6
1965	27.5
1970	29.1
1975	30.6
1980	32.5
1985	35.2
1990	37.7
1995	39.7
2000	41.5
2005	43.3
2010	45.0
2015	46.7
2016	47.1
2017	47.5

図4　中位数年齢の推移
『人口の動向』厚生労働統計協会発行（2019年版）
（筆者が一部加工）

ちなみにわが国の中位数年齢は，1975年（昭和50）に初めて30歳台に乗り30.6歳となる（図4）。これ以降，数値は超短期間のうちに急上昇し，2000（平成12）年には40歳台に突入する。この中位数年齢の急上昇こそ，超高齢化社会の到来を明確に証左している。加えて現在は，確実に総人口が減少化する社会になっている。

さきの「半布里型年齢構成比」は，おそらく奈良時代の列島各所の様態復原に汎用しても，さしたる齟齬《そご》は生じなかろう。さらに踏み込むと，中位数年齢が20歳台に留まる1970年頃までは，ピラミット型の「半布里型年齢構成比」は不変であったであろう。ただ歴史人口学的に見たとき，危機的な状況は必ずある。735（天平7）～737年（天平9）に奈良の都で蔓延した天然痘，近世では享保・天明・天保の三大飢饉（享保はウンカの大発生で西日本が大凶作に，天明は冷夏で東北・関東が大凶作に，天保は原因不明ながら病気蔓延か）がそれにあたる。このような大きな飢饉では，出生者よりも死亡者の方が多い「高死亡率危機期」と呼ぶ逆転現象が起きる。中位数年齢も，このような時点では，おそらく1～3歳前後は低下したであろう。が，その危機的な状況はしばらくすると，以前の平常年にまで回復する（図5）。この強靭《きょうじん》な反発力があればこそ，702年（大宝2）と1884年（明治17）では，中位数年齢がわずか2.1歳の上昇に留まっていたと推量できる。そもそも奈良時代以降，年平均の人口増加率は，0.1～0.15％とされているので（今津2019），中位数年齢の上

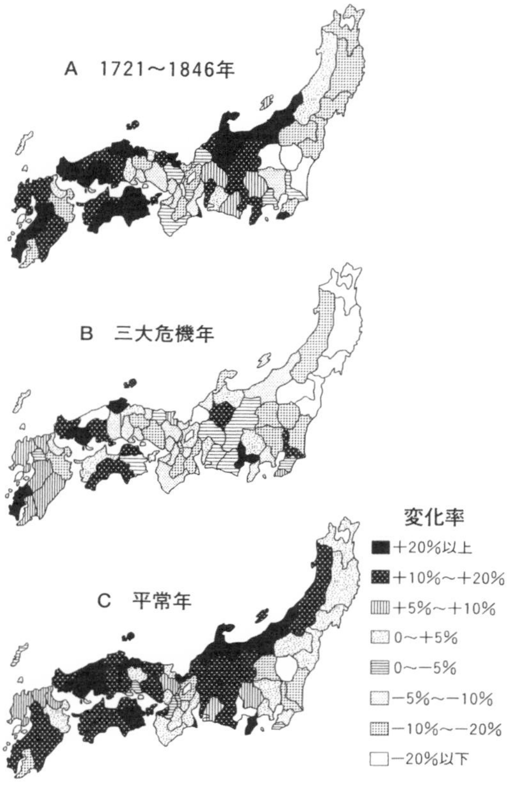

図５　江戸時代後期における国別人口の変化（速水 2001）

昇が微増に留まっていたのは当然といえよう。

半布里戸籍から導かれる「半布里型年齢構成比」は，日本歴史上の人口構成比を考えるうえできわめて根幹的な「定型」であった。現在は，年間の死亡者総数から出生者総数を差し引くと「自然減」。つまり，超高齢化と人口減少が同時進行する社会にある。ちなみに2019年発表の統計では，70歳以上の人が総人口に対して占める割合は21.5%。

これに対し半布里戸籍では，わずかに1.9%であった。

（3）年齢によって生じる顕著な差異の背景に何が？

半布里戸籍の人口を，5歳とか10歳単位で集計すれば，ピラミット型におさまるが，1歳単位の集計では，意外にも年齢毎の数値に顕著な凹凸が生じている（図1）。当然，この背景は，岸俊男・南部昇・ファリスなどによって研究されてきた経緯があり，近年では，田中禎昭が研究史を踏まえて斬新な考察を展開されている（田中 2015）。田中の所論は，複雑な計算式を駆使して精緻に考究されている。そのなかから，顕著に人口が増・減した背景の結論的な部分を，わたしの理解の及ぶ範囲で簡明に紹介する。

人口増加が顕著であった背景

田中は，人口が増加した背景には，「年齢集積」という操作が存在していたことを具体的に指摘された。年齢集積とは，造籍調査の折りに，被調査者の年齢が明らかにできなかった場合，調査者が10歳，20歳などの区切りのよい年齢に該当者をあてはめてしまう。その結果，一定の年齢に実数以上に人口数が積みあげられていると推測できる状態をいう。田中の計算では，予測値と登録値との差が予測以上に開いている場合（人口回帰曲線残差で2.0以上）には，「年齢集積」の可能性が高いとされ，その年度と背景を以下のように考究された。

① 13歳（西暦690年生。以下西暦略）—大宝二年籍（702）で13歳であるから，（天武天皇4年）の庚寅《こういん》年籍（690）では1歳。そこから庚寅年籍の造籍時に1歳であった者の年齢集積である。

②20歳（683年生）— 大宝二年籍で20歳であるから，大宝2年時に20歳であった者の年齢集積である。

③42歳（661年生）— 大宝二年籍で42歳であるから，庚寅年籍（690）段階で30歳，（天智天皇4年の）庚午《こうご》年籍（670）段階で10歳であった者の集積である。標準化残差が3・54と大きく開いているのは，先行する二つの年籍分が合算されたためと考えられた。

④19歳（684年生）—大宝二年籍で19歳。年齢が集積された要因は定かでない。

＊以下の⑤・⑥は標準化残差が2・0以下であるから参考までとする。

⑤22歳（681年生）— 大宝二年籍で22歳，庚寅年籍段階では10歳になる。庚寅年籍の造籍時に10歳であった者が集積されたと見なせる。

⑥22歳（689年生）— 大宝二年籍で14歳なので，庚寅年籍造籍時では2歳。しかし，この点は庚寅年籍が命令された持統3年（689）には完成せず，持統4年（690）まで続いていたとする指摘を受け，大宝4年籍で14歳集積は，庚寅年籍造籍時の1歳であったと見なす。

年齢集積の背景を，田中は古代の法制用語から浮浪者や逃亡者の勘出（国家の調査によって，浮浪者や逃亡者を調べだすこと）励行や，隠首者（隠れていた浮浪・逃亡者が自ら申し出る（首）こと，あるいは申し出た者）を登録励行した施策にあったと指摘する。そのうえで『半布里戸籍における年齢集籍は，庚寅年籍・大宝二年籍の造籍時における浮浪・逃亡者の括出・隠首によるもので，「持統九年籍（695）」による括出・隠首の影響は存在せず，また庚午年籍による影響も顕著なものではなかった』と結論している。田中の表現は難解であったが，わたしは上記のように理解した。

人口減少が顕著であった背景

一方の人口減少の背景については，以下のように考察された。

日本史上，奈良・平安時代は，大地震が多発したほか，飢饉，旱魃《かんばつ》，霖雨《ながあめ》，大水，洪水，大風，疫病などが蔓延した災異の時代で，これら災異の記録を『日本書紀』『続日本紀』から拾う。これに加えて，平安時代の『日本後紀』『続日本後紀』には，さらに多くの記録が見える。

そこから田中は，半布里・下総国大嶋郷の人口状態を標準化残差（残差／標準誤差）という複雑な計算式を用いて復元された。結論的には，標準化の残差が0～－1.0の範囲内であれば安定的な人口の状態，－1.0を下回る年は人口が異常に減少した年，＋1.0を上回る年は人口が異常に増加した年と判断された。その結果の該当年は以下の通り。

異常減少の年— 677・691・696・697・698年

異常増加の年— 661・670・690・692・701年

とくに半布里や下総国大嶋郷の登録期間が重なる638～702年については，『紀』『続紀』に多くの災異記事が散見できることに注目された。異常減少した5か年については，現実的に『紀』『続紀』に記録されたような災異が発生しており，発育状況がまだ十分でなかったコーホート出生年者（1歳の児女）に強く影響し，人口減少を招いたと考察された。

以上，高度な計算式を駆使して導かれた田中の結論を，軽々に批評はできないが，半布里戸籍の数値を凝視していると，ここまでの田中の指摘に加えて，通年的な史観を加味すると，歴史の見方としては一層の深みが増す。そのような見方の幾つかをあげる。

（4）通年的な史観から年齢集積と災異の影響を眺める

⑴ 半布里戸籍による年齢42歳（661年生まれ）は，男8人・女22人の合計30人。この数値は異常で，田中の指摘通り年齢集積があったと推断できる。ただ，該当する浮浪者や逃亡者は，女性が男性の約3倍も多い。この点は，摩訶《まか》不思議である。

⑵ 加えて，年齢42歳を挟んだ前年の41歳（662年生まれ）は，男3人・女1人の合計4人，後年の43歳（660年生まれ）は，男4人・女1人の合計5人。真ん中に挟まる年齢42歳の合計30人とは，あまりにも極端な差異である。

⑶ つぎに，42歳を挟んだ前後5か年の年平均数値は，男4.8人・女6.2人の合計11人。さらに前後7か年に枠を拡げても，平均数値は男4.4人・女5.4人の合計9.8人。つまり年齢42歳のコアな人数は，男・女を合算しても10人前後に留まる。数字的には，30人から10人（コアな人数）を引いた20人が，“年齢集積”されていた可能性が俄然浮上してくる。

⑷ 年齢42歳の者の戸籍上の位置付けは，庚寅年籍（690）段階では30歳。そうすると，この間の12年間に婚姻関係を結んだものと推測できよう。

⑸ つぎに災異の影響が想定される26歳（677年生まれ）を基準にしたとき，1歳下の25歳（678年生まれ），同じく災異の影響が想定される12歳（691年生まれ）の1歳下の11歳（692年生まれ）は，ともに人数が倍近く増えている。この数値からは，田中の予測した通り，災異の影響はコーホート出生者（1歳の児女）にかぎられていたと読みとれる。その一方，7歳（696年生まれ）と6歳（697年生まれ）と5歳（698年生まれ）と4歳（699年生まれ）の年齢間では，各年の該当者が21人→25人→28人→32人と年次を追う毎に増えていく。この年毎の数値の変動が，仮に災異に起因していたとすれば，その復興に4年前後の歳月を要し，徐々に回復していった状況を示唆しているとも読みとれる。

⑹ 最大の疑問は，災異の一つに大地動乱の極み・大地震の項目が抜けていること。

『日本書紀』天武天皇13年（684）10月14日には，白鳳南海地震の被害が記録されている。「諸国の郡の官舎および百姓の倉屋，寺塔神社，破壊の類，勝げて数ふべからず。是により，人民および六畜，多く死傷す」（理科年表・推定M約8.25）とある。近年でもしばしば話題にのぼる大地震である。当然，御野国加毛郡半布里でも相応の被害を被っていたであろう。

半布里戸籍では，地震が発生した684年生まれ（19歳）は，男15人・女20人。それが翌年の685年生まれ（18歳）は，男8人・女13人。前年比では，約40％の減少。これは地震の発生した月日が684年の終盤であったので，その影響が翌年生まれのコーホート（1歳の児女）を直撃していた可能性を示唆しているのであろう。

もう一度，田中禎昭の結論を繰り返すと，「異常な人口増加は，浮浪・逃亡の括出・隠首により摘発された人びとの実年齢とは異なる登録により発生した年齢集積，異常な減少は，災害・飢饉・疫病の連続的発生により実態的な年齢人口の減少」と位置付けられた。

これらの諸事象を，わたしはもう少し通年的な史観から覗いてみたかったのである。

4　記載されている親族関係の解析

夫婦・親子関係の解明は，親族の在り方を解明する間違いなくキーである。半布里戸籍については，今津の「御野国加毛郡半布里戸籍をめぐる予備的考察」に詳しい（今津 2012）。ここではそれに依拠しながら若干の卑見を付け加えたい（表3）。

半布里戸籍から，今津は120組の夫婦（対遇）関係をあげた[1]。わたしも確認している。

まず，結婚や離縁の条件は，聴婚嫁條（令集解巻十・戸令）に定められている。

結婚は，男は15歳，女は13歳以上。13歳といえば，現在でいえば中学2年生。この背景には，母子同甍《どうへい》（同時に死亡）の回避のほかに，母体の健康保持への配慮もあったと思われる。

妻には，じつに七つの非が課せられていた。それは，①子供がいない。②淫泆（不貞）。③舅姑に仕えない。④多言・長舌で嘘つき。⑤盗み癖。⑥妬忌（ねたみ）。⑦悪い病。これらは離縁の理由となる。夫の非は，自分で書いた手書きの理由書を，親族が保証すればよかった。実に軽微である。その一方，税逃れで，家に帰らない逃亡する夫も多かったようだ。そこで子供がいない場合は3年間，子供がいても2年間逃亡して家に帰らなければ，嫁に再婚が認められた。

今津は，夫婦関係が確認された120組のうち，25組は再婚の可能性が高いとする。わたしは参考までに夫婦の年齢差を図6に示した。夫の年長組が圧倒的に多く，うち夫の3歳年長組が最多。再婚組は，いわゆる「歳の差婚」に集中する。しかし，夫婦関係を含む親族の分析は，子供の数や年齢も含めた広い視点からの分析が必要と考え，独断でつぎのように類型化した。

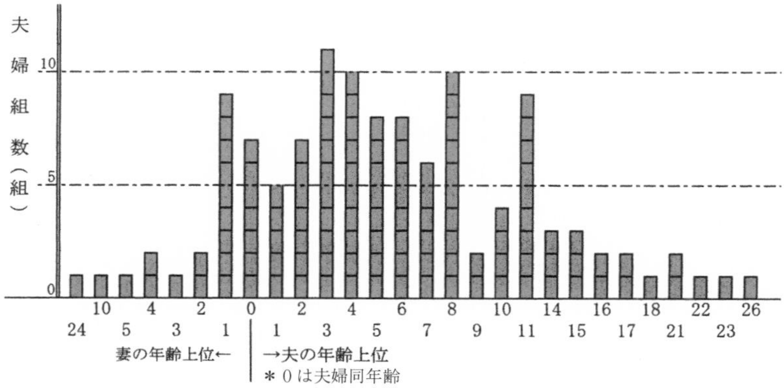

図6　半布里戸籍に見る夫婦の年齢差（妾は除く）

表３ 半布里戸籍基礎表・その３

戸 番	夫	年 齢	妻	年 齢	差	筆者の分析
1	石部 三田	50	敢臣族岸臣 都女	45	5	A
1	牟下津部 安倍	46	石部 小都売	32	14	B
2	縣主族 嶋手	45	縣主族 新野売	46	-1	A
2	縣主族 小嶋	44	縣主族 小刀自売	35	9	A
2	縣主族 多都	37	縣主族 弟売	42	-5	C
4	縣主族 都野	59	阿刀部 井手売	52	7	B
4	縣主族 枚夫	21	宇部 枚売	22	-1	D
5	縣主族 安麻呂	60	縣主族 古売	57	3	B
5	縣主族 石椅	28	縣主族 志女移売	24	4	A
5	縣主族 大石	25	縣主族 飯売	22	3	A
5	縣主族 龍麻呂	23	牟下部 功子売	17	6	A
6	縣主族 牛麻呂	53	牟下津 大古売	49	4	A
6	縣主族 安閇	70	大伴部 古都売	67	3	B
6	縣主族 阿都	54	縣主族 若屋女	49	5	A
7	縣主族 安麻呂	53	縣主族 刀弥売	42	11	C
7	縣主族 犬麻呂	41	牟下津 古刀自女	34	7	A
8	縣主族 津真利	60	生部 床波売	50	10	A
9	縣造 吉事	28	牟下津造 川嶋売	29	-1	A
9	縣造 加比	54	縣造 古売	52	2	A
10	縣造 荒嶋	26	奏人 広庭売	25	1	A
11	縣主 万得	42	石部 飯売	52	-10	C
11	縣主 古万	40	牟下都君族 刀自売	37	3	A
11	石上部 根猪	35	縣主族 加比売	59	-24	B
12	神人 辛人	43	牟下津部 弥奈売	42	1	C
12	牟下津部 麻呂	33	物部 古利売	22	11	A
13	縣主族 比都自	66	縣主族 古都売	67	-1	A
13	縣主族 古麻呂	51	尾治戸 稲寸女	52	-1	A
14	縣主族 安麻呂	44	縣主 津売	48	-4	A
15	縣主族 与津	39	縣造 止志売	36	3	A
15	縣主族 弟都	39	縣主族 宇知売	36	3	A
15	縣主族 根麻呂	55	縣主族 若屋売	49	6	A
16	守部 加佐布	63	物部 志祁売	47	16	C
16	守部 阿手	47	工部 嶋売	42	5	C
17	秦人 弥蘇	52	秦人 加奈売	47	5	A
17	秦人 目里	47	秦人 枚井売	42	5	C
18	秦人 小玉	73	生部 乎弥奈売	59	14	A
18	秦人 八嶋	23	秦人 与太売	17	6	A
19	秦人部 身津	71	秦人 大津売	57	14	B
19	秦人部 加太	57	秦人 波利売	42	15	C
19	秦人部 加良爾	29	秦人 弥移売	25	4	A

20	秦人 古都	86	秦人 古田売	68	18	C
20	秦人 金弓	50	秦人 若売	42	8	C
21	秦人 身麻呂	32	秦人 刀自売	28	4	A
21	秦人 古麻呂	22	秦人 多利売	23	-1	D
22	縣主族 安多	65	阿刀部 加比売	62	3	C
23	秦人 比都自	48	秦人 意比売	37	11	A
23	秦人 目知	42	秦人 意比売	20	22	C
24	神人 枚夫	63	縣主族 小多閇売	61	2	A
24	神人 小枚	61	神人 志祁売	57	4	C
25	神人 波手	56	神人部 弥屋売	51	5	A
25	神人 都留伎	40	神人 小姉売	40	0	A
25	神人 安閇	60	神人 都売	52	8	D
26	生部 津野麻呂	68	秦人 阿麻売	47	21	B
27	秦人 黒当	57	秦人 宇麻売	57	0	A
28	秦人 多都	60	秦人 刀弥売	44	16	B
28	秦人 多比	73	秦人 刀弥売	62	11	C
28	秦人 稲寸	22	秦人 得依	25	-3	A
28	秦人 久麻止理	19	秦人 爾古手売	20	-1	D
28	秦人 麻佐理	37	秦人 小嶋	34	3	A
29	秦人部 馬手	58	不破勝族 漢売	47	11	D
30	秦人 多麻	80	秦人 佐理売	73	7	A
30	秦人 小須	45	秦人 志麻売	37	8	A
30	秦人 乃伎	41	秦人 意比売	34	7	A
30	秦人 阿麻留	37	秦人 伊比売	33	4	A
31	秦人 椋人	37	物部 多都売	34	3	A
32	縣主族 母呂	73	縣主族 多閇売	65	8	C
32	縣主族 糠手	37	縣主族 稲積売	36	1	A
33	縣主族 佐加志	58	縣主族 刀弥売	52	6	A
33	縣主族 安麻呂	28	縣主族 止目売	18	10	A
33	縣主族 安部	52	五百木部 多麻売	42	10	C
33	縣主族 小止也	25	牟下津 佐屋売	26	-1	D
33	縣主族 大人	37	若桜部 稲積売	33	4	A
34	神人 弱	35	縣主族 閇止売	33	2	A
35	縣主族 長安	53	縣主族 都売	52	1	A
35	縣主族 馬手	33	秦人 志売屋売	33	0	A
35	縣主族 多都麻呂	47	白髪部 長売	48	-1	A
36	秦人 都弥	54	秦人 阿伎太売	52	2	A
36	秦人 久比	30	秦人 太利売	24	6	A
37	秦人 麻呂	45	秦人 加佐売	37	8	A
37	秦人 伎波見	36	秦人 麻久利売	27	9	A
38	秦人 甲	50	秦人 伎手売	42	8	C
38	秦人 速楾	23	秦人 黒売	17	6	D

38	秦人 小麻呂	42	勝族 百売	37	5	C
38	秦人 余	27	秦人 知嶋売	20	7	A
39	秦人 止也比	42	秦人 余売	35	7	C
40	秦人 山	73	秦人 和良比売	47	26	B
40	秦人 林	59	秦人 小売	42	17	C
40	秦人 衣手	30	秦人 太志売	19	11	B
41	秦人 小咋	60	秦人 当売	45	15	A
41	秦人 佐目	36	秦人 寺売	34	2	D
42	秦人 都々弥	68	秦人 小倍志売	45	23	B
42	秦人 加良比止	43	秦人部 麻理売	35	8	A
42	秦人 也呂都	61	秦人 猪手売	50	11	A
44	不破勝族 金麻呂	62	秦人 弥屋売	60	2	A
44	不破勝族 阿手良	53	秦人 古屋売	42	11	C
45	秦人 安麻呂	38	秦人 稲依売	34	4	A
45	秦人 所波	45	秦人 刀弥売	42	3	C
45	秦人 小広	65	秦人 古売	57	8	A
46	秦人 和爾	58	秦人 猪手売	58	0	B
47	縣主族 身津	77	縣主族 伊多部売	67	10	D
47	縣主族 大麻呂	35	縣主族 麻理売	35	0	A
47	縣主族 目々手	38	物部 小広売	38	0	A
47	勝猪手	52	牟義津 目知売	41	11	C
48	縣主族 稲寸	55	縣主族 阿佐売	34	21	B
48	縣主族 大麻呂	32	縣主族 比里売	32	0	A
50	縣造 紫	30	縣造 都牟自売	22	8	A
50	縣造 功志	18	縣造 広庭売	20	−2	A
50	縣造 味当	16	牟義部 多知麻売	15	1	D
50	田原部 小山	42	石上部 大古売	44	−2	C
51	縣主 古麻呂	48	縣主族 与屋売	42	6	C
51	縣主 荒海	59	秦人 波伎自売	44	15	B
52	秦人 桑手	47	秦人 毛里売	42	5	C
52	秦人 波加西	20	縣主族 加穂売	16	4	D
52	秦人 諸弟	42	秦人 古刀自売	34	8	C
52	秦人 根猪	37	秦人 麻須売	33	4	A
53	秦人 小人	57	秦人 小咋売	54	3	A
53	秦人 志比	39	不破勝族 阿波比良	22	17	B
53	秦人 牛麻呂	22	秦人 小真鳥売	20	2	D
54	不破勝族 吉麻呂	58	秦人 止己与売	52	6	A
54	不破勝族 豊麻呂	31	秦人 比里売	35	−4	D

（1）夫婦と親子関係を類型化してみる

A型・常態的な夫婦と子供との関係がたどれる。その判断根拠は―

①夫婦の年齢差がおおむね11歳以内。②結婚時の推定年齢が男15歳・女13歳以上[2]。③子供の出生年齢に極端な差がない。④最年少の子供の出生時，母親が46歳以下であること。

B型・現状の夫婦関係が，高い確率で再婚によると推測できる。その判定根拠は―

①夫婦の年齢がおおむね11歳以上と開く。②子供の出生年齢が極端に空いている。③妻と最年長子の年齢差が13歳未満。④最年少子の子供が出生した時，母親の年齢が46歳以上。

C型・上記以外の複雑な親族関係が想定できる場合。ここでは年齢集積された，いわゆる42歳の年齢集積問題などをおもに扱う。

D型・夫婦関係は確認できるが，子供の記載がない場合。

最年少子出生時における母親の年齢を46歳にこだわったのは，歴史人口学の碩学《せきがく》・鬼頭宏が近世史料では高齢出産は46～48歳，同じ碩学・速水融も46歳までと断じていた（鬼頭2007，速水2001）。よって702年の時点での妊孕《にんよう》・出産年齢は，46歳までが限界とした。

各類型の頻度は，A型・65事例（54％），B型・15事例（13％），C型・27事例（23％）・D型・13事例（10％）で，結果的にはA型の親族関係が最多であった。紙幅の関係もあるので，各類型のなかから特記しておきたい事例を選んで解説する。

（2）各類型から見えてくるもの

＊以下は，各型の理解を深めるため，各型と戸番別の表を用意した。併読されることを希望する。

A型・常態的な親族関係にある話であるから，事例数をしぼって解説する。

11人の子供にめぐまれた戸番54の吉麻呂夫婦。妻の結婚推定年齢は15歳，最年少子の出生時の年齢は41歳。子供の出産間隔は，最長で4年，最短で1年。平均すると2.4年。夫婦の年齢からすれば，まだ1～2名の子供は産めよう。なお今津は，10人以上の子供を擁する夫婦は，複数の妻を想定されるが，戸籍の分析からその実態を証明することは容易でない。

A型（常態的な親密関係）

戸番	名前と年齢	子供の年齢　上段・男性 下段・女性	子供数	結婚時の年齢 （推定）	最年少子出 生時の年齢
54	戸主・吉麻呂　58 妻・止己与売　52	31. 29. 23. 18. 14. 11 35. 27. 22. 16	10	21 15	47 41

もう一組紹介する。戸番35の長安夫妻は5人の子持ち。ただ長男33歳と次男22歳の間は11年も空いている。他の子供の年齢差から勘案すれば，まだ2人前後は産まれていよう。この背景

A型

戸番	名前と年齢	子供の年齢　上段・男性 下段・女性	子供数	結婚時の年齢 （推定）	最年少子出 生時の年齢
35	戸主・長安　58 妻・都売　52	33. 22. 14. 21. 18	5	18 17	39 38

の一つには，この時点での夫婦はまだ若く，育児経験も十分でないので子供を亡くしていた，あるいは田中がいう，飢饉，旱魃，霖雨，大風，疫病などの「災異」が蔓延し，乳飲み子であった子女を亡くしていた可能性などが考えられよう。

ここで話題を若干かえて，乳幼児等をめぐる育児環境にふれておきたい。

速水融によると，大坂・菊屋町の「宗門改帳《しゅうもんあらためちょう》」（宝暦4年・1754）では，誕生して1年未満で亡くなる乳幼児は210‰（パーミル，千分率）。つまり，誕生した乳幼児1,000人のうち，210人は満1歳の誕生日が迎えられなかった（速水 2001）。また鬼頭によれば，江戸時代では出生後4週未満で死亡する場合が多いという（鬼頭 2000）。これらを1,000年も遡らせ，702年当時の御野国半布里で考えるならば，満1歳未満の死亡率は300‰前後に達していたと推測することも許されよう。加えて江戸時代後期では，死産の場合が，100～150‰と推測されている（鬼頭 2000）。にもかかわらず，一人の女性が生涯で産む子供の総人数「合計特殊出生率」は，古代・半布里で6.5人前後，江戸時代後期の「宗門改帳」で分析しても5.39人（16～20歳で結婚した場合），4.54人（21～25歳で結婚した場合）とある。現在は周知のように結婚年齢が相対的に高く，合計特殊出生率も1.4人前後であるから，少子化が加速するのは必然である。げんに令和3年度の子供の出生者数は約18万人で，出生者数から死亡者数を引き算した自然増減数は，マイナス62万人。驚くことに，確実に人口が減少していく社会に突入している。

B型・再婚夫婦の話で，少し解説がむずかしい。戸番順を離れて取り上げる。

戸番11の根猪夫婦。この夫婦は夫35歳・妻59歳で，妻が24歳も年長である。しかも夫・35歳と長女・25歳とは年齢差が10歳。そこから現妻の加比売（59歳）が，25歳の長女を連れて現夫の根猪と再婚したと推測するのが最も妥当であろう。

B型（再婚の可能性が高い）

戸番	名前と年齢	子供の年齢　上段・男性 下段・女性	子供数
11	寄人・根猪　35 妻・加比売　59	 25	1

戸番26の津野麻呂夫婦は，夫が21歳年長。年齢配分から考え，男子の4人（37歳・27・21・15）と亡妻との女子3人（24歳・22・13）の子供（合計7人）は，津野麻呂と亡妻との間で産まれた子供である。現妻の阿麻売（47歳）は，15歳の娘をつれて津野麻呂と再婚したのであろう。

B型

戸番	名前と年齢	子供の年齢　上段・男性 下段・女性	子供数
26	戸主・津野麻呂　68 妻・阿麻売　47	37. 27. 21. 15 15	8
	亡妻の子供	 24. 22. 13	

戸番53はさらに難解。戸主・阿波69歳には，妻は無記名であるが，33歳・13・11・8・2の子供5人がいる。事情があって離縁されたのであろう。

同じ戸番53の戸主の甥・志比（39歳）と，妻の阿波比売（22歳）は17歳違いの夫婦。夫婦には，22歳から3歳に至る8人の子供がいる。つまり二夫婦には13人の子供がいる。

注目は，13人の子供のなかの8歳の子供。志比と阿波比売夫婦の8歳の女子は，名が「小衣売」。一方，戸主・阿波の8歳の男子は「小布奈」。小衣売・小布奈と女・男に分かれるが，名前の類似性から，二卵性双生児であった可能性も考えられる。

以下はわたしの大胆な推測。8歳になる小衣売と小布奈は，戸主・阿波と離縁した妻との間で産まれた多胎児であろう。しかし，戸主・阿波は妻と離縁し，2人の養育がままならず，男子の小布奈を手許におき，娘の小衣売の養育は，甥・志比と阿波比売夫婦にまかせたのであろう（志比の妻の阿波比売は，名前から推測して戸主・阿波の娘で，到底断れなかった）。しかし，阿波比売はまだ22歳。年齢的にも22歳・19・13の男子3人を産むことは勿論不可能。そこから考えると，この3人は志比が離縁した先妻との間で産んでいた子供と推定せざるを得なくなる。複雑な夫婦や親子関係が推測できる再婚話である。

この種の再婚話は，今津が具体的に事例をあげて詳細に分析されている（今津 2012，同 2019）。小論は今津の見方と異なる部分もあるが，併読されることをお勧めする。

B型

戸番	名前と年齢	子供の年齢　上段・男性 下段・女性	子供数
53	戸主甥・志比　39 妻・阿波比売　22	22. 19. 13. ⑧. 4. 3 ⑧. 3	8
53	戸主・阿波　69 ―――――	13. 11. ⑧. 2 33	5

○印　8歳の多胎児

C型・大宝2年（702）当時に42歳であった者の年齢集積問題を扱う。解説は（イ）常態的な親族関係が確認できる事例と，（ロ）特徴的な親族関係が確認できる事例に分けてすすめる。

1．42歳・30人の該当者のうち，夫妻の年齢差，子供の年齢推移及び子供の総数などが，他の戸番の構成と比較して大同小異のグループ。すなわち，常態的な親族関係のグループ。

42歳の男性が所帯主である場合は3組，42歳の女性が妻として位置付いている場合が6組あった。合計9組という数値は，42歳を挟んだ前年・後年から推測した10人前後にほぼ合致している。よって9組の戸番は，コアな42歳該当者と断定できる。

これを，C型（イ）タイプとして分類する。

若干付言すると，夫妻の年齢差は，夫が上位で平均すると6.3歳差。子供の数も平均すると6.3人で，男子・女子が適宜に混在し，男子のみの夫婦は1組であった。

2．**C型（ロ）タイプ**は，夫妻の出自氏姓がわかる13組中，縣主系＋縣主系はわずか1組，夫だけが縣主系は2組，秦人＋秦人が3組。このようにC型（イ）タイプとは様相が一変

C型（イ）タイプ一覧（42歳の男・女数合計９人）＊下線は年齢集積者

戸番	夫の年齢	妻の年齢	年齢差	子供数（男）	子供数（女）
7	縣主族 安麻呂 53	縣主族 刀弥売 42	11	3	4
17	秦人 目里 47	秦人 牧井売 42	5	3	2
38	秦人 小麻呂 42	勝族 百売 37	5	4	3
38	秦人 甲 50	秦人 伎手売 42	8	2	5
39	秦人 止也比 42	秦人 余売 36	6	2	3
45	秦人 所波 45	秦人 刀弥売 42	3	2	3
51	縣主 古麻呂 48	縣主族 与屋売 42	6	7	3
52	秦人 桑手 47	秦人 毛里売 42	5	5	0
52	秦人 諸弟 42	秦人 古刀自売 34	8	2	2

C型（ロ）タイプ一覧（42歳の男・女数合計21人）＊下線は年齢集積者

戸番	夫の年齢	妻の年齢	年齢差	子供数（男）	子供数（女）
16	守部 加佐布 63	物部 志祁売 47	16	3	0
16	守部 阿手 47	工部 嶋売 42	5	0	5
33	縣主族 安部 52	五百木部 多麻売 42	10	7	2（女）
44	不破勝族 阿手良 53	秦人 古屋売 42	11	4	（4）
11	縣主 万得 42	石部 飯売 52	−10	1	5
2	縣主族 多都 37	縣主族 弟売 42	−5	5	2
12	神人 辛人 43	牟下津部 弥奈売 42	1	1	3?
23	秦人 目知 42	秦人 意比売 20	22	1	2
19	秦人部 加太 57	秦人 波利売 42	15	5	4
40	秦人 林 59	秦人 小売 42	17	5?	3?
50	田原部 小山 42	石上部 大古売 44	−2	1	(2)
20	秦人 金弓 50	秦人 若売 42	8	1	2
32	縣主族 母呂 73	物部 身売（妾） 42	31	0	2
16	守部 古閇 42	———			
43	秦人 堅石 42	———			
3	———	物部 恵怒売 42		0	1
31	———	秦人 大相売 42		0	2
39	———	秦人 都売 42		0	1
9	———	縣造 加比売 42		0	0
15	———	縣主 根売 42		0	0
29	———	秦人部 嶋売 42		0	0
35	———	縣主族 多都売 42		0	1

し，新たに守部，工部，石部，石上部，神人などの氏姓が登場する。夫妻の年齢差は，今風にいう「齢の差婚」が多く，最大で31歳差。次いで22・17・16歳差と続く。加えて，妻が年長の夫妻が3組もあり，子供の数にも統一性がない。夫妻と子供等を結びつける紐帯は，C型（イ）タイプとは比較するまでもなく，薄弱であったと判断できる。

3．42歳の年齢集積該当者のうち，男性で2人，女性で7人が独身。うち女性の4人には子供がいる。よって，再婚した場合は子連れ結婚になる。

4．C型の（イ）タイプと（ロ）タイプで見られる対蹠《たいしょ》の相は，年齢集積問題の一隅を確実に照らし，婚姻にあたっての手順等は，間違いなく体制側からの指示であろう。ただ大宝2年籍でも，男性2人と女性7人は，結婚相手を得ていない。次期の年籍作成時までに解決できず，養老5年籍（721）まで，この種の該当者は再生産されていたのであろう。ちなみに，C型（ロ）タイプに属する大人の男・女と，子供の男・女の総数は76人で，半布里戸籍に記載された総人口の約7％に相当する。この数値を高いと見るか，低いと見るか。

5．C型（イ）タイプとC型（ロ）タイプに分類された人びとが，居住の形態（竪穴住まい。掘立柱建物か）とか，発見遺物などで相違があるのか否か。多くの戸番内に見る「寄人」とか「戸主同黨」として括られた人びとの住まいや遺物が特定できるのか。これらに迫れたら，集落遺跡と戸籍の内実は一気に緊迫する。げんに，福田健司は，半布里戸籍の故地・東山浦遺跡から発掘された「里《さと》刀《と》自《じ》」と墨書された須恵器高台盤（17号住発掘・8世紀前半）と，戸籍に載る最年長（93歳）の女性・若帯部母里売（戸番13所属）との関連性を積極的に考察された（福田2017）。この種の学際的なテーマが，今後活発化すれば学の内実もふかまろう。

D型・対偶関係は確認できるが，子供の記載がない場合。＊該当は表3の「筆者の分析」のD。

この時代の夫婦は，いわゆる「子《こ》沢山《だくさん》」と思いきや，非とする事例もある。

戸籍上では13組が確認でき，夫婦関係が確認される120組中の11％に相当する。年齢的には，10歳代＋10歳代が1組（戸番50の味当16歳と多知麻女15歳），10歳代＋20歳代が3組，20歳代＋20歳代が4組，30歳代＋30歳代が2組，40歳以上の夫婦が3組。当然，10～30歳代の夫婦が多くて77％を占める。この背景にバース・コントール（バスコン）は考えがたいので，とりあえず，まだ新婚当初で子宝に恵まれていないカップルと想定しておく。40歳以上の夫婦・3組については，背景に何がしかの事情があってのことであろうが，具体的にはわからない。

婚姻関係を追っていくと，その過程で地元を拠点とする県主集団（県造・県主・県主族）と，渡来人集団（秦人・秦人部・勝・勝族など）との融和のプロセスが垣間見えてくる。たとえば戸番52の戸主夫婦（47・42歳）は，ともに秦人。戸主・弟夫婦（42・34歳）もともに秦人。それがさらに若い戸主・甥夫婦（20・16歳）に至ると，新妻は県主族で，秦人との縁談が成立している。戸主・47歳と戸主甥・20歳との年齢差は27年。つまり秦人集団と県主集団の融和に1／4世紀以上が必要とされていたことになる。戸籍10の戸主・荒島（26歳）は県造であるが，新妻に秦人・広庭女（25歳）を娶《めと》っている。

このように県主系と秦人系との融和は，県主系が秦人系に対して明らかに寛容であったことが窺える。このような社会的な環境の背景は重視されてしかるべきである。

（3）双子が多いなァ—多胎児《たたいじ》の周辺を探る

半布里戸籍をめくりながら，同年齢の子女が多いということに気がついた。そうすると，双生児のほか，三つ子など多胎児の誕生が想定されてくる。

半布里戸籍から，性差・年齢を問わず同一年齢を拾いだすと，16事例が摘出できた。その内訳は，当該の二人が同性の場合が6事例，男・女と異性である場合が9事例（この場合は，二卵性双生児か），三つ子の場合が1事例であった。しかし，これらの全員が多胎児であるとも断言できない。そこで，命名された名前などを手繰りながら，その蓋然性《がいぜんせい》を確かめてみる。

◎多胎児の蓋然性が高いと思われる事例（推測できる理由など）

戸番8—30歳の男・嶋，女・阿根都売（阿根は「姉」に通じる）

戸番15—39歳の戸主・与津と，弟・弟都（「津」と「都」は通じる。よってこの双子兄弟の順列は，誕生した時点で決められていたことになる）

戸番21—5歳の女（糖女・小糖女）

戸番24—14歳の男・多麻，女・多都売（多の字共有）※＝二卵性双生児か

戸番40—13歳の男・稲久利，女・古利売（利の字共有）※＝二卵性双生児か

戸番53—8歳の小衣売・小布奈（この問題は，すでに本節のB型でふれた）

最後に興味深い事例を加える。戸番15の双子の戸主・与津（39歳）と弟・弟都（39歳）の妻が，止志売（与津の妻で36歳）と宇知売（弟都の妻で36歳）であることに，非常に興味を覚えている。仮にわたしの推測通り，止志売と宇知売が双子であると，双子兄弟（与津・弟都）に双子姉妹（止志売・宇知売）が嫁いだ【双子同士が結婚した夫婦】になるからだ。さらに，戸主の与津・止志売夫婦には，刀自売，黒多売という2歳の女の子がいる。仮に2歳の女児が双子であれば，この家系は究極の双子血筋となる。みな縣主系氏族である。

同じ年齢の子供が同じ親から産まれる場合，年の初めに一人が誕生し，その後に身籠《みごも》って年の瀬に二人目が生まれると，子供は「オナイドシ」（同年齢）になる。が，お産直時の母体の安全性を想えば，母児同斃は極力避けよう。

藤原道長の栄華を描いた『栄花物語』によると，妊産婦が産後に死亡したケースは結構多い。47人の妊産婦のうち，11人が死亡（23.4%）し，出産回数では，64回の出産に対し，17.2%の母体死亡になる（杉立 2002）。近世の統計資料でも，結婚して10年以内の若い母親は，母児同斃，ないしは1年以内に母親が死亡する場合が多いという（鬼頭 2000）。お産は命がけであった。

わたしは，同年齢の子供の多くが，一卵性・二卵性を含め多胎児であろうと想定している。

註

1　小論では，「夫婦」（夫妻）として論をすすめる。古代史上では，「妻問」「通い婚」を前提に，「対偶婚」という言葉が普遍的だが（関口 2018），小論はあくまでも歴史人口学的な分析が目的であるから，普遍的な夫

婦・夫妻を使う。

2　結婚時の推定年齢は，夫婦の年齢から最年長の子供の年齢を引き，さらにその年齢から2歳を引いた。これは18世紀の木曽湯舟沢村の記録では，第一子は結婚してから2年後以降に生まれているという歴史人口学的な所見を根拠にしている（鬼頭 2000）。

引用・参考文献

安孫子昭二　2018「縄文のエンブレム7―各時代の年齢構成を考える」『之潮』通巻68号

新井登亀男・早川万年編　2003『美濃国戸籍の総合的研究』東京堂出版

今津勝紀　2012『日本古代の税制と社会』塙書房

今津勝紀　2019『戸籍が語る古代の家族』吉川弘文館，歴史文化ライブラリー488

鬼頭宏　2000『人口から読む日本の歴史』講談社学術文庫

小高幸男　1996『千葉県君津市史宿横穴墓群発掘調査報告書』君津郡市考古資料刊行会

小高幸男　1997「千葉県君津市史宿横穴墓群における親族構造の復元」『多知波奈考古』第3号，橘考古学会

島田崇正　2014「御野（美濃）国加毛郡半布里戸籍と集落遺跡」『考古学ジャーナル』653，ニューサイエンス社

杉立義一　2002『お産の歴史』集英社新書139

関口裕子　2018『日本古代女性史の研究』塙書房

谷口榮　2018『東京下町の開発と景観・古代編』雄山閣

田中禎昭　2015『日本古代の年齢集団と地域社会』吉川弘文館

長瀬仁・安藤和男他　1978『東山浦遺跡』富加町文化財調査報告書第2集，富加町教育委員会

丹羽平一　1980『富加町史・下巻　通史編』岐阜県加茂郡富加町

速水融　2001『歴史人口学で見た日本』文藝春秋

福田健司　2017『土器編年と集落構造』考古調査ハンドブック16，ニューサイエンス社

御野国半布里と武蔵国橘樹郡の人びと (2)

—発掘調査された橘樹郡の考古資料の解析—

御野国加毛郡半布里と武蔵国橘樹郡に共通する関心事

いよいよ後編の本論に入る。その前提として図1と図2を用意した。図1は武蔵国，相模国の範囲と郡名等の基礎資料である。特段の解説はない。図2は，本論でしばしば登場する遺跡の位置を，現在の地図上に記した。本論でいきなり遺跡名や地理的関係をあげられても戸惑うかと思い，あらかじめその位置や，遺跡相互の関連性が理解できるよう配慮をした。本文中に図2・数字があったら，その位置を図2で確認してほしい。

では，本論（2）の話題に入りたい。

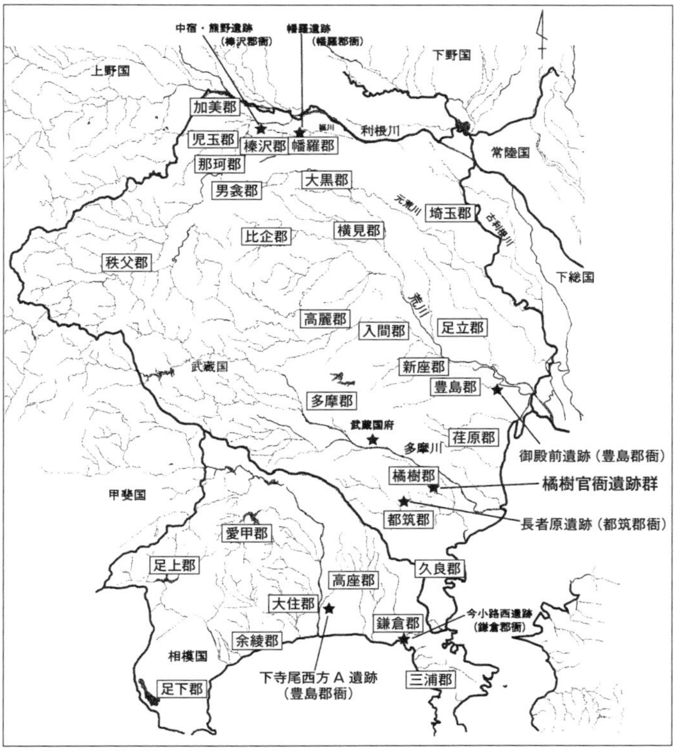

図1　武蔵国・相模国と橘樹官衙遺跡群

（岡部町教育委員会資料を一部加工）

御野国加毛郡半布里の戸籍に興味を抱いた理由の一つは，同地に渡来人・秦人が多数居住されていたからだ。『富加町史』下巻・通史編による，秦人など渡来人系が497人，在地系の縣造・縣主系は386人とあり，渡来人系が全人口の約45%を占める（丹羽1980）。秦人集団は，養蚕，機織りの技術に優れ，故地は韓半島の新羅と想定さる。『日本書紀』欽明天皇元年（539）8月の記載には，渡来者の総戸数は7,053戸とある。このように，半布里における秦人の立論根拠は，大宝二年戸籍そのものにある。

一方，文字資料から主張

できる武蔵国橘樹郡内の渡来人の立論根拠は二つ。一つは，『続日本紀』神護慶雲二年（766）6月21日の記事。そこには，武蔵国橘樹郡の人・飛鳥部吉志五《い》百《ほ》国《くに》は，同国の久良郡で白《はく》雉《ち》を獲て朝廷に献上し，吉兆として褒められ従八位下を授けられたとある。もう一つは，宮内庁書陵部所領の『中右録部類』の裏文書に書かれていた「検注目録」。そこには「皮古造免五段」の六文字。考古資料では，終末期古墳や奈良・平安時代の火葬墓。これらの資料から，どのような歴史が復元できるか。これから，ささやかな挑戦をしていく。

はじめに，検討項目を3点あげて置く。

1．馬絹古墳に関わる諸問題

2．古代火葬骨蔵器に関わる諸問題

3．「稲毛本庄検注目録」と「皮古造免五段」の背景

1　馬絹古墳に関わる諸問題

馬絹古墳の位置は，図2の1に示す。発掘は，1971年。わたしは，切石積みの巨大な横穴式石室を見て驚愕した。開発計画は瞬時に見直され，間髪をいれず現状保存・県史跡に指定された。ただ，調査成果の報告が概要（樋口・金子1973）のみで，正式報告書は未刊である。当時の文化財行政の担当者として，行政指導が徹底できなった点はいまでも悔やんでいる。

1979年，石室内を補強するため再開口した。その措置内容は報告されている。

1982年，現状保存されていた横穴式石室の南面・前方部の民地に，マンション計画がもちあがる。そこには版築状の地層が露出していたので，1971年に古墳の発掘調査を担当された関係者の指導で記録調査をしている。

1994年，既発掘部の再調査を含む，保存整備・活用報告書が刊行され，1982年に調査した版築状の地層部分の成果が報告された（竹石・金子ほか1994）。が，肝心な墳丘，横穴式石室との関連性を示す図面がない。これでは古墳の全体像が理解できないと思い，版築調査現場に立ち会えたわたしは，その当時の記憶をもとに，墳丘・石室・周溝と石室前面の版築範囲を関連付けた1枚の合成図面を作り，わたしの責任ですでに2回公表してきた（村田2010・2016）。

（1）発掘前後の合成図から，石室前面の版築層を知る

保存整備報告書から版築範囲を箇条的に整理する（図3）。

1．石室南～西側面の周溝―。確認されたが，予想に反して細く・浅くてすぐに消失した。これは全くの想定外。溝は墳丘を一周せず，南面が大きく開いたC字状。周溝ではなかった。

2．石室南～東側面の版築層―。この部分の旧地形は，深い谷戸で，それを覆うように広範囲に版築層が認められた。版築層が墳丘南側斜面に張り出すことは，1994年に実施した墳丘下の地下レーザー調査からも予測されていた。結果的に，版築範囲はきわめて広く・深かった。版築部分の高さは，最大4m以上，幅は，最大で東西15m×南北10m。このようにし

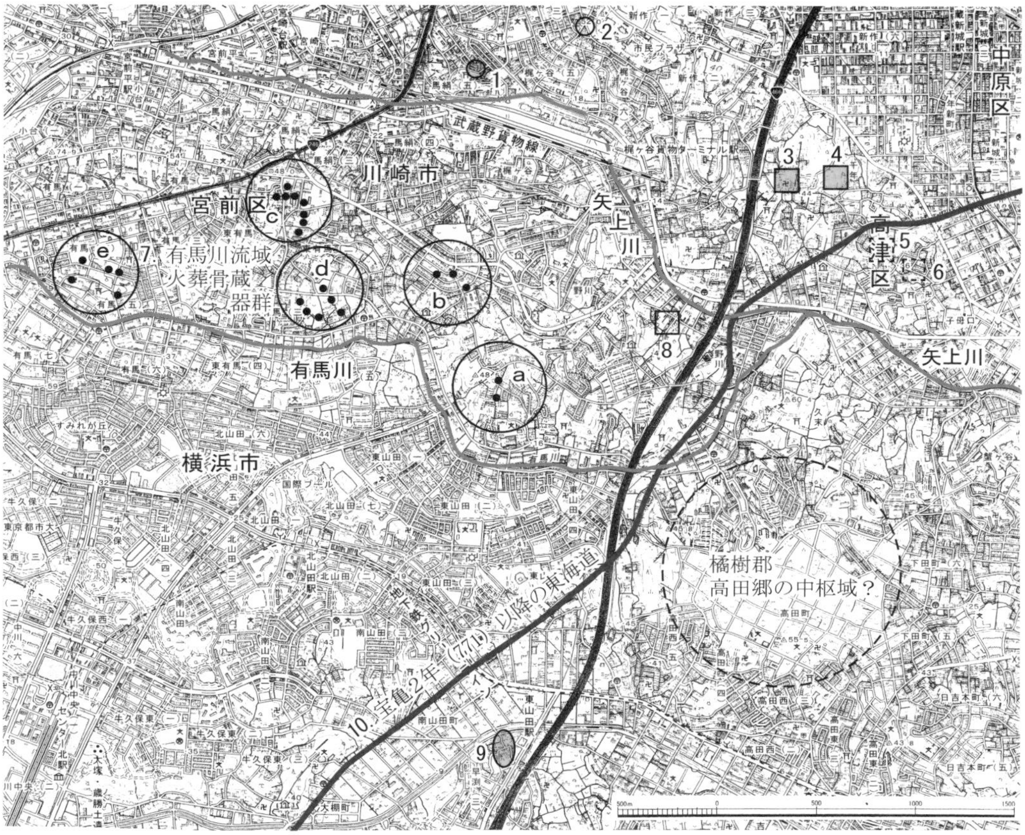

図２　本論に登場する主要な遺跡の位置（1・馬絹古墳，2・西福寺古墳，3・影向寺，4・橘樹官衙遺跡，5・推定・郡衙政庁地，6・推定・小高駅家，7・有馬川流域の骨蔵器群○印の a~e グループ），8・野川十三菩提遺跡（馬の調教場？），9・横浜市権田原遺跡，10・宝亀２年以降の東海道筋）

て，西南面のローム面と地盤高を整えた。版築層は，奈良時代最盛期の寺院建築に見る強固な仕事に較べれば，明らかに軟弱であった。版築土のなかに，3 cm 大の泥岩片が含まれ，これにより横穴式石室の構築工事と並行的に行われていた証左となる。大型横穴式石室の下部に，この種の版築状の地業がほどこす事例は，武蔵国の７世紀台の大型古墳に類例が幾つか知られている（黒済 2008）。

このように馬絹古墳は，横穴式石室の羨門部で完結せず，広く・深く版築された平坦部とあわせて考えるべきで，わたしはこの造作部分で，折々の祭儀が執行されたのであろうと推測している。

なお新井悟は，古墳の範囲，石室の標高などの基本データに疑義を提示し，墳丘形も円墳説にきわめて否定的である（新井 2016，2018）。疑義の原点は，墳丘高と石室床面の絶対標高の関連などが不確実であることに端を発する。ただ馬絹古墳は県史跡で，管理は川崎市教育委員会にあり，指摘事項は行政的な対応範囲内。絶対高の疑義修正などは，再測量をして優先的に確定できるはず。それまでは，既往の円墳説以外の，明確な根拠に乏しい墳形論は封印しておいた方が理

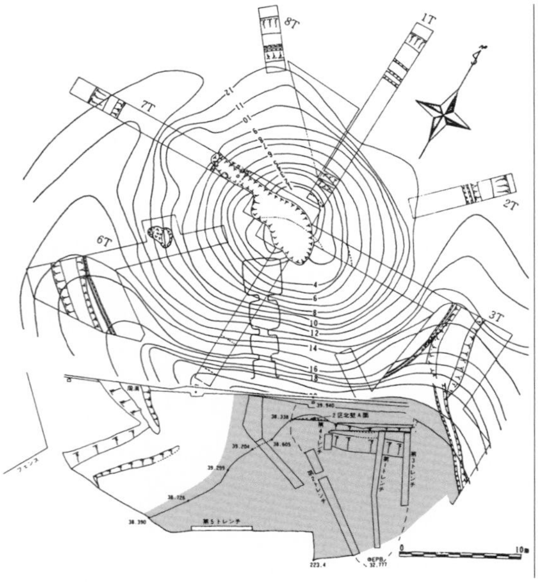

図３　馬絹古墳の調査全体図。アミ掛け部分が版築推定範囲（アミ掛け範囲は，調査時の筆者の観察所見を参考に含む）

性的であろう。確実な資料が揃ったら，同じデータでまた議論すればよい。

（２）横穴式石室の方位観と矢上川の清流。そこには，風水思想が—。

前方後円墳終焉後の６世紀末から７世紀末までは古墳時代の終末期に相当し，特徴的な造墓活動が展開した。この時代の研究と豊富な発掘経験をもつ河上邦彦は，後期古墳までは生前に造墓を開始する「寿墓《じゅぼ》」であったが，終末期古墳は，当該者の死後に造暮が始まるので，墓の企画は，地域が遠く離れても酷似していると強調する（河上 2005）。ちなみに，卓越した技法を駆使した特徴的な持ち送り技法などは，石工仲間の技術的な提携を必携とする前提がある。

加えて終末期古墳の墓造りには，「南」を意識した風水思想があったことも主張する。風水思想とは，「水」を得ることを上，「風」を蔵することは，これに次ぐという教義であり，とりわけ，墓は南向きの吉地に造り，水は吉方から流れて凶方に去るのを最上と考えた。この教義にのっとり，祖先の墓は吉地に設け，地気に接して旺盛な地徳を享受し，子子孫孫に及ぶ永遠の隆盛を期待したのである。

その教義にのっとり，馬絹古墳の立地景観を見てみよう（図２の馬絹古墳と矢上川の位置）。大形の横穴式石室は南方位に開口し，その前方眼下の沖積地には，清流・矢上川が西方から東方に流れ，まさしく【風・水】の思惟に適っている。

上記のような終末期古墳と類似する立地景観をもつ古墳は，韓半島の同時期の百済地域の陵山里古墳群などで認められ，その多くは横穴式石室である。そこから河上は，「日本の風水思想は百済から導入されたと考えるのがもっとも妥当」と結論付けられた。

何故，馬絹古墳が石室南面の谷戸部を版築して造墓したのか，理解できなかった。つまり，墳丘の構築位置を，設計段階で３～５ｍほど後方にずらせばすむことなのに—。推測すれば，【風・水】を教義とする思惟が，占地景観と墓前の祭儀を強く求めていたのであろう。

（３）馬絹古墳の横穴式石室の特徴は—

馬絹古墳は，【風・水】の思惟だけでなく，石室構造からも渡来的な文化要素を手繰《たぐ》ることができる。キーワードは，比較的に軟質のシルト岩を巧みに細工した横穴式石室の構築技法にある。発掘調査された樋口清之・金子皓彦の調査概報（樋口・金子 1973）には，

「（石室は）切り込み積みの手法で，側壁を整然と精巧に積み，その表面に装飾紋様を画いてあったらしいので，朝鮮半島文化との関係を知る参考となる」

と結ぶ。短い文章ではあるが，これは博覧強記《はくらんきょうき》の樋口清之の知見であろう。では，箇条的に馬絹古墳の石室の特徴を整理してみる（図４の１）。

写真１　馬絹古墳の横穴式石室内（○印は，馬様の図柄）。切石の接合面は白色粘土。

1．石室は，南方位に開口し，全長約 9.2 m。玄室（奥室）と前室を三室で仕切る副室構造。

2．最奥部の玄室の平面規模は，縦・横・高さが各々３ｍで完璧に統一した設計による。

3．切り込みを入れた石材を積み，天井部に向けて持ち送る。最後に２枚の天井石を載せる。

4．切石の接合面には，約１cm 幅で白色粘土が塗られ，漆喰《しっくい》で行う同種の技法を連想させる。韓半島や関西方面の事例では，貝殻を素材にした漆喰を目地にあわせて塗りつける。馬絹古墳は，白色粘土であるが，外観的には識別できない（写真１）。

5．玄室の奥壁中央に据えた長大な鏡石《かがみいし》には，白色粘土を塗った痕跡が残る。鏡石は暗闇の玄室内を照らす，いわば太陽神。わたしは鏡石の全面を白色粘土で塗って，その上に壁画を描いていた可能性を捨てきれないでいる。げんに，玄室の左側面には「円形文」，玄室の左側門柱の内側には「馬」様の図柄（写真１に○で囲む）が明瞭に描かれている。

6．副葬遺物類は，前室の南東側の切石をはずし侵入した奈良朝？の盗掘団に，ものの見事に失敬されていた。ただ鉄釘が玄室の床面に 45 点，前室に 29 点，最前室に５点の合計 79 点が遺されていた。墓主は，釘打式の組合せ木棺に収納されて葬儀されたことになる。

7．古墳の造営時期は，副葬品類が皆無で不明。ただ玄室の縦・横・高さが各々３ｍであり，これは唐尺（１尺＝約 30㎝）で換算すれば 10 尺。このような設計仕様から，わたしは一貫して７世紀中葉説を主張している。玄室奥壁の中央に据えた大鏡石は，最大高 2.1 ｍ×底部最大幅 1.5 ｍ強（唐尺で７尺×５尺強にほぼ相当）。このように奥壁もきわめて凝った設計仕様で，その中央に大鏡石がデンと据えられている。

（4）穹窿頂《きゅうりゅうちょう》持ち送り立面型の流れを汲む玄室

馬絹古墳の玄室に入ってまず気づくのが，天井まで３ｍという異常な高さ。大人の身長の倍近い。この設計は，後で解説する穹窿頂持ち送り立面型の玄室の流れを汲む。玄室型は，正方形が主体，側壁下半部（床面）に大き目の石材を横積みし，上半部はしだいに前方に迫り出し，最後

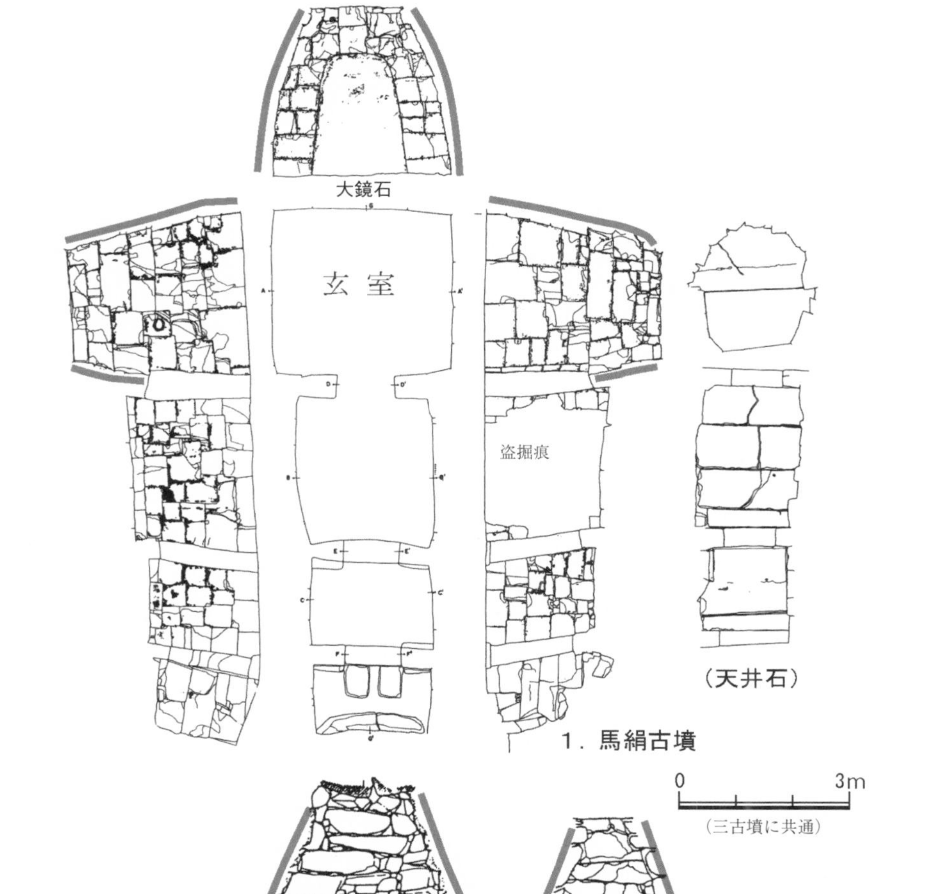

図４　穹窿頂持ち送り立面型の流れを汲む玄室（1・馬絹古墳・神奈川県，2・下山頂１号古墳・兵庫県，3・矢倉１号古墳・滋賀県）

に重い天井石を１～２枚置く。穹は天空，穹窿は高く弓なりに曲がる（『字源』より）。

このような玄室型が穹窿頂の特徴をもつ横穴式石室は，韓半島の高句麗や百済からの渡来系氏族が集住した近江国（滋賀県）滋賀郡の真野郷，大友郷・錦部郷などに濃密に分布し，水野正好や花田勝弘などにより深く分析されてきた（水野 1969，花田 2002）。時期的には，６世紀後半期以降に盛期となる。近年では，この種の類例は，播磨・山城・紀伊国などの古墳からも発掘され，研究はいちじるしく深化してきた（大橋信弥・花田勝広編 2005）。それらを手掛かりにして，特異な馬絹古墳の玄室設計の来歴に近づいてみよう。

まず，馬絹古墳の石室の平面・立面図と，渡来人が集住する地域で確認されている関西地域の穹窿頂持ち送り立面型の玄室を比較し，設計仕様の共通性を具体的に確認してみる。

図４の１は，馬絹古墳の横穴式石室の実測図。同図の２は播磨国西部の丁山頂１号墳，同図の３は近江国大津の矢倉１号墳（塚穴古墳）の横穴式石室図（1～3はスケール統一）。加えて馬絹古墳との比較を容易にするため，玄室プランは正方形，羨道部の取り付けは，両袖式タイプを選んだ。三石室の玄室の平面長は，一辺が３m前後で同じ，玄室高も丁山頂１号墳は3.8 mであるが，馬絹古墳，矢倉１号墳は３mで同数値である。

馬絹古墳は，丁山頂１号墳・矢倉１号墳に較べ，半世紀以上後出の造営になるが，穹窿頂持ち送り立面型の流れを汲む玄室型であることは明白。三古墳の石室が醸《かも》す質感的な相違は，築造年代の時間差と判断している。すなわち，６世紀後半期の関西の２・３は，自然石の質感が存分に活かされた設計技術。これに対して１の馬絹古墳は，軟質の切石をきわめて精巧に細工し，それを巧みに持ち送っていく。ここに究極にまで修練されたこの技法の到達点が見える。２の丁山頂１号墳奥壁正面に据えられた楕円形状の一枚石は鏡石であろう。馬絹古墳の大鏡石は，奥壁の中央部に泰然と構え，まさに究極の姿をあらわす。ちなみに，琵琶湖西岸に位置する穴多《あのう》＝穴太は，持ち送り技法の穴太衆石積みで知られるが，その源流はここにある。穴太衆の石積み仲間では，百年で崩れたら恥，五百年否《いな》一千年もって一人前の石績み職人といわれていた。

馬絹古墳の玄室床面からは，79 点の鉄釘が発見され，被葬者は釘打式の組合せ木棺に収納されて葬儀されていたことは前記した。近江国などでも，６世紀後半期には長さ・厚さが最大化した鉄釘が多量に発掘されている。後期から終末期古墳では，鉄釘で留めた組合せ木棺が一般的であるから，これを特別視することはできない。が，国史跡の武蔵府中熊野神社古墳（上円下方墳）の玄室からも 75 本の鉄釘が発見され，そこからヒノキ材製の組合木棺を絹の布で被覆したなかに収まる被葬者像が復元されている（坂詰・塚原ほか 2005）。

なお，前出の滋賀郡大友郷などの穹窿頂持ち送り立面型の玄室内には，死者に炊飯具のミニチュアを副葬するという特殊な慣行がある。この点は，後ほどふれる機会がある。

（５）関連してもう一つの古墳

馬絹古墳の北方，約 850 mの台地上，高津区梶ヶ谷 587 番地（梶ヶ谷２－７－11）に位置していた法界塚古墳を紹介する（図５）。発掘調査は 1930 年。調査前に墳丘を覆う封土や石室の天井石

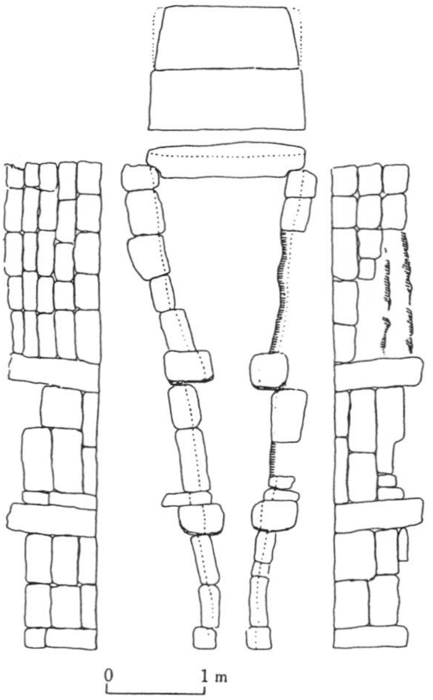

図５　法界塚古墳の横穴式石室
（調査報告書より）

は取り外されていたようで，外観的には，一見すると奈良・石舞台古墳のようだ（石野 1930）。

馬絹古墳同様，石室は三室。横穴墓にも普遍的な複式構造の平面形で，全長は5.9 m。設計仕様的には，前記した穹窿頂持ち送り立面型の玄室とは明確に異なっている。加えて奥壁は鏡石でなく，長方形の大形石２枚を厚い座布団《ざぶとん》を横に寝かせるようにして重ねる。一方，石室の細工は，長方形に加工した切石を最大５段まで積み上げ，きわめて端正に仕上げている。

法界塚古墳の出土品が，地元某家に金環２個，筒状を呈した金具・鵐目《しとどめ》１個などが保存されていた。写真を松崎元樹（東京都教育委員会）にお見せしたところ，方頭大刀に使用されたものか，とのこと。古墳の築造時期は，馬絹古墳より若干遅れた７世紀第３四半期頃を考えている。

馬絹古墳と法界塚古墳は，直線距離では約850 mしか離れていない至近の距離，いわば指呼の間柄。時期的にも７世紀中葉と７世紀第３四半期できわめて近接する。が，古墳の立地景観，石室の規模や設計仕様などのハード面では，対蹠《たいしょ》の相が明瞭である。言葉をかえると，渡来的な要素が色濃い馬絹古墳と，法界塚古墳の在地的な要素が相克している。この種の謎解きは，今後の研究に委ねたい。

2　古代火葬骨蔵器に関わる諸問題

（1）川崎の火葬骨蔵器がようやく考古学界にデビューできた

まずはじめに，わたしが火葬骨蔵器と縁をもった経緯にふれる。

1965年に川崎市に入庁し，教育委員会で文化財保護行政を担当した。上司の古江亮仁係長（当時）から，本市は全国的にも稀有なほど古代を中心とした火葬骨蔵器が多く発見されている事実を教わった。地主の方から耕作中に発見されたとの連絡を受け，蒐集に奔走した古江の努力を知り，尊敬の念が湧いてきた。発見資料は，その後，川崎市産業文化会館に保管されていた。やがて，蒐集資料は全く考古学界には未報告との噂を耳にした。恐る恐る御本人に伺ったところ，忙しくて報告する時間がなかったとの答え――。骨蔵器は貴重な学術資料，その資料が未報告のまま放置されることは，理由の如何んに関係なく，許されるはずもなかった。

そこで当時，骨蔵器資料を管理していた産業文化会館学芸課の学芸員・増子章二（故人）と協議し，基礎資料として考古学界に報告する決意を二人で固めた。増子は，資料に付けられたラベル類を読み解き，個々の出土位置を地番から確定，骨蔵器が有意の範囲で複数個群在しているなどの貴重な知見を集積した。骨蔵器内の火葬骨も，一部保管されていた。これは百々《とど》幸雄（当時，国立科学博物館人類研究部）から積極的な御協力を得て鑑定していただけた。骨蔵器に充てられた土師器・須恵器類の編年は，長谷川厚（当時，神奈川県教育委員会）や福田健司（当時，東京都教育委員会）など，この分野の研究に精通された知人からの御教示を得て確定した。

資料分析で得た見解は，まず「南武蔵における古代火葬骨蔵器の一様相」として発表した（村田・増子 1979）。本格的な論攷は，「南武蔵における古代火葬骨蔵器の基礎的研究（上・下）」として発表した（村田・増子 1990・91）。増子とわたしは，これで最低限の責務が果たせ，安堵した。

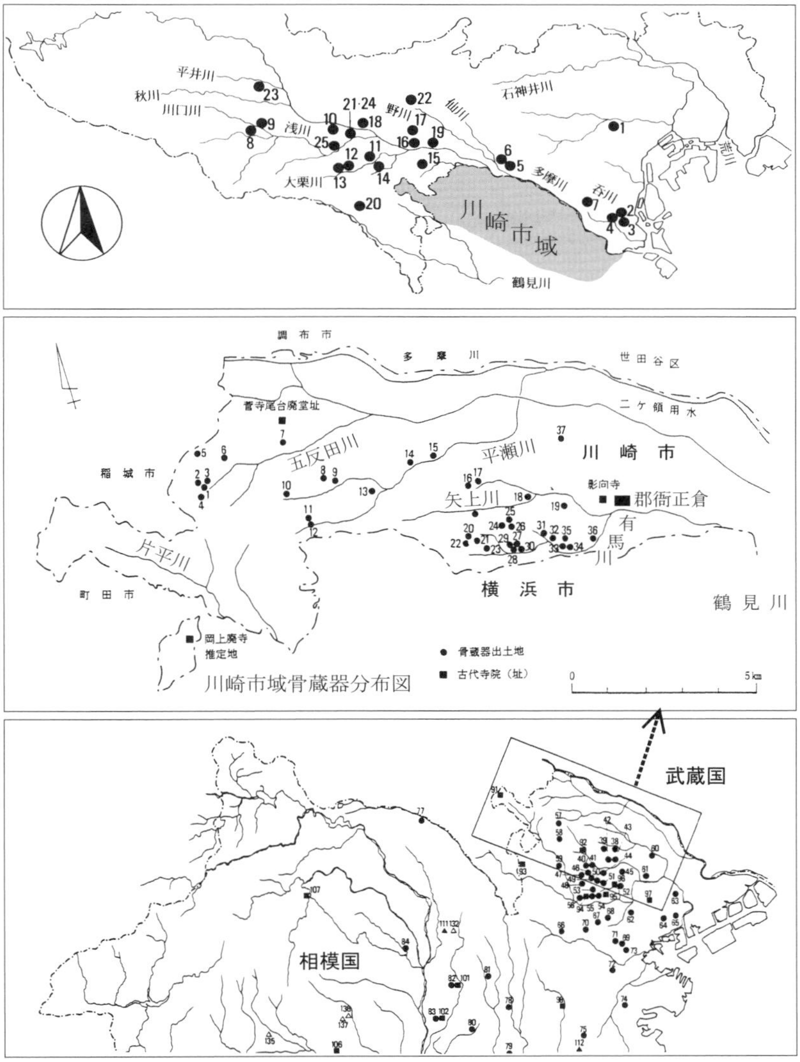

図６　南武蔵・相模国の火葬骨蔵器の分布図（東国シンポ・東日本における奈良・平安時代の墓制資料所収の図を加工・加筆）

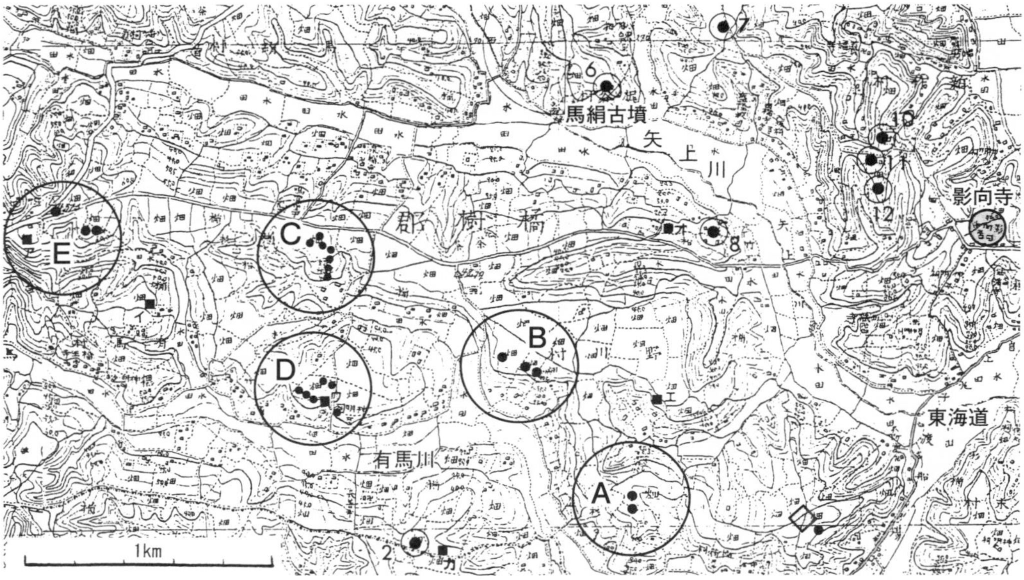

図７　矢上川と有馬川流域の火葬墓（●）と高塚古墳（◉）など。〔火葬墓群〕Ａ・野川南耕地群，Ｂ・野川西耕地群，Ｃ・有馬後谷戸群，Ｄ・有馬台坂上群，Ｅ・有馬入山群。２・有馬古墳〔 高塚古墳〕６・馬絹古墳，７・西福寺古墳，10～12・野川古墳。●・影向寺，□・十三菩提遺跡。火葬墓群と高塚古墳が，矢上川を挟んで向かい合い，影向寺は矢上川の左岸側に位置する。

1995年10月，栃木県立博物館で『東国火葬事始』と題する企画展が催され（國井ほか1995），さらに企画展を受け，東日本埋蔵文化財研究会などが『東日本における奈良・平安時代の墓制』と題するシンポジウムが同時開催された（橋本ほか1995）。東国シンポでは，長谷川厚などが，川崎市を含む神奈川県下（武蔵国・相模国）の資料を発表された。長谷川の識見は，すでに相模・南武蔵の火葬墓の研究として高い評価を得ていた（長谷川1983・87・89）。さらに栃木県立博物館の企画展では，川崎市域発見の優品を数多く展示して頂いた。

こうして門外不出と揶揄《やゆ》されてきた川崎市域発見の骨蔵器の優品が，考古学界にデビューできた。この過程で頂いた関係者・関係機関の御指導・御協力に心から感謝している。

（２）小河川流域沿いに分布する骨蔵器群

南武蔵の奈良・平安時代の骨蔵器分布の俯瞰図《ふかんず》は，「東国シンポ」の資料のなかに掲載されている。神奈川県下は，変則的な３枚の図になるが，多摩川下流域の両岸から発見された南武蔵地域の分布状態は十分に俯瞰できる（図6）。

多摩川左岸流域では，武蔵国庁推定域の周辺部に集中する。右岸の川崎市側では，多摩川に注ぐ五反田川の上流域と平瀬川流域の上流域に集中ゾーンがある（図6の中段）。しかし圧倒的に集中するのは，鶴見川支流の矢上川と，有馬川に沿った宮前区の有馬から野川に続く洪積台地上にある（図7）。分布集中域を列記すると以下のようになる。

有馬川流域─Ａ・野川南耕地火葬墓群，Ｂ・野川西耕地火葬墓群，Ｃ・有馬後谷戸《うしろやと》火葬墓群，

D・有馬台坂上《だいさかうえ》火葬墓群，Ｅ・有馬入山《いりやま》火葬墓群

平瀬川流域—Ｆ・菅生《すがお》潮見台火葬墓群，Ｇ・菅生長沢火葬墓群

五反田川流域—Ｈ・細山坂東谷《ばんどうやと》火葬墓群

上記の群中，有馬川流域Ａ～Ｅが質・量とも中心域にあたる（図７の有馬川流域）。

（3） 意外‼ 女性や若年者も荼毘《だび》に付されていた

増子と基礎的な研究に着手して，最初に驚愕したのは，一緒に保存されてきた火葬骨を分析頂いた百々幸雄からの報告であった。その理由は，鑑定可能な16体中に女性骨や，５～６歳の若年骨が含まれ，性別では男・女，年齢別では若年・青年・成年が混在していたからだ。

墓誌に見える著名な被葬者は，当然ながら官人が多く，加えて官人の家族，僧侶など当時のインテリ層が支配的であった。そこに帰化系氏族も含まれていた（東野ほか 1977）。したがって，若年層や女性骨が含まれる可能性は，ごく少ないものと予測していた。そこで『川崎市文化財調査集録』第15集に記した予察的見解では，これを“家族墓的な様相”という表現できわめて強調した。当然，後でふれる理由からこれは撤回をする。

（4）火葬骨の性別・年齢等に関わる視座

前出の形質人類学者の百々幸雄，その後は聖マリアンナ医科大学の森本岩太郎によって川崎市内の火葬骨は分析された（表1）。年齢別では若年ないし青年が４体，青年ないし成年が５体，成年が12体。性別では，女性・（女性的優先）が５体，男性・（男性的優先）が６体，性別不明が９体。年齢別でも，性別でも極端な偏りは認められない。あえていえば，成年の男性骨が若干優位である程度である。

この後，吉澤悟は全国的な規模で火葬骨の被葬者像を研究をされた（吉澤 2003）。分析事例としては，122遺跡・213件をあげ，結果は，男性が50％弱，女性が30％前後，幼児・小児が20％前後（性別不詳か）。年齢別では，壮年→熟年→青年・成年→小児→幼児・老年の順になる（図8）。川崎市域の分析数は，吉澤の分析数に較べるとごく少数ではあるが，様相的には類似している。

＊

何故か，年齢３～５歳の小児骨や女性骨は，特注の骨壺に納まる？

紹介する資料は，1991年，有馬川流域Ｅ・有馬入山骨蔵器群内の宮前区有馬１丁目５番地古墓から耕作中に発見された。地元の考古学研究者・持田春吉が発見の報告を受けて必要な記録保存をし，火葬骨は聖マリアンナ医科大学の森本岩太郎が鑑定した。骨蔵器は土師器製で，身部と蓋部がセットで完存していた（図９の1）（持田ほか 1994）。

＊

紹介に入る前に，本地域の骨蔵器について必要な範囲，簡明に解説しておく。

武蔵国から発見・発掘される骨蔵器の素材は，土師器・須恵器などに加えて，石櫃《いしびつ》など多様である。数量的には，日常容器である器厚が非常に薄い武蔵型土師器のうち，甕形土器を転用した

表１　川崎市域発見の火葬骨蔵器内人骨の性別・年齢別分類表

年　　齢	性　　別	個　数
若年（3～5歳）	性 別 不 明	1
若年（5～6歳）	性 別 不 明	2
若年ないし青年（思春期前後）	性 別 不 明	1
青年ないし成年	成年なら女性的	1
青年ないし成年	性 別 不 明	4
成　　年	男　性　的	5
成　　年	男性的特徴優先	1
成　　年	女　性　的	3
成　　年	女性的特徴優先	1
成　　年	性 別 不 明	2

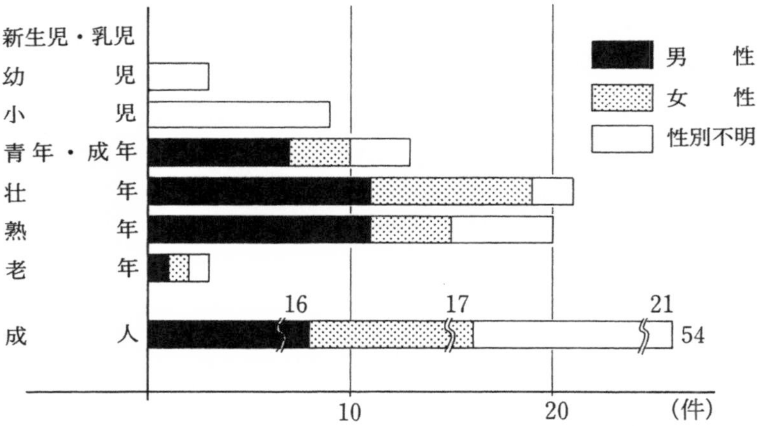

図８　年齢別・男女別構成（合葬例は各人骨１件と数える。年齢区分は報告書の表記に従う）（吉澤 2003 より）

事例が圧倒的に多く，これを**［転用型骨蔵器］**として分類した（図10の1）。一方，器壁が底部に近くなるほど厚く，手に持つとズッシリ感のある骨蔵器があり，多くは笠形状の蓋とセットで発掘される（図9の1～4）。これを**［専用型骨蔵器］**として分類した（持田・村田ほか 1994）。

『市民ミュージアム紀要』に事例報告した時点では，［転用型骨蔵器］は 25 遺跡 29 例。初現は 8 世紀末で，9 世紀中葉までが最盛期。一方の［専用型骨蔵器］は 6 遺跡 7 例。8 世紀前半代が盛行期。両者はこのように数量・盛行した時期からも二分類ができる。

＊

本題に戻す。すでにふれた 1991 年に宮前区有馬１丁目５番地古墳から発見された骨蔵器は，

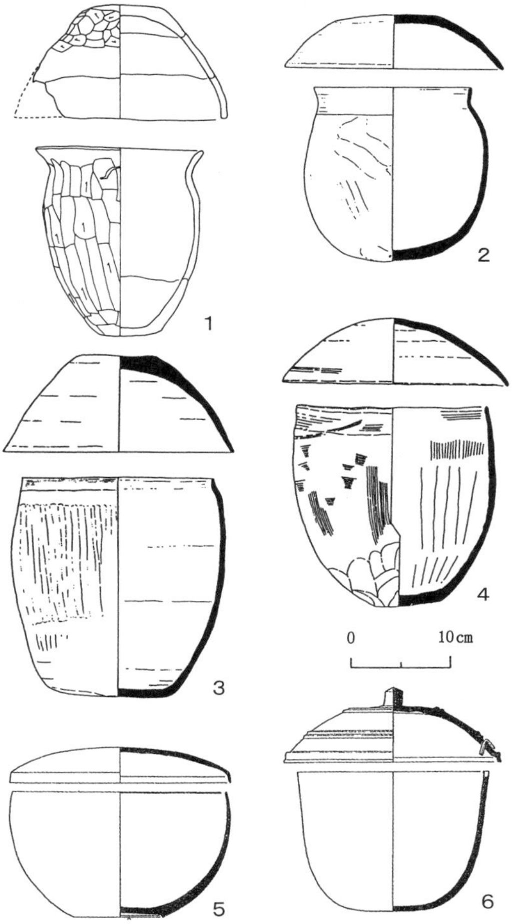

図９　専用型骨蔵器の諸例（1・川崎市有馬１丁目５番地古墓，2・有馬４丁目古墓，3・菅生潮見台古墓，4・野川 3212 古墓，参考事例 5・伊福吉部徳足比売骨蔵器，6・下道圀勝圀依母夫人骨蔵器）

典型的な［専用型骨蔵器］で，時期は８世紀前半代（図９の1）。壺内からは，総重量約 160 g の焼人骨が検出された。歯の萌出状態から，年齢３～５歳の小児と判定された。性別は不詳。

この古墓から東南方向に直線で 500 m 離れた有馬４丁目古墓からも，以前に８世紀前半代の［専用型骨蔵器］が発見されていた（図９の2）。被葬者は青年ないし成年で，火葬骨は女性的な特徴が優先すると鑑定された。この種の類例はまだある。

宮前区菅生潮見台遺跡の［専用型骨蔵器］（図９の3）の被葬者は，青年または成年で，成年であれば女性的。骨蔵器内から焼けた和同開珎《わどうかいちん》（初鋳は和銅元年・708）１枚が発見された。被葬者は女性の確率が高いという。焼けた和胴銭と成人・女性骨？　意外な組み合わせ感は禁じ得ない。時期は，和銅銭の随伴から，８世紀前半代。もう１例，宮前区野川 3212 番地古墓から発見された［専用型骨蔵器］（図９の4）からは，総重量 480 g の火葬骨が検出された。被葬者は思春期前後の若年か青年で，青年であれば女性的な特徴が優先されると鑑定された。

この種の［専用型骨蔵器］は，素材は違うが，下道圀勝圀依《しもつみちのくにかつくにより》母夫人骨蔵器（和銅元年・708）の丸底深鉢の身部に笠形の被せ蓋が付く例や，伊福吉部徳足比売《いほきべのとこたりひめ》骨蔵器（和銅３年・710）のような，丸底深鉢の身部に笠形の被せ蓋が付く事例と，底部に近いほど器厚が増す特徴などが外観的には類似している（図９の5・6）。土製例は，銅製例をモデルにして特注されていた可能性もここでは指摘しておきたい。

＊

近接しあう骨蔵器を想う。祖母・母親・孫―三代の系譜か

平瀬川流域の宮前区菅生長沢 1822 番地古墓からは，近接して［転用型骨蔵器］の土師器長胴《ちょうどう》甕《かめ》１点と，須恵器系で有蓋短頸壺《ゆうがいたんけいこ》［専用型骨蔵器］２点が発見された（図 10 の１～3）。前者の長

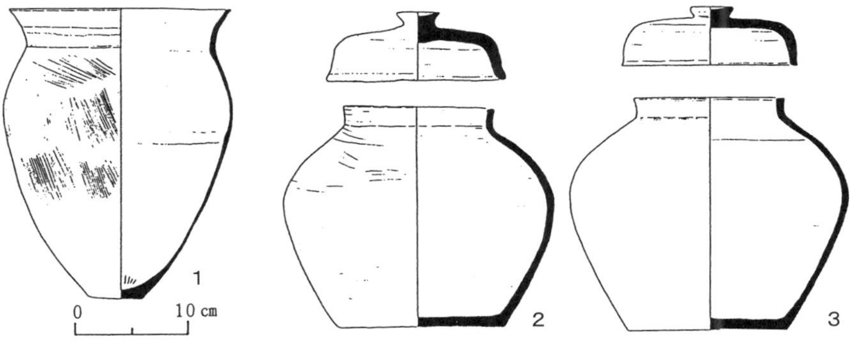

図10　宮前区菅生長沢1822古墓発見の骨蔵器３点（1・転用型，2と3・専用型）

胴甕・1内からは，320ｇの女性の火葬骨が検出された。壮年から熟年で，ベンケイ貝製の腕輪が伴い，火葬骨の性差に合致する。時期は，8世紀末～9世紀前半期。後者の有蓋短頸壺の2・3は，身・蓋ともほぼ同形・同寸である。この実物を観察いただいた福田健司の御教示によると，赤彩されているので須恵器ではなく，正しくは須恵系土師質土器とのこと。底部は高台《こうだい》でなく平《ひら》台《だい》。相似形の有蓋短頸の骨蔵器2個体のうち，1個体から210 gの火葬骨を検出，5～6歳の若年（性別不詳）。もう1個体から1190 gの火葬骨，骨は壮年の女性骨と鑑定された。

3点の骨蔵器の時期と，遺骸の性別・年齢から大胆に推測してみよう。おそらく2の壮年女性骨は母親で，3はその子供（5～6歳の若年）で，ほぼ同時的に他界されたのであろうか。そこで有蓋短頸の骨蔵器2個体を用意し，各々の容器に骨を交えず鄭重《ていちょう》に納骨した。時間的には，土師器長胴甕［転用型］の1が8世紀末～9世紀初頭。後者の有蓋短頸壺［専用型］2・3は9世紀第1四半期頃と考えられる。そこから考えると，祖母・母親・孫と系譜する骨蔵器三点を至近の位置に埋葬していた可能性も浮上してこよう。

五反田川沿いの多摩区細山坂東谷古墓にも興味深い事例がある（戸田1987）。同古墓中の10号墓は，直径82cm × 80cm，深さ40cmの土壙内に転用型骨蔵器を据える。被葬者は成人・女性。簪《かんざし》状骨製品の優品が伴い，火葬骨の形質的特徴と合致。近接する11号墓は，直径64cm × 60cm，深さ48cmの土壙内に転用型骨蔵器を据える。被葬者は性別不詳，年齢は小児。時期は9世紀後半。つまり，成人・女性の骨蔵器は約80cm四方の土壙内，小児の骨蔵器は約60cm四方の土壙内であるから，土壙の寸法差は少ない。小児は生まれながらに，地位が保全されていたのであろうか？

これら女性（母親）と子供との強いつながりを想起させる一連の事象は，当時は「通い婚」（対偶婚）が普遍的で，開放的な男女の性的関係から推測すると，子供の最終的な帰属は，お腹を痛めて出産が確認できる母親側に優先権があった社会的反映と関連しているのであろか（永島2020）。発掘された火葬骨蔵器の形態や，被葬者の年齢・性差などの事象が，古代戸籍の分析と関連していたのなら興味深い。よって1979年時点の“家族墓的”という見解は撤回する。

*

もう一つの視座は，有馬川流域の火葬墓群などに垣間見られる，中国大陸や朝鮮半島からの渡来系文化にヒントがあるのかも知れない。

1986年，わたしは職場の友人と初めて韓国に旅し，ソウルの街並みや歴史公園に高さ1ｍ弱の鉄製塵《ごみ》（護美）容器が置かれ，脚部が3本足の「獣脚」であったのを見てニヤリとした。

獣脚といえば，1951年に須恵器製の「獣脚付き火葬骨蔵器」が有馬川流域・有馬入山《いりやま》骨蔵器群から発見された。恩師の久保常晴が報告を受けて再発掘をした（久保1952）。獣脚付骨蔵器の優品としては，東京都昭島市玉川町出土資料が典型的で，時期は8世紀前葉。有馬例は，獣脚部の造りも後世の造作で，時期は平安時代初期とされた。ただ獣脚について，藤沢一夫は「獣脚付きのものは唐代の骨蔵器とみられる陶器にあり，百済の扶余都城時代にも，くだって新羅一統時代にもある」と述べ，渡来系文物との関連性を古くから力説されていた（藤沢1956）。

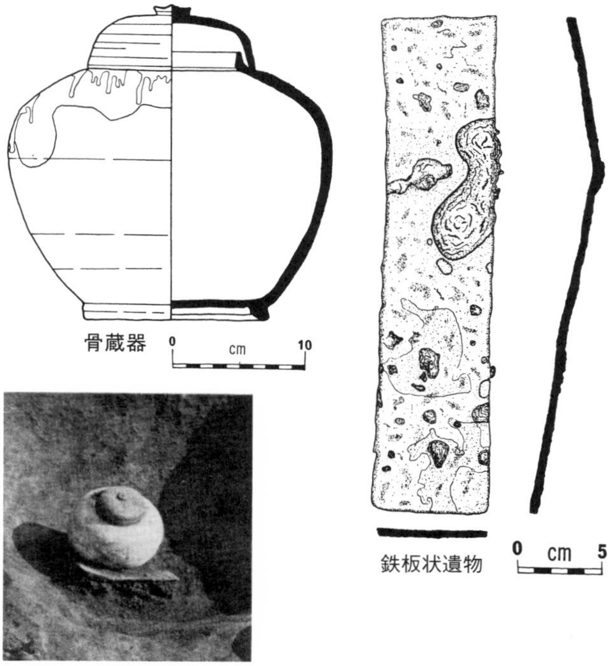

図11　宮前区野川2618古墓出土の有蓋短頸壺（左上）と鉄板状遺物（右上）の出土状態（左下写真）

もう1例は，有馬川流域の宮前区野川南耕地火葬墓に属する野川2681番地古墓（図11）。1967年の発見で，久保常晴・持田春吉の報告がある（久保ほか1972）。有蓋短頸壺（薬壺型）の灰釉《かいゆう》陶器で，表面に緑色の釉《うわぐすり》が垂れ下がる優品。時期は平安時代初期。土壙中央に据えた骨蔵器の底部側面には，長辺31.3cm×短辺7cmを測る短冊型の鉄板が挟まる。X線をかけて文字の有無を確認したが，判明しなかった。墨書したのであろうか。鉄板には墓誌，買地券，鉄板経などの諸説があるが，野川南耕地例は，出土状態（図11の写真）から墓誌の可能性が高いと判断している。

つぎに，日韓火葬墓の脈絡がさらに明快に考えられる事例を紹介する。

（5）日韓火葬墓の比較―「心《しん》（芯）壺多盌《こたわん》」葬と「心《しん》（芯）甕多杯《ようたはい》」葬

『続日本紀』文武天皇4年（700）条には，天下の火葬が僧・道昭によって始まったとある。道昭は，百済系氏族の船氏の出身地である河内国丹比郡の人。唐で学び，帰国後は奈良・元興寺《がんごうじ》に禅院を立てて住まった。国際感覚に富んだ高僧で，火葬の始原譚にはよく似合う。

わが国の火葬談議には，中国・韓国などの隣国との比較は欠かせない。議論は多岐になるので，

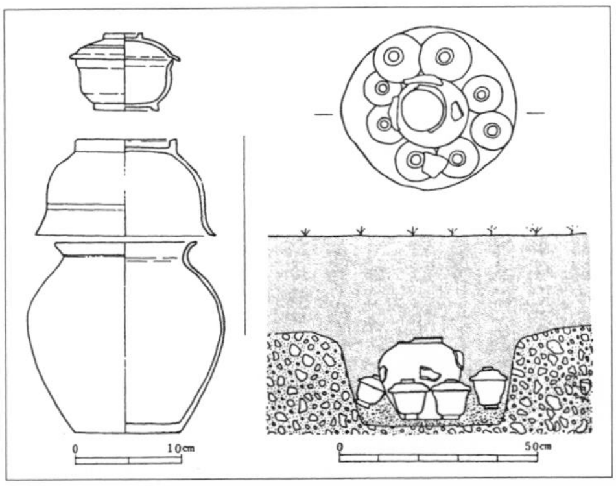

＊類似した発見状態を示す日韓の火葬墓

図 12　韓国中井里唐山遺跡 2 号遺構（上段の実測図）。有馬 2466 古墓の骨蔵器発見状況の復元（下段の写真）

馬絹古墳の穹窿頂持ち送り立面の玄室型の比較で試みたように，テーマを特化して眺めてみた方が，問題の入り口としては向いていよう。そこでまず，1980 年以来，幾度かふれた火葬墓の一つ，「心（芯）壺多盌式」と「心（芯）甕多杯式」の脈絡に想いを馳せたい。

＊

比較資料は 1953 年，有馬後谷戸骨蔵器群中の有馬 2466 番地古墓から不時発見された。現地に立ち会った古江亮仁の「底部を上にして伏せた土師器骨壺三個（一個は小破片で当初の埋葬位不明）を囲繞《いにょう》して，同じく伏せられた二十個土師器坏を伴ったという新事実を知り得たのである」（古江ほか 1954）。発見時に立ち会った古江の記録はこれだけ。火葬骨の有無に言及はないが，有馬後谷戸骨蔵器群中の事例であるから，間違いなく骨蔵器である。実物は川崎市が管理していたので，当該資料の特徴は十分に観察できた。

現存する土師器 2 個体は，武蔵国では稀有な相模型の長胴甕で，2 個体の器形・寸法は相似する。器高は最大で 30 cm，口縁部径 23 cm，底部径 6.5 cm 前後。よって，安定感はない。時期は 9 世紀前半。これらを囲繞していた土師器杯 19 個体は，長胴甕同様，逆位の状態で発見された。時期は 9 世紀前半代で長胴甕と同じ。杯は，南武蔵型タイプである（以上は図 12 の下段写真）。

この特異な発見状況を考察するため，類例を求めたが見当たらない。ところが 1974 年に元興《がんこう》寺《じ》研究所が発行した『古代学研究』3 号中に，韓国・百済発掘の良好な類例が報告されていた（姜 1974）。姜仁求《カンイング》の研究は，その後，同氏の単著に盛り込まれた（姜 1984）。遺跡名は，扶余中井里唐山遺跡。同遺跡からは 4 基の火葬墳墓が発掘され，うち 2 号墓が有馬 2466 番地古墓との比較では最も示唆に富んでいた。2 号墓は直径 43 cm × 50 cm，深さ 24 cm の土壙で，中央部には高さ 19 cm の平底の壺を置く。その周囲は，高さ 7 ～ 9 cm の小形蓋付き盌《わん》 8 個体で囲繞されていた（図 12 の上段）。この埋葬様式を，姜は「心（芯）壺多盌式」と呼称された。火葬骨は中央の壺内。8個の小形盌は副葬品で，適宜に分骨して納骨したかと考察された。時期は，稀に7世紀前半の開元通宝などが壺内から発見されるので，7世紀前半代以降とされた。

「心（芯）壺多盌式」に対応させれば，有馬2466番地古墓例は，「心（芯）甕多杯式」の呼称が相応しかろう。容器の位相は正位と逆位で真逆になるが，これは葬の制，すなわち「うつふしに（内に伏して）埋め奉る」というわが国の故実（伝統的な作法）が遵守されていたからだ。ただ，有馬2466番地古墓は9世紀前半代で，中井里唐山遺跡に較べると，2世紀前後の時間差がある。この時間差をどう埋めるか。

ここで第6章のはじめに紹介した『続日本紀』神護景雲2年（766）6月21日の記事が思いおこされる。飛鳥部吉志五百国は，同国の久良郡で白い雉《きじ》を獲て朝廷に献上，白色は吉兆として褒められ，位階を得た。一族は，百済・加耶・新羅系の渡来系氏族。そこから有馬川流域では，「心（芯）壺多盌式」の葬（百済か）→飛鳥部吉志五百国の居住（『続日本紀』766年）→「心（芯）甕多杯式」の葬という時間的な流れがたどれる。このように整理すれば，日韓をつなぐ葬の連鎖もスムーズに理解できよう。

3　「稲毛本庄検注目録」と「皮古造免五段」の背景

ここでは，「皮古造免五段《かわこづくりめんごたん》」の六文字から渡来系氏族の動静を探る。

宮内庁書陵部所領の『中右記部類』の裏文書には，稲毛本庄の検注使が承安元年（1171）に稲毛庄（高津区，中原区，宮前区周辺）で検注を行い，その結果を庄園領主の九条家に報告した「検注目録」が載る（史料1）。小論での注目は，平治元年（1159）の検注で定められた本田・約206町

〔中右記部類〕巻十六裏文書　宮内庁書陵部所蔵

稲毛本御庄（中原区）
注進　承安元年田数検注牧目録事
合田弐佰陸（六）拾□〔参カ〕町（八）捌段佰捌拾歩
見作田□〔弐佰陸拾弐〕町陸段佰捌十歩
荒田壱町弐□〔段〕
一　本田弐佰陸町陸段参佰□〔歩〕　平治元年御検注定、
除田拾漆（七）町伍段
新御願寺免五町　春日新宮免二町
中司御佃三町□〔五〕段　下司免二町五段
兵仕〔士〕免一町五段　夫領免一町
皮古造免五段　井料田一町五段
定田佰捌拾玖（九）町五段
所当御年貢八丈絹参佰漆拾玖疋　町別弐疋代
一　新田伍拾伍町陸段弐□〔佰〕（四）肆拾歩　古作廿町一段半／今年新田卅五町五段六十歩
除田拾参町捌□
神田一町二段　稲毛郷鎮守両所六段（中原区）井田郷鎮守三□〔段〕／□〔小〕田中郷鎮守三段（中原区）

史料1　稲毛本庄検注目録

のうち，年貢が免除され，庄園経営上の職務に対する報酬に相当する［除田］が17町5反（約6,000㎡）あったこと。その対象と面積はつぎの通り。

新御願寺《しんごがんじ》・免五町―寺院名は不明記。影向寺か，荘園領主が建てた寺院か（位置不明）

春日新宮《かすがいまみや》・免二町―春日新宮は，現在の中原区宮内・春日神社と推測される

中司《ちゅうし》・免三町五段，下司《げし》・二町五段―中司・下司は，現地を差配する荘官

兵仕《ひょうじ》・免一町五段―兵仕は，搬送されてきた年貢などの警備にあたる

夫領《ぶりょう》・免一町―夫領は，動員された人夫を指揮する

これに続いて【皮古造免五段】の六文字が見える。

「皮古」とは，動物の皮で周囲を張り込んだ「(皮)《かわ》籠《かご》」で，小物《こもの》の保管具などに利用され，これを製作する職人が，「皮古造」。この真正な史実を『川崎市史』では2回紹介する。1968年版（資料編）では，「皮の籠を作る手工業者が庄官層と同様の待遇を受けていた」。1993年版（通史編）では，「皮古を製造する手工業者が，下司・兵仕・夫領と並んで免田を持っていることは，大変に興味深い」。この間に25年を経過していたが，さらなる史実への挑戦はなかった。

しかし，【皮古造免五段】の歴史研究の素材は撒《ま》かれていた。契機は二つ。一つは，前述した1972年に川崎市麻生区早野から，草原を疾駆する馬群と人物画などの線刻壁画が発見され，周辺を手繰《たぐ》ると牧場関連の風景が浮かんできた。もう一つは1996年，川崎市高津区・宮前区から武蔵国橘樹郡衙が発見され，郡衙・駅家《うまや》・古代東海道筋が描けるようになった。

これらの遺跡群と結びつけると，「皮古造免五段」の歴史像は眼前に浮かびあがってくる。

（1）早野横穴墓の疾駆する馬群の風景再考

横穴墓は，麻生区早野に所在する（樋口・金子1974）。時期は，古墳時代後期（7世紀後半）。線刻画がその時代か，後世の悪戯画《いたずらが》かの判断はむずかしい。教育委員会では複数の専門家に見解を求めた。樋口清之先生は，馬群や人物画の特徴などから，躊躇なく古代の線刻画との判断された。久保常晴先生は，わたしの耳元で「この辺りは『延喜式』にある「石川牧」が近い」と漏らされた。御二人の見解は，その後の調査・研究にじつに示唆的であった。

しかし早野横穴墓は7世紀後半，『延喜式』は弘仁14年（823）で，明確な時間差がある。ただ川崎市側の麻生区早野と，横浜市側の緑区元石川はともに市境《しざかい》で，地理的には至近である。『延喜式』によると，武蔵・甲斐・上野・信濃国は，毎年優駿240頭を朝廷に貢ぐ産出国。武蔵国四牧の一つが，石川牧。わたしは三輪修三と線刻画の絵解きに挑戦した（三輪・村田1975）

早野横穴墓に描かれたメインの情景は，5頭構成の馬群（図13）。尻尾と鬣《たてがみ》を揺らし，同一方向に草原を疾駆する調教中の裸馬と思われる。勇敢にも2頭目には人物が跨《またが》る。馬群の先頭には，烏帽子《えぼし》状の帽子を被る人物。馬群を調教する人物か，牧を総括管理する別当であろうか。一方，奥壁中央の円形で囲まれた人物画は，当初，横穴墓の被葬者像と想定したが，現在では，被葬者に忍び寄る悪鬼・妖怪を鋭い眼光で放逐する顔面相と想定している（村田2013）。

その後，早野横穴墓の壁面風景を彷彿とさせる格好の遺跡が，同じ川筋の谷本川・真光寺川筋

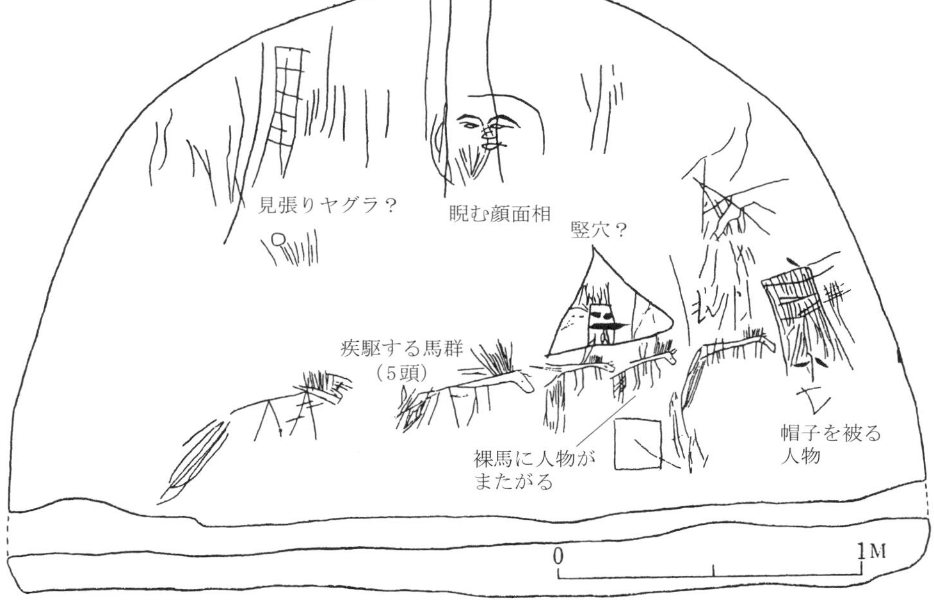

図 13　麻生区早野横穴墓の奥壁線刻画（主要な意匠の画題を推測）

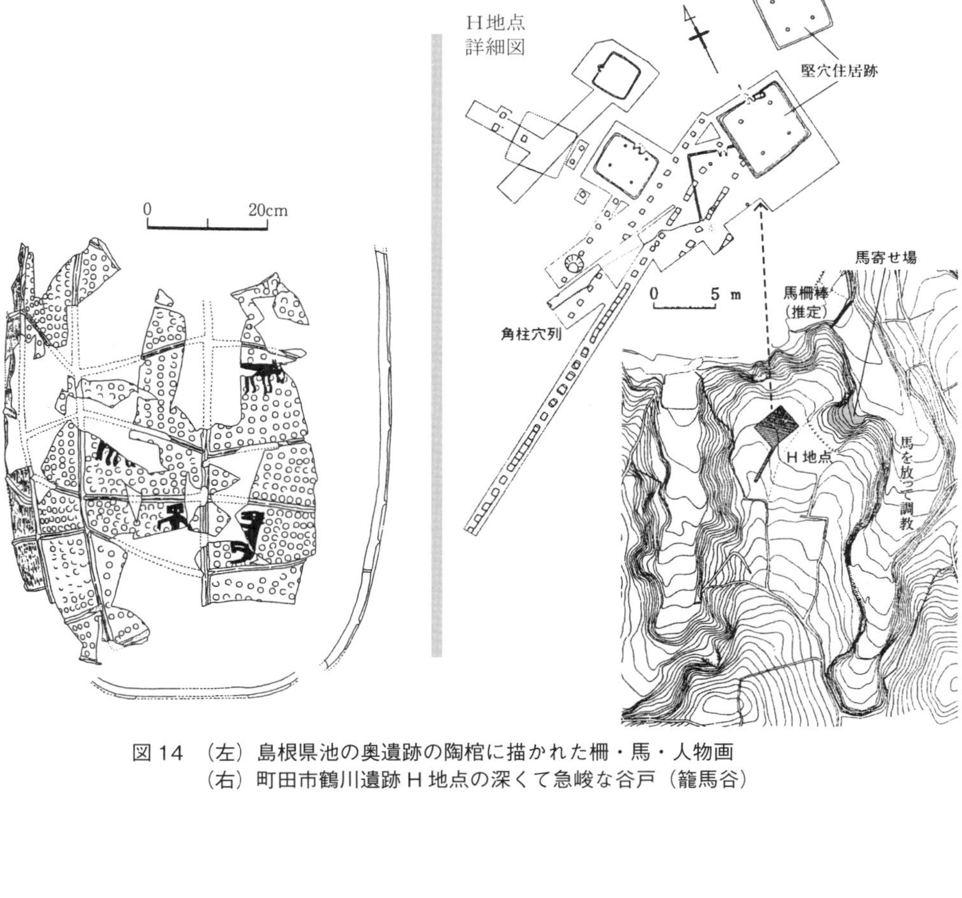

図 14　（左）島根県池の奥遺跡の陶棺に描かれた柵・馬・人物画
（右）町田市鶴川遺跡 H 地点の深くて急峻な谷戸（籠馬谷）

を4㎞遡った東京都町田市鶴川遺跡群Ｈ地点から発掘されていた（小出ほか1974）。遺跡は細長い台地上にあり，平面形が60cm×40cm前後，深さが30cm前後の長方形の柱穴が9列，2ｍ強の等間隔を空けて直線的に並ぶ（図14右上）。ここは馬を繋げおくための繋飼場《けいしば》遺構とされた。時期は7世紀後半以降。この遺構と関連付けて注目されたのが，隣接して東北側「逆く」の字状に曲る，幅45ｍ前後，長さが約2㎞も湾入する深い谷戸の存在である（図14右下段）。

では，このような遺構群からどのような情景が復元できるであろうか。

狭い谷戸部の出入り口部を馬柵棒《まさくぼう》で塞ぎ，馬を急峻な崖で囲まれた谷戸部に放って調教したのであろう。牧の本場・信濃国も，山間地に小渓谷が発達し，そこが堀や柵として利用しやすい地勢となっていた（『長野県史』1989）。牧を深く研究された一志茂樹によると，野馬でも35度以上の急崖は登れないという。加えて，谷戸の出入口部寄りには，20ｍ幅で自然地形を掘り下げた切り面・馬寄せ場がある。調教した馬群を一旦馬寄せ場に集め，そこから上段の繋飼場（柵棒遺構）に連れていく。つまり，ここから急峻で細長い谷戸部（調教馬の解放）＋馬寄せ場（馬群の集合）＋繋飼場遺構（馬群の繋留）という三つの機能が一体的に俯瞰《ふかん》できる。

多数の馬を繋ぎ留めておく遺構は，出雲国の旧黒田駅家推定地跡からも発掘され（島根県松江市子無田遺跡）ており，また島根県松江市池の奥遺跡からは，柵の中に放たれた馬群と牧長？を表現したかと思われる7～8世紀の陶棺《とうかん》（図14左）が発掘されている（内田2016）。

早野横穴墓の発見から約半世紀を経過，馬関連の発掘資料は厖大に蓄積し，その成果は『横浜の野を駆ける―古代東国の馬と牧』（横浜市歴史博物館・2018年度企画展図録）とか，右島和夫監修『馬の考古学』（雄山閣・2019）などで知ることができる。群馬県下の牧関連の遺跡では，火山灰下から馬の蹄《ひづめ》跡が明瞭に現れる。これぞリアリティ溢れる最上の遺構？といえる。

（2）武蔵国橘樹郡衙跡と古代の東海道筋・小高駅家跡の検討

武蔵国橘樹郡衙跡と，関連する古代寺院跡＝現在の影向寺の前身については，川崎市教育委員会及び発掘調査機関から報告書が刊行され，詳しい状況がわかる。わたしも普及啓発図書を著してきた（村田2010・2016）。以後の記述に必要な箇所を簡明に紹介する。

Ａ・武蔵国橘樹郡衙遺跡関連

1996年，川崎市高津区千年《ちとせ》伊勢山台の台地上から確認された。その後，市教育委員会が本格的な試掘調査をし，高津区千年伊勢山台一帯は7世紀第4四半期から9世紀に及ぶ武蔵国橘樹郡衙の正倉院遺構であることが判明した（写真2）。範囲は，Ｖ字溝で区画された東西210ｍ×南北140ｍ以上と推測できる。しかし，いまだに明確な郡庁・厨《くりや》・舘《たち》関連の遺構は発見されていない。そこから武蔵国橘樹郡衙の中枢域は，子母口富士見台を含む一帯も含めて広く議論すべきであるとわたしは考えている（図2・図15）。

写真２　千年伊勢山台遺跡の郡衙正倉跡（３間×３間の典型的タイプ）

B・影向寺境内遺跡関連

影向寺境内の主要な遺構・遺物群は，影向寺総合調査に伴う発掘調査や薬師堂下の地下部調査で大枠が確認できた。現在の「影向石」の位置が三層塔の基壇，現薬師堂の位置が創建期以降の金堂《こんどう》基壇跡と確定。影向石の周辺は，その後，時期・範囲などで異見もある。伽藍の類型は法起寺式とする意見もあるが，その考えだと，金堂跡がうまく確定できない。創建期以降の変遷は，7世紀第4四半期の豪族居宅を捨宅《しゃたく》寺院化し，8世紀初めに本格的な瓦葺きの金堂が建てられたものとわたしは考えている。橘樹郡衙と影向寺境内遺跡の盛衰は，じつに歩調を同じくして展開している。

C・古代・東海道筋の歴史

川崎市中原区小杉には，近世の小杉御殿跡と小杉陣屋跡の地名がのこる。東京都側から多摩川を渡って川崎市側に入り，東西主軸の道を進むと，御殿・陣屋跡。さらに進むと，橘樹郡衙の中枢域に至る。この道は，近世・江戸の虎の門を起点として相模国・平塚に至る中原街道にあたる（図15に表記）。歴史地理学の木下良は，宝亀2年（771）に東山道から所管替えされた東海道は，この中原街道筋であると主唱された（木下 1974）。いまだに異論は出ていない。

D・小高駅家跡《おたかのうまやあと》の位置？

宝亀2年（771）以降，武蔵国橘樹郡内に東海道・小高駅家が設置される。わたしはその位置は，橘樹郡衙の正倉院跡と，近世・中原街道＝古代・東海道という史実を重ね，郡衙正倉院の南方にあたる子母口富士見台の平坦地が最有力と考えた（図15の3～5）。ただ，この考えの最大の弱点は，子母口富士見台の地形が変質，住宅も密集し，現在では考古学的な検証が拒否されていることである。ただ『出雲国風土記』には，「郡家が（駅家）と同じ記所なり」とする意宇郡《おうぐん》（黒田駅家）・神門郡《かむとぐん》（狭結《さゆう》駅家）の事例がある。同じ武蔵国の豊島郡衙では，正倉院の大溝に沿い豊島駅家跡が発掘されている。駅家には，駅馬10頭，伝馬5頭が常備され，国司の巡検などに供せられた。そもそも駅家が，郡衙の中枢域から遠く離れていては，到底十分な機能が期待できない。関連して浮上するのが，駅馬・伝馬等を管理・調教する，いわゆる「牧」的な存在である。

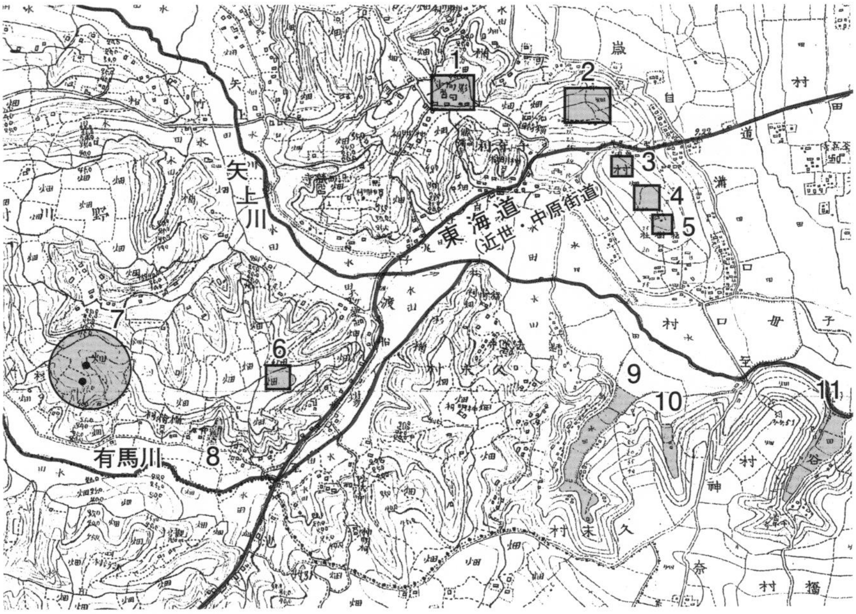

図 15　官衙遺跡群，陸路・水路，籠場（馬）谷等の相関図（1･影向寺，2･千年伊勢山台遺跡（正倉院跡），3･推定，政庁跡，4･推定，小高駅家跡，5･推定，橘樹神社跡，6･十三菩提遺跡脇の繋飼場？，7・南野川火葬墓群，8～11・馬の調教場と推測できる谷戸・籠馬谷）

（3）小高駅家に常備する馬の調教と，そこから発生することども

小高駅家は，郡衙の政庁とともに，子母口富士見台の平坦部に併置されていたのでは，との卑見を2007年に発表した（村田2007）。栗田一生は既往の調査成果と自己の試掘体験から，野川十三菩提遺跡から発掘された断面が逆台形で，平面的には直角に折れる一辺100 m前後の方形区画溝が，小高駅家を囲む区画溝と発表された（栗田2009）。しかし，周辺からは古代の駅家跡らしい賑わいを彷彿とさせるような考古資料は未検出。わたしは牧関係の繋飼場だと思う。

よって，以下に2007年以降の拙論を補強する。

野川十三菩提遺跡から発掘された区画溝の南方にあたる谷戸（幅100 m×奥行150 m）は，地元では「籠場《ろうば》（馬）谷《やと》」と呼ばれてきた（図15の8）。ここは，前記した台地上の馬群を囲む区画溝とセットとなり，籠馬《ろうば》を放ちながら調教したのであろう。

古代の東海道（＝近世・東海道）の東方750 mの高津区久末には，奥行700 m×幅40 m前後，台地との比高差10 m以上細長い谷戸が入り，ここにも「籠場谷」の地名がのこる（図15の9～11）。町田市鶴川遺跡群H地点の地形と酷似するので，台地部には繋飼場遺構（柵列）が想定できる。そもそも古代の道は，駅家と馬の調教場と一体的な位相ではじめて機能したはずである。

げんに橘樹郡衙域の周辺には，馬の調教・牧に関連する地名が多い。たとえば，新作《しんさく》は「新しい柵」，作延《さくのべ》は「柵が長くのびている状況」。わたしは地元の中学校卒で，同じ学区の「馬絹《まぎぬ》」から通う仲間を「マギノ」の人と呼んでいた。「牧野《まきの》」の訛《なま》りであろう。わたしが生まれ育った

「梶ヶ谷《かじがや》」は，馬蹄《ばてい》などを製造する鍛冶にちなんでいる。梶ヶ谷と矢上川を挟んだ川向こう側の地名は，「金山《かなやま》」。これらは信濃国望月牧の厩舎，馬場をとりまくように，「金山」，「吹上」など製鉄関連の地名がのこるのと同様である。

もう一つ，「稲毛本庄検注」目録の次の一字は，「牧目録事」（1968年版「川崎市史」）なのか，「枚目録事」（1993年版「川崎市史」）なのかで論争がある。わたしは当然，「牧」派である。

図16　動物の皮を細工する過程
（左）大阪府八尾市城山遺跡発掘の馬骨。上端のアミの部分（▶）を半裁し，そこから脳漿をとりだした。（右）『粉河寺縁起』に描かれた鹿皮を乾かす絵図（澁澤 1990『新版・絵巻物による日本常民生活絵引』第３巻より）

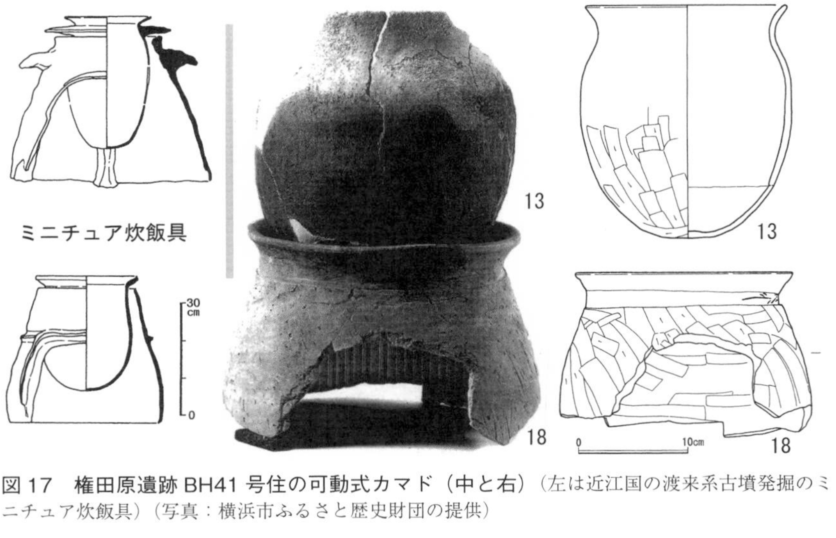

図17　権田原遺跡 BH41 号住の可動式カマド（中と右）（左は近江国の渡来系古墳発掘のミニチュア炊飯具）（写真：横浜市ふるさと歴史財団の提供）

（4）鄭重に扱われた「斃れ馬牛」

人間をはじめ，生き物にとって「死」は絶対的に回避できない。

奈良時代最盛期の天平宝字元年（757年）施行の『養老律令』の「厩牧令《きゅうもくりょう》」には，公用で使役した馬牛が死した「斃《たお》れ馬牛《めご》」の取扱い細則を定めている。たとえば，公用で使役する牧の馬は，毎年母馬100頭に対し，60頭の割合で増殖させる。管理する馬の総数のうち，年間に10%は死なせてもやむを得ず，しかも流行病《はやりやまい》でこの割合を超えても，付近の私牧と同比率なら責任を負わせないなど―。松井章は発掘成果をもとに，これらの関連を考察された（松井1987）。

死した官の馬牛は，皮・脳《なづき》・角・膽《い》をとり，牛の胆石を得たら別に納めさせた。馬は，皮のほか脳漿《のうしょう》を搾《しぼ》り出し，牛は皮と胆膽《きぼ》を取った。考古学者・小林行雄は，1962年の時点で鹿皮を鞣《なめ》すときは「削りて曝《ほ》し，脳を和《あ》え，槎《す》り乾かす」ので，馬の脳漿も鹿皮と同様，皮鞣《かわなめ》しに使用したと考えられた（小林2004）。松井は，大阪府八尾市城山遺跡の8世紀後半の溝から発掘された雌馬は，後頭部が斜めに半裁されていたので，小林説の妥当性を支持された（図16の左）。

もう1例，東京都多摩市の上つ原遺跡例を示す。平安時代初期の竪穴住居跡に遺存した牛骨は，食肉用は別の場所で処理され，ここでは皮鞣し用の脳漿や骨髄《こつずい》の利用が想定された。上つ原遺跡は，武蔵国四御牧の一つ，小野牧に近い。では，この相棒は何処？　それは1.8km離れた多摩川中流右岸の多摩市から日野市に位置する東京都の落川・一の宮遺跡であった。土坑に埋納されていた骨は，全長2.7m前後の在来牛。上つ原遺跡とは，時期的にも対応する。福田健司は，武蔵国内で動物の脳漿を皮鞣しに利用した，はじめての確実例として重視する（福田2017）。

松井は，脳漿などを搾取して皮鞣しに使う技法は，北方ツングース系の民族に始まり，わが国には朝鮮半島の高麗・新羅・百済から伝来したと，再度論じられた（松井2013）。

（5）「皮古造」に従事者する人びとの来歴

正史から来歴を確認しておく。『日本書紀』仁賢天皇六年秋九月四日，日鷹吉士《ひたかのきし》を高麗（高句麗）に遣わして，巧手者《てひと》を招いた。この年，日鷹吉士は高麗からかえり，工匠《てひと》の須流枳《するき》・奴流枳《めるき》らを献じた。倭国山辺郡額田邑《ぬかたむら》の熟皮高麗《かはをしのこま》（皮つくりの高麗）は，その子孫とされている。彼らは官司に属する雑戸《ざっこ》（手工業者の集団）の特権として，調役が免ぜられていた（上田1965）。

このような百済など韓半島からの来歴話と，さきに紹介した「心（芯）壺多盌式」と「心（芯）甕多杯式」の類似性には，深い関連性が想起される。以下に地域に即して整理をしてみる。

小高駅家に常備された駅馬・伝馬などの飼育・調教などは，東海道筋の野川十三菩提遺跡の方形区画溝とか，同台地の南方の深い谷戸（字名は〝籠場（馬）谷〟）で説明できる。高津区久末の奥行700m×幅40m前後，台地との比高差10m以上の直線的な深い谷戸も，同所に遺された地名「籠場（馬）谷」が，古代からの空間的な用途や機能性を暗示している。

「斃れ馬牛」は，「厩牧令」に規定にあわせ処理された。そこから「稲毛庄検注目録」に記載された皮製品の皮古は，「心（芯）壺多盌式」の骨蔵器様式を介して，飛鳥部吉志五百国一族との深い関わりが浮上してくる。さらに皮鞣しには，重要な条件がある。この伝統的な技術が伝承されてきた姫路の「白川鞣し」では，脱毛・油揉み・色付け・塩出しなどの重要な製作過程では，流れる水に絶えず浸し，脂肪分を擦っては乾かす“水辺の作業”が必須であった（松井 1987）。つまり，近くにきれいな水を絶やさない川の存在である。『延喜式』内蔵にも染革・洗革の名で見え，皮の鞣し方は，皮を取り除いて水に浸け，さらに皮を粗削《あらけず》りし，草木の汁に和して乾かすとある（澁澤 1990）。有馬川筋は，この種の水辺の作業には十分適合していたのであろう。

（6）飛鳥部吉志五百国の生活拠点はどこに

もう一度『続日本紀』神護景雲 2 年（766）6 月 21 日の記事，すなわち「武蔵国橘樹郡の人飛鳥部吉志五百国，同国久良郡において白雉を獲て献ず」を再度注目してみる。

吉志五百国は橘樹郡の人ではあるが，吉鳥の白雉は隣接する久良郡で獲ている。この確実な史実を少し深読みすれば，吉志一族の生活拠点は有馬川流域筋であろう。たとえば，皮古造に関わる人びとならば，骨蔵器が集中する台地縁辺部から降った裾野の平坦部などが生活拠点として想定できる（図 2 の 7 周辺）。両者は，比高差で 20 m前後ある。この裾野部ならば，有馬川までは至近であり，頻繁に“水辺の作業”が繰り返せる。仮にこのような空間的利用が許されれば，葬（骨蔵器）の空間—生活拠点（裾野部分）—作業空間（水辺の作業）の立体的・平面的なイメージが許されよう。

上記の関連遺跡として，有馬川の南方約 1.1 km に位置する横浜市側の都筑区早渕 3 丁目の権田原《ごんだっぱら》遺跡にふれておく（遺跡の位置は図 2 の 9）。何故ならば，権田原遺跡から発掘された BH41 住居（火災住居。7 世紀後半・鬼高期）はきわめて注目されるからである（鈴木・古屋ほか 2013）。

当該の竪穴住まいは，中央部カマドの両袖を泥岩切石で門構えのように組む。さらに竈の北東側から近接して発見された土師器甕（報告書 13）と，土師器甕を加工した竈（報告書 18）は，セットで機能していたと調査者は的確に推理された（図 17 の中・右）。つまり 18 の甕は，下半部を目的に合わせて故意に欠損し，残存する胴部を半円形に再加工，そこをカマドの焚口部とする。その上位に 13 の甕を乗せれば，可動式のカマドとして機能する（図 17 の中央写真）。

この可動式カマドの発想は，近江国滋賀郡大友郷などに濃密に分布する穹窿頂持ち送り立面型の玄室内に副葬されるミニチュア炊飯具（5 世紀後半～ 7 世紀初頭）の亜型であろう（図 17 の左 2 点）。ただ権田原例は，竈＋甕を組み合わせた実物で，住まい内で“実用”されていたと思われる。この稀有な炊飯具は，韓半島からの渡来系氏族との接点がなくては発想できなかろう [1]。

4　橘樹郡御宅郷・高田郷の推定域に関する卑見

小論執筆中，田中禎昭氏から「橘花ミヤケにおける氏族の動向」と題する御高論を恵送頂いた（田中 2020）。古代文献史から論じた労作で，多くのことを学ばせて頂いた。ただ橘樹郡の 4 郷のうち，小論でふれた有馬川流域は御宅郷に推定された（図 18 の左）。考古資料などから見た拙い分

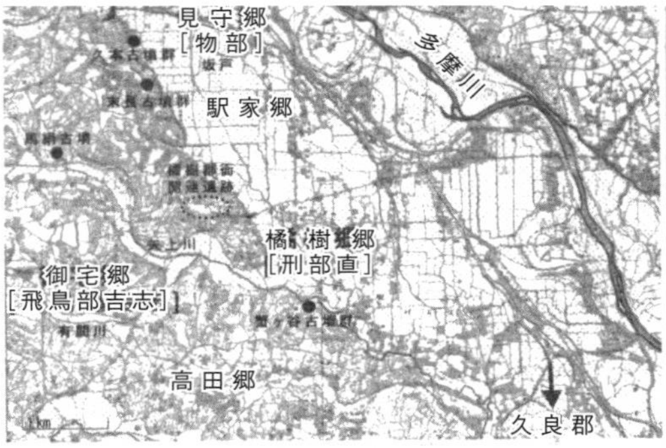

図18左　橘樹郡の氏族分布と郷の指定
下記の下図をもとに加筆（原図　田中 2020）
1/20000「溝の口」（明治 39 年測図･明治 42 年製版）
時系列地形図閲覧サイト「今昔マップ on the web」
（© 谷謙二）より作成

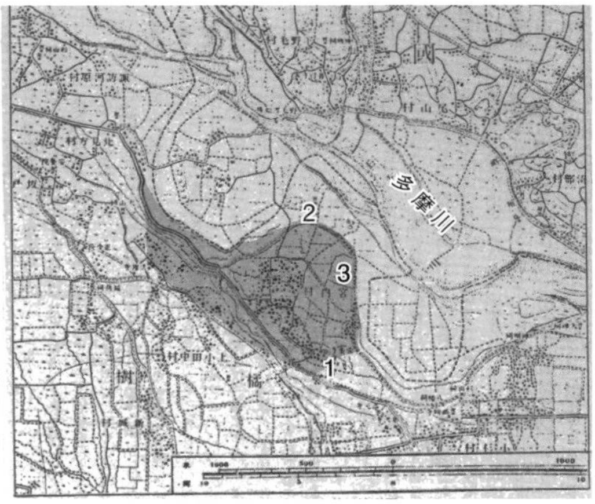

図18右　宮内地域の古代遺跡と遺物
1・常楽寺と春日神社　2・村田報告遺跡　3・坂詰報告遺跡。アミ掛け部分が村田が主張する御宅郷の中枢域？

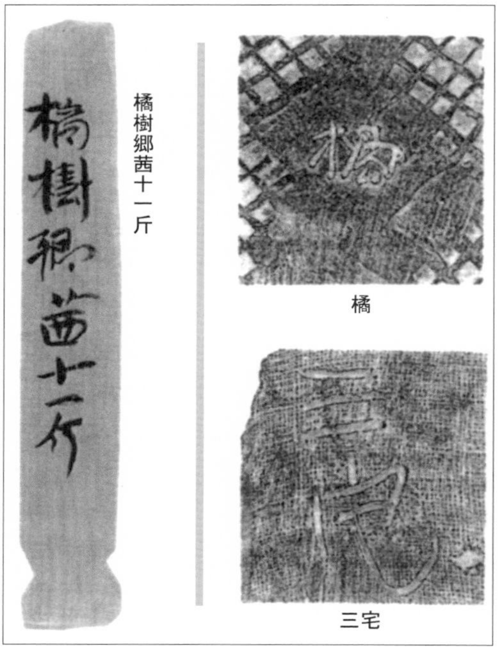

図19　茜貢納の木簡他（左･平城京発見の木簡，右･埼玉県八坂前窯業跡の「橘」･「三宅」の文字瓦

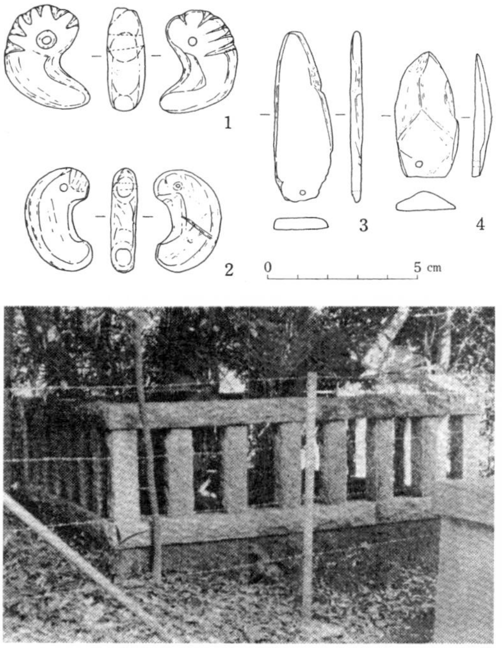

図20　春日神社と周辺発見の勾玉等の遺物類（上段1～4）と神社背後の禁足地（下段写真）

析では，御宅郷の推定位置については，これまで中原区宮内周辺を想定してきた（村田 2016）。田中禎昭氏の御高論にふれたので，この機会に考古資料から見た御宅郷の推定位置，関連して高田郷の推定域について等の卑見を述べる失礼を寛恕《かんじょ》して頂きたい。

＊

御宅郷の中核的な位置については，『日本地理志料』では「御宅」から「宮内」・「小倉（御倉）」へ転訛したとされる。この比定地論は，以下のような若干の補充は可能と考えている。

1．平城京二条大路から「橘樹郡茜十一斤」（図 19 の左）と，「三宅郷茜廿斤」と墨書された木簡が発見されている。さらに埼玉県入間市八坂前《やさかまえ》窯業遺跡からは，凸面に「橘」，凹面に「三宅」と箆書《へらがき》された平瓦が出土している（図 19 の右）。「三宅」は「御宅」の異体字で，同じ橘樹郡内である。養老令に合せると，乾燥した茜根《あかね》株の 11 斤は約 7kg。20 斤は約 13kg。おそらく茜は野草ではなく，中男《ちゅうなん》に課せられた作物として，畑地で多量に栽培されたのであろう。橘樹・御宅両郷は，乾燥した茜草の多量物納，同一瓦窯に二郷の併記から，おそらく友誼的な関係にあったのであろう。

2．橘樹郷は，下末吉台地上。茜栽培用の畑地は確保できる。中原区の御宅郷はどうか。1973 年に中原区宮内の常楽寺境内から，土師器の甕・壺・坏・埦類が不時発見された（村田 1978）。同寺には宮内春日神社禁足地出土とされる硬玉製勾玉の優品がある（図 20 左上）。寺に隣接する個人宅には完形の壺形土器，さらに隣接の個人宅にも勾玉１点（図 20 左下），剣形の石製模造品２点（図 20 右）が伝わる。土師器は，比較的古期の和泉・鬼高期。この発見以前にも宮内から採集された土師器９点を坂詰秀一が報告された（坂詰 1956）。その時期は，５世紀最末～６世紀初頭で，村田が報告した資料とほぼ同じ。この周辺の土地開発は，この時期前後から確実に着手されていたのである。

宮内地区の標高は 11 m前後。裾野を洗う多摩川の旧河道は９mで，約２m前後の比高差。宮内は比較的安定した多摩川の自然堤防上にあり，畑地は確保できたと思う。

3．現・春日神社の背後には，石櫃で区画された禁足地がある（図 20 の下段写真）。かつて存在した低墳丘墓の主体部の残滓《ざんさい》か，祭祀的な遺構であろう。常楽寺所蔵の硬玉製勾玉１点，個人所蔵の勾玉１点，剣形の石製模造品２点も禁足地とあわせて注目しておきたい。

おそらく神社境内を発掘調査すれば，古墳時代・古代以降の遺構・遺物が埋もれていよう。宮内地区を外周する道路に，バス停「黄金塚《こがねづか》」がある。各地にのこる地名伝承から，この地に湮滅した“高塚古墳”の存在を想定したくなる（「黄金塚」のバス停は，今はない）。

4．「稲毛本庄検注目録」には，平治元年（1159）の検注で，年貢が免除される「除田」が書かれているが，春日新宮（現・春日神社）は，「二町」に相当する年貢が免除されていた。この春日新宮の厚遇ぶりは，前段でふれた各種の歴史的な事象と無縁ではなかろう。

5．郡名郷の橘樹郷は，千年・野川・新作・梶ヶ谷・有馬・末長など広範に及ぶが，中核は野川・新作・梶ヶ谷辺で，矢上川・有馬川流域も含む。田中論攷では，有馬川流域が御宅郷の中核地域で，渡来系氏族を含む古代火葬墓の存在に注目された。

一方，わたしは累積された中原区宮内周辺域の歴史的な事象などから，現下では宮内周辺の方が御宅郷に相応しいと考えている。

6．郡衙・郡寺域＝高塚古墳の集中域と，古代の火葬蔵骨器集中域＝有馬川流域の歴史は，中世・近世史でも劇的な展開をする。端緒は，中世史の泰斗・佐藤進一と三輪修三が，影向寺に近い野川神明神社から，中世末・慶長18年（1613）の神社造営棟札を見出したことに始まる（三輪1979）。棟札には結縁《けちえん》した檀越《だんおち》に，「領家《りょうけ》方」と「地頭《じとう》方」の文字があり，野川郷を含む荘園は中世末に下地中分《したじちゅうぶん》されていた。「領家方」が矢上川左岸の野川・新作・梶ヶ谷辺り，「地頭方」は（南）野川・有馬辺りなどであろうか。川筋で分ければ，矢上川筋が「領家方」域，有馬川筋が「地頭方」域か。矢上川筋には，高塚古墳が群在した（『新編武蔵風土記稿』には，新作の古塚から徳利の状にて，硝子（ガラス）の如く透り，其色いとうるわしきもの発見とある。これが史実ならば稀有な逸品）。有馬川筋は，時期後出の骨蔵器群が主体的で，高塚の古墳は時期不詳の有馬古墳1基のみである（図7・高塚古墳と骨蔵器の分布図参照）。

おそらく，葬（骨蔵器群）—生活拠点（台地の裾部）—作業空間（水辺の作業）は，皮古造りなどに深く関わった技術者等のテリトリーであろう。その彼らを実質的に差配したのが，飛鳥部吉志五百国。その五百国の生活拠点は，地続きの橘樹郡高田郷であろうか（図2を参照）。権田原遺跡の移動式カマドは，五百国等と隣接する高田郷を生活拠点としていた渡来系氏族からヒントを得たグッドアイデアであるとわたしは推測している。

仮に武蔵国橘樹郡関連の古代の戸籍が現存していたならば，半布里戸籍同様，渡来系の氏族名は一定数含まれていたであろう。

おわりに

『神奈川考古』第56・57号の誌面を頂戴し，御野国（岐阜県）と武蔵国（神奈川県・東京都・埼玉県）の古代文化様態の一斑に挑戦してみた。結果が甚だ芳しくないことは十分に自覚しているが，負け惜しみを承知で言うと，この種の試みは面白く，この醍醐味を多くの仲間と共有したい気持ちはある。

まだ20代で若かった頃，馬絹古墳の石室や早野横穴墓の線刻画と出会い，その後は影向寺や火葬骨蔵器，さらには橘樹郡衙などの調査に関係でき，いつしかそれらを縦・横に並べて地域史を書きたいという気持ちが芽生えていた。満足できる出来映えではないが実現できた。

小論をまとめるにあたっては，多くの方々の御教導と御支援を頂いている。まず，小論執筆の契機を頂いていた福田健司氏。古代文献史の関和彦氏。横浜市権田原遺跡の移動式カマドは，鈴木重信・古屋紀之両氏の御配慮を得て，横浜市埋蔵文化財センターで実物を親しく観察できた。また，半布里戸籍の数量的な整理にあたっては，中野新吉郎氏に全面的な御協力を頂いた。最後に古代文献史の立場から，ご高論を恵送頂け，かつ関連事項に関してご教示を賜った田中禎昭氏に深く感謝申し上げます。

註

（1）　権田原遺跡BH41号住居の可動式カマドについては発掘調査報告書にもふれられ，鈴木靖民氏も注目された（横浜市歴史博物館News42号)。しかし移動式カマドの原型が，渡来系氏族のミニチュア炊飯具であった可能性についてはふれられていない。

引用文献

新井悟　2016「馬絹古墳が円墳であるという認識への疑問」『史叢』95号，日本大学
新井悟　2018「馬絹古墳発掘半世紀の成果と課題」『川崎市文化財調査集録』52集，川崎市教育委員会
石野瑛　1930「武蔵国橘樹郡宮前村梶ヶ谷古墳調査概記」『考古学雑誌』22巻1号，日本考古学会
上田正昭　1965『帰化人』中公新書70，中央公論社
内田律雄　2016「山陰道・出雲国」『日本古代の交通・交流・情報』3（遺跡と技術），吉川弘文館
大橋信弥・花田勝弘編　2005『ヤマト王権と渡来人』，サンライズ出版
河上邦彦　2005『大和の終末期古墳』，学生社
姜仁求　1974「百済の火葬墓－新しい百済墓制」『古代学研究』3号，元興寺文化財研究所
姜仁求　1984『百済古墳研究』学生社
木下良　1974「相模国府の所在について」『人文研究』第59号，神奈川大学人文学会
久保常晴　1952「川崎市有馬発見の骨蔵器」『銅鐸』8号，立正考古学会
久保常晴・持田春吉　1972「川崎市野川南耕地出土の骨蔵器二例」『川崎市文化財調査集録』7集，川崎市教育委員会
栗田一生　2009「古代橘樹郡とその周辺の様相」『考古論叢・神奈河』18集，神奈川県考古学会
小出義治ほか　1974『町田市史』上巻，町田市
國井弘紀ほか　1995『企画展・東国火葬事始－古代人の生と死』栃木県立博物館
黒済和彦　2008「古代入間郡における終末期古墳と評・郡衙の成立」『古代入間郡家』古代の入間を考える会
小林行雄　2004『古代の技術』塙書房（第12叛引用）
坂詰秀一　1956「川崎市宮内発見の土師器」『銅鐸』12号，立正考古学会
坂詰秀一・塚原二郎　2005『武蔵府中熊野神社古墳』府中市埋蔵文化財調査報告書37集，府中市教育委員会
澁澤敬三　1990『日本常民生活絵引』第3巻，神奈川大学日本常民文化研究所編，平凡社
竹石建二・金子皓彦ほか　1994『神奈川県史跡馬絹古墳保存整備・活用事業報告書』川崎市教育委員会
田中禎昭　2020「橘花ミヤケにおける氏族の動向－物部・刑部・飛鳥部吉志」『専修大学人文科学年報』50号，専修大学
東野治之ほか　1977『日本古代の墓誌』飛鳥資料館
戸田有二ほか　1987『坂東谷遺跡』坂東谷遺跡発掘調査団
永島朋子　2020「古代の女性史－研究の現在地と分析視角」『テーマで学ぶ日本古代史』吉川弘文館
丹羽平一　1980『富加町史・下巻（通史編）』，岐阜県加茂郡富川町
橋本澄明・山田耕一　1995『東日本における奈良・平安時代の墓制－墓制をめぐる諸問題』栃木県考古学会
長谷川厚　1983，87，89「歴史時代墳墓の成立と展開－特に相模・南武蔵の火葬墓を中心に（1・2・3)」『古代』75・76合併・84・88号，早稲田大学考古学会
花田勝弘　2002『古代の鉄生産と渡来人』雄山閣
樋口清之・金子皓彦　1973「川崎市高津区馬絹古墳発掘調査概報」『川崎市文化財調査集録』8集，川崎市教育委員会
樋口清之・金子皓彦　1974「川崎市多摩区早野横穴古墳発掘調査報告書」『川崎市文化財調査集録』9集，川崎

市教育委員会
古江亮仁ほか　1954『川崎市菅寺尾台瓦塚廃堂址発掘調査報告書』，川崎市文化財調査報告書・1冊
藤沢一夫　1956「火葬と墓誌」『日本考古学講座』6，河出書房
福田健司　2017『土器編年と集落構造』考古調査ハンドブック16，ニューサイエンス社
松井章　1987「養老厩牧令の考古学的考察－斃れ馬牛の処理をめぐって」『信濃』39巻4号，信濃史学会
松井章　2013「日本民族は特別か？」『現代思想』41巻16号，青土社
水野正好　1969「滋賀郡所在の漢人系氏族とその墓制」『滋賀県文化財調査報告書』4冊，滋賀県教育委員会
三輪修三・村田文夫　1975「川崎市多摩区横穴古墳線刻画の一考察」『三浦古文化』18号，三浦古文化研究会
三輪修三　1979「中世野川郷の領家と地頭」『川崎市文化財調査集録』14集，川崎市教育委員会
村田文夫　1978「川崎市中原区宮内出土の古代遺物」『古代文化』13巻12号，古代学協会
村田文夫・増子章二　1979「南武蔵における古代火葬骨蔵器の一様相」『川崎市文化財調査集録』15集，川崎市教育委員会
村田文夫・増子章二　1990，91「南武蔵における古代火葬骨蔵器の基礎的研究（上・下）」『川崎市市民ミュージアム紀要』2・3集，川崎市市民ミュージアム
村田文夫　1993『古代の南武蔵』有隣新書45，有隣堂
村田文夫　2007「武蔵国橘樹郡の郡庁域に関する一考察」『東国史論』21号，群馬考古学研究会
村田文夫　2010『川崎・たちばなの古代史』有隣新書68，有隣堂
村田文夫　2013『関東の古代遺跡逍遥』，六一書房
村田文夫　2016『武蔵国橘樹官衙遺跡群の古代学』川崎学双書シリーズ1，かわさき市民アカデミー
持田春吉・森本岩太郎・村田文夫　1994「小児の焼人骨を収納した骨蔵器の新例」『神奈川考古』30号，神奈川考古同人会
吉澤悟　2003「人骨からみた古代火葬墓の被葬者像」『日本考古学協会第69回総会研究発表要旨』，日本考古学協会

第Ⅲ部　小杉御殿の復元と黒川炭の歴史・民俗誌

多摩川下流域右岸・小杉御殿跡の面影を探る

1　遺跡の位置と周辺の環境

小杉御殿跡は，多摩川下流域右岸の神奈川県川崎市中原区小杉御殿町１丁目周辺に位置し，小路を挟んだ北側に，小杉陣屋跡の存在を伝える小杉陣屋町が接している。つまりその地下には，地名にちなむ近世初期の御殿跡と陣屋跡が，時期的にも一部重複しながら並立していたと考えられてきた（図1）。

小杉御殿跡・小杉陣屋跡は，JR 南武線と東急電鉄東横線とが交差する「武蔵小杉駅」の北東 850 ～ 900 mほど離れた位置に設営されていた。そこから北へ 800 mほどいくと，現在の多摩川の河川敷に出る。

現在の小杉御殿町と小杉陣屋町の周辺は，住宅などが密集しており，近世の歴史的景観を窺うことはできないが，平坦な地勢が広く展開していたことは容易に察せられる。現在の小杉御殿町・小杉陣屋町周辺の標高は９m前後，そこに建物が密集する。ただし古代以降，この一帯は穀《こく》倉《そう》地帯として豊かな稔りを約束してくれていた。このことは，後でふれる機会があろう。

2　既往の研究成果から学ぶ

小杉御殿・小杉陣屋の研究は，村上直（法政大学名誉教授）や仙石鶴義など，近世文献史家の成果に全面的に依拠し，学んできた。その成果の一部を，略年譜風に要約する（村上 1968，1990，村上・仙石ほか 1981）。

（1）小杉陣屋の沿革

天正 18 年（1590）６月，豊臣秀吉は武蔵国江戸を徳川家康の城地とし，関東８か国を付与することを条件に，家康を江戸に転封した。この秀吉の意図に対して，家康は好きな鷹《たか》狩《が》りを口実に関東一円を狩泊し，慶長２年（1597），多摩川の沿岸を巡視した際には，小杉・妙泉寺を休憩所として利用した。

関東に転封された家康は地《じ》方《かた》巧者《こうしゃ》を登用して，水利土木・灌漑治水などの生活基盤の拡充を図った。その機縁で多摩川下流域の左岸の六郷用水と，右岸の川崎・稲毛の二ヶ領用水の開削を指揮したのが，小泉次大夫吉次であった。開削工事は，慶長４年（1599）に川崎領から始まり，次第に内陸部の稲毛領内に達した。総指揮を執る次大夫吉次は，至便の地である小杉に陣屋を設けた。それが小杉陣屋で，慶長6年（1601）頃に整備された。時を同じくして，次大夫は幕府の代官に任じられた。

用水工事は十年余の歳月を費やして慶長16年（1611）に完成した。次大夫吉次，73歳。

元和2年（1616），次大夫吉辰が代官に就く。吉辰が幼少のため，祖父の次大夫吉次が後見人になったが，元和9年（1623），彼は85歳の生涯を閉じた。

（2）小杉御殿の沿革

慶長8年（1603），家康は将軍に補任されるものの，慶長10年（1605）には辞任する。

慶長12年（1607），家康は江戸を離れ大御所として駿府入りする。往復に休息所が必要になる。

慶長13年（1608），小杉に仮御殿が設営される（2代・秀忠代）。*その位置や工事期日などは不詳。

元和元年（1615）12月13日，小田原城主の叛逆《はんぎゃく》が発覚したため，家康は急遽，秀忠を呼んで対応を協議。

元和2年（1616），家康が死去。75歳の生涯であった。

寛永17年（1640），小杉御殿が再建（3代・家光代）。

明暦元年（1655），御殿の一部を解体。品川の東海寺へ（4代・家綱代）。

寛文12年（1672），残余の材は上野・弘文院へ（4代・家綱代）。

延宝2年（1674），御殿跡は作場（田畑）となる。

延宝3年（1675），年貢上納（竹林及び三千坪余の地から）

家康の小杉御殿泊まりは，8泊が記録されている。慶長16年10月15日（『徳川実紀』，大御所稲毛邊に狩せられり）・1泊，慶長17年10月22～24日・3泊，慶長18年12月3～4日・2泊，同年12月13日・1泊，元和元年12月13日・1泊（家康と秀忠が鳩首《きゅうしゅ》協議をした夜）。

この沿革史をもとに，わたしは小杉御殿の「本殿」は，慶長16年（1611）～元和元年（1615）の2代・秀忠代に建設されたと推測している。その理由は，元和元年（1615）に大御所・家康と2代将軍・秀忠の鳩首協議が小杉御殿で行われているからだ。いかに突発的な事態であったとしても，それが「仮御殿」で行われていたとは考えがたかろう[(1)]。

3　旧家・安藤家に伝わる小杉御殿・小杉陣屋絵図の絵解き

小杉の旧家・安藤家には，小杉御殿の情報を伝える絵図が4点伝わる。うち宝暦12年（1762）の絵図は他の3点は描写手法も異なり除外しておく。のこる3点（図2のA・B・C）は，近世前期の制作と推定でき，描写手法は類似している。これまで相互の新旧序列とか，絶対年代などは言及されることはなかった。しかし考古学的には，解明の手掛かりは以下のようにある。

①・3点の絵図は，現在と方位観が逆転し，絵図の上方が「南」で，下方が「北」となる。当時の方位観は地域の象徴物や権力者の恣意で決められ，北を上位にするのは，ヨーロッパの方位

観による。げんに東京都葛飾区の青戸御殿は東西位が基軸。北方を上位にする絶対的方位観は，江戸後期以降に定着する。

②・Cには，西明寺の本堂が小さく描かれる。西明寺の本堂は現存するので，それが描かれていないA・Bより後出であることは明白である。加えてCには，「御主殿御休息之間」の平面図もない。そこから「御主殿御休息之間」が全面的に解体された寛文12年（1672）以降に描かれている可能性は動かない。

③・つぎにAとBを比較する。A・Bとも西明寺参道に直結するいわゆる「カギ道」は的確に描くが，両者を比較すると，「御主殿御休息之間」の平面図とか，陣屋・御殿の四囲を囲む道筋などの描線は，Aの方がはるかにシャープである。よって様式論の鉄則に従い，Aを古様と見，3枚はA→B→Cの年代順で描かれたと判断している。しかし，BはAを‘底絵（モデル絵）’にしている可能性が十分考えられる。この考えに立てば，AとBの時間差はわずかであろう。

④・つぎに絶対年代の推測。最古様のAには，「御殿地跡」，「裏御門跡」と「跡」の文字が確認できるが，「御主殿御休息之間」，「表御門」には「跡」の文字がない（図5）。この墨書を信頼すれば，御殿の機能は実質的には終息し，「裏御門」は解体されていた。「御主殿御休息之間」は現存していても，もはや機能不全であった。それが墨書の「跡」の文字の使い分けに反映していよう。よってAの絵図は，品川の東海寺へ御殿の材が一部移された明暦元年（1655）以降，上野・弘文院へ残る材が移される寛文12年（1672）までの間に描かれていた可能性が浮かんでくる。西暦では，1655～72年までの間の情景絵図となる。

Cには，西明寺の位置が記載されている。『新編武蔵風土記稿』小杉村・西明寺には，寛永19年（1642），寺領十石の御朱印を賜ったとある。したがって，絵図はこの年以降となる。ただCには，肝心な御主殿の位置や平面形などが記載されていない。御主殿・門などが完全に撤去され，関係者の記憶をもとに描いた17世紀第4四半期以降の制作であろう。よってA・Bの絵図とは，かなり時間がかけ離れていたと推測している。

4　意外な援軍が現れた

重要文化財の薬師三尊を所蔵する川崎市中原区野川の影向寺は，武蔵国橘樹《たちばな》郡の宗教的拠点の一翼であり，昭和50年代以降は発掘調査でその姿を現してきた。金堂《こんどう》（現薬師堂下）や三層塔（現影向石下）の位置が確定でき，古代武蔵国橘樹郡の，いわゆる「郡寺《ぐんてら》」としての評価は定着してきた。

一方，橘樹郡の郡衙遺構は平成8年（1996），影向寺とは東西に並立する高津区千年伊勢山台から突如姿を現した。発掘調査は，現在に至るまで川崎市教育委員会が継続的に進めている。主要な遺構は正倉院の掘立柱遺構で，一部に重複するように，建物状の遺構が発掘されている。

郡衙の正倉跡が発掘されれば，条里制遺構の存在を確認する必要がある。じつはこの種の遺構は，昭和11年（1936）に深谷正秋が，（高津区）久本村にその痕跡があると紹介されていた（深谷 1936）。条里制遺構の痕跡は，大正 9 年（1920）の高津村全図にもあり，一辺長 109 m で，短冊形を基調とし，それは見事な区割りであった。高津村全図を眺めると，条里遺構の痕跡が確認できる範囲は，隣接する中原区域などにも広く拡散していた。中原区には，地名「市の坪」があり，『稲毛本庄検注目録』（1171）にある地名・「井田」は，文字そのものの字型が条里の平面形状と合致している。以上が第一幕であり，第二幕はすぐに開いた。

友人の紹介で京都大学教授の歴史地理学者・足利健亮の『地図から読む歴史』（講談社学術文庫）を知った。拝読すると，標題の小杉御殿町・小杉陣屋町周辺が東西・南北軸に条里区画された街路があり，それが条里制跡である地図と文章で明快に紹介されていた（図 3）。あぁやっぱり，と思った（足利 2013）。

さきに絵図の A で，御殿正面の道，直角に曲がる「カギ道」を紹介したが，この周辺では，一辺長が地図でも，実際に現場で測っても 109 m ＝ 1 町であった。勿論，都市整備された現区画が完全な 109 m 均一でなく，若干の長・短長はあるが，街区の基本型が東西・南北とも 1 町 ＝ 109 m であることは明白である。小文のはじめに，古代にまで遡れば，この地域一帯は豊かな穀倉地帯であったと書いた根拠は，ここに存していた。

5　A の絵図の縮尺（スケール）が復元できた

17 世紀第 3 四半期に描かれたと推測できる A の絵図と，現在使用の白地図の長さを，共通長の 109 m に縮尺をあわせ両者を重ねてみた（図 4）。当然のことながら，主要な道路筋は重複していた。つまり，A の絵図に縮尺が復元できた。これはまさに奇跡的？な成果であった。

白地図と，それに縮尺をあわせた A の絵図を比較すると，

1．「御主殿御休息之間二百廿二坪」の墨書と御殿図は，現地にある「御主殿稲荷」（図 4 の上段 1）の位置から整合性が十分に確認できる。

2．同様に陣屋跡の南西隅の現地には，「陣屋稲荷」が祀られる。ここにも両者の整合性がある。

3．平成 26 年 2 月，「カギ道」の道路周辺の事前調査がされたが，A の絵図で「旧小杉用水」とされた流路にぴたりと一致する流路跡が発掘された（栗田 2015）。これも両者の整合性を見事に証左している。

4．『中原町誌』（1933，中原青年団刊）によると，御殿の敷地は東西が西明寺前の道より横道まで，南北が中原街道より陣屋境界までの約壱万弐千坪とある。これを復元された縮尺で測ると約 370 m × 120 m で，坪数に換算すれば 1 万 3 千坪余になる。

　これらの所見から総合して，A・絵図には，明暦元年（1655）～寛文 12 年（1672）当時における道路の区画や，御殿内の建物の位置及び平面形などが正確に描かれていた蓋然性《がいぜんせい》がきわめて高いことが確認できた。

5．絵図に縮尺が復元できたので，試みに御主殿の規模を復元してみる。絵図の平面形から概

算した御主殿の総面積は，3.114㎡＝944坪前後。墨書されている「御主殿御休息之間二百廿二坪」は732㎡。つまり，御主殿の建物総面積である3.114㎡前後のなかに，将軍が御休息に専有する間が，732㎡あった。すなわち将軍の御休息の間は，御主殿の総面積に対して約24％となる。

6．令和元年11月6日，小文執筆の関連で現地踏査していた折り，生まれながらに御殿町にお住いの原豊孝氏（83歳）にお会いした。原さんのお話しでは，昭和30年代までＡの絵図に「Ｌ」字状にある御主殿と同じ平面形に竹藪《たけやぶ》があり，中央部には南向きに御主殿稲荷が建ち，その後，現在地へ移され，東向になったという（写真1）。原さんは御高齢ながら矍鑠《かくしゃく》とされており，ご記憶は正確であろう。ただ前記したように，Ｃの絵図にはすでに御主殿に位置が示されていない。そこから推測して，近代に入り，地域の有志が家康を顕彰するため御主殿の範囲を竹藪で示されたのであろう。その際に参考にされたのが，地元・安藤家に伝わるＡの絵図であろう。原さんは，昭和30年代の御殿町周辺は，田圃《たんぼ》一色であったという。これこそが古代からの原風景であった。

6　小杉御殿の門構えと周辺道路の景観的復元

Ａの絵図では，江戸から多摩川を渡って西方に家並みが続く。間もなく小杉御殿に至る。道幅は絵図では，現在の主要高速道路並みの20～23 m。大御所一行の権威の発露であるから，相応の道幅はあったと思われるが，通常の中原街道の道幅は数m前後とされているので，絵図は誇張されていよう。絵図からは，道と屋敷との結界は復原できないが，おそらく高い塀などで仕切られていたであろう。表御門の前で，道は直角に南に折れ，そこを1町＝109 m行くと，今度は東へ折れる。ここが件《くだん》の「カギ道」である。表御門を正面にみる南北の設《しつら》えこそが，小杉御殿の最高の「見せ場」であった（図4・5）。表御門を観る東側には，広い下馬所が確保されていた（「先年之下馬跡広庭敷」）。

そして表・裏御門は，絵図上では道幅より少し狭め（18～20 m幅）に短い線が2本並行に描かれている。この描写だけでは構造上の特徴は推測できないが，参考になる事例はある。

その一つが，埼玉県鴻巣御殿（文禄2年・1593年建設）。構造を書きとめた『鴻巣御殿目録』（天和2年・1682年作成か）によると，「表御門ノ事　長二間半（4.52 m）　但是ハカブキ御門也」とある。ついで内郭の三間薬医門を入って御殿に達する。そして裏門も冠木門《かぶきもん》。表・裏御門には，それぞれ御門番所（長さ五間・幅二間）が付属し，警備されている（岡田2004）。さらに千葉市御茶家御殿から発掘された表御門も，幅5 mほどの柱穴が，2本あるのみ（簗瀬2014）。発掘調査を指導された岡田茂弘氏の御教示によれば，復元すれば冠木門であろうという。

小杉御殿の表御門が冠木門とすれば驚きであるが，上記の事例を参考にすれば，これを全く否定することはできない。2本の門柱の上部をつなぎ横木を頂部から少し下げたのが冠木門の構造であるが，設計によって相応の荘厳さ・品格は十分に表現できたのであろうと考えている。

7　今後の発掘調査に期待する

小杉御殿・小杉陣屋などのような研究は，これまで近世史研究者の独壇場であった。が，現下では多様な観点からの議論が展開されており，小文もそのような観点から捉えて頂けると幸いである。

しかし考古遺跡として，小杉御殿跡・小杉陣屋跡を俎《そ》上《じょう》に載せても，推定地の周辺は住宅がきわめて密集し，仮に発掘手法で御殿跡・陣屋跡の遺構を探そうとしても相当に難儀すると思う。が，手を拱《こまぬ》いているだけでは永遠に果実はつかめない。

発掘調査の時期を逃してきた責任は，ながく川崎市の文化財行政を担当していたわたしにあることは痛感している。しかし，これからも遺構・遺物を発掘する機会があることも信じている。

註

1　村上直先生は，小杉に「仮御殿」が建てられたのは慶長13年（1608）で，「本殿」は寛永17年（1640）・三代・家光代に安藤市郎兵衛・小俣平右衛門が新築したと主張される（村上1968）。碩学の研究であり尊重されるが，ただこの考えであると，「仮御殿」から「本殿」の建設までには32年間の歳月が流れ，この間ずうっと「仮御殿」の状態になる。おそらく家光代は，大規模な修繕を含む再建であろうと考えている。

参考文献

岡田茂弘　2004「鴻巣御殿と鷹狩」『鴻巣市史』通史編2・鴻巣市
村上直　1968「近世の川崎」『川崎市史』川崎市
村上直　仙石鶴義ほか　1981『わが町の歴史・川崎』文一総合出版
村上直　1990「小杉御殿と小杉陣屋に関する一考察」『川崎市史研究』創刊号・川崎市公文書館
品川歴史博物館　2010『特別展・中原街道図録』
村田文夫　2010『川崎・たちばなの古代史』有隣新書68
足利健亮　2013『地図から読む歴史』講談社学術文庫2018
栗田一生　2015「小杉御殿町遺跡第2地点」『平成二五年度埋蔵文化財年報』川崎市教育委員会
簗瀬裕一　2014「房総の御殿と御成街道」『月刊考古学ジャーナル』651号
深谷正秋　1936「條里の地理的研究」『社会経済史学』6-4

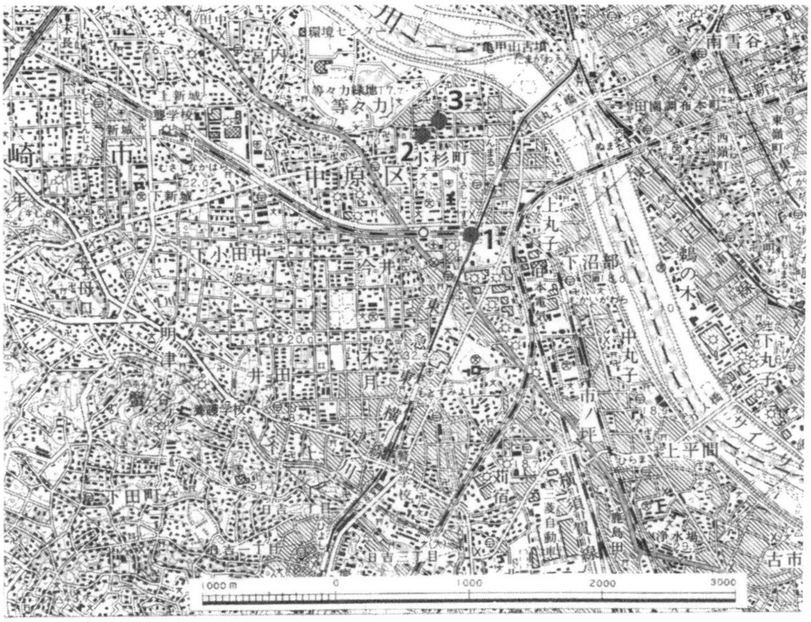

図１　遺跡周辺地図　１・武蔵小杉駅　２・小杉御殿跡　３・小杉陣屋跡の位置

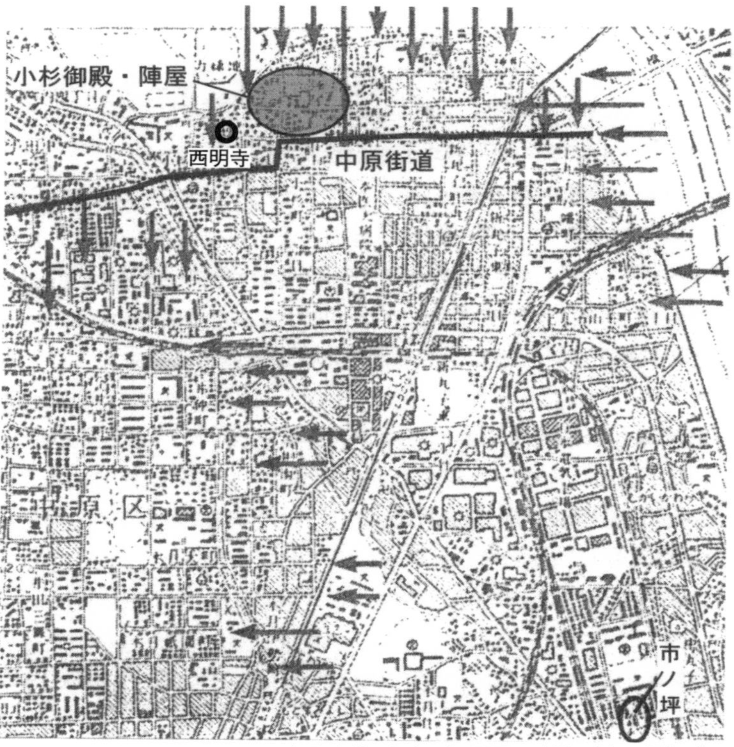

図３　小杉･丸子･等々力周辺の条里遺構。矢印が坪区画の痕跡。「市ノ坪」は「一ノ坪」
（足利健亮 2013『地図から読む歴史』より転載。中原街道は筆者加筆）

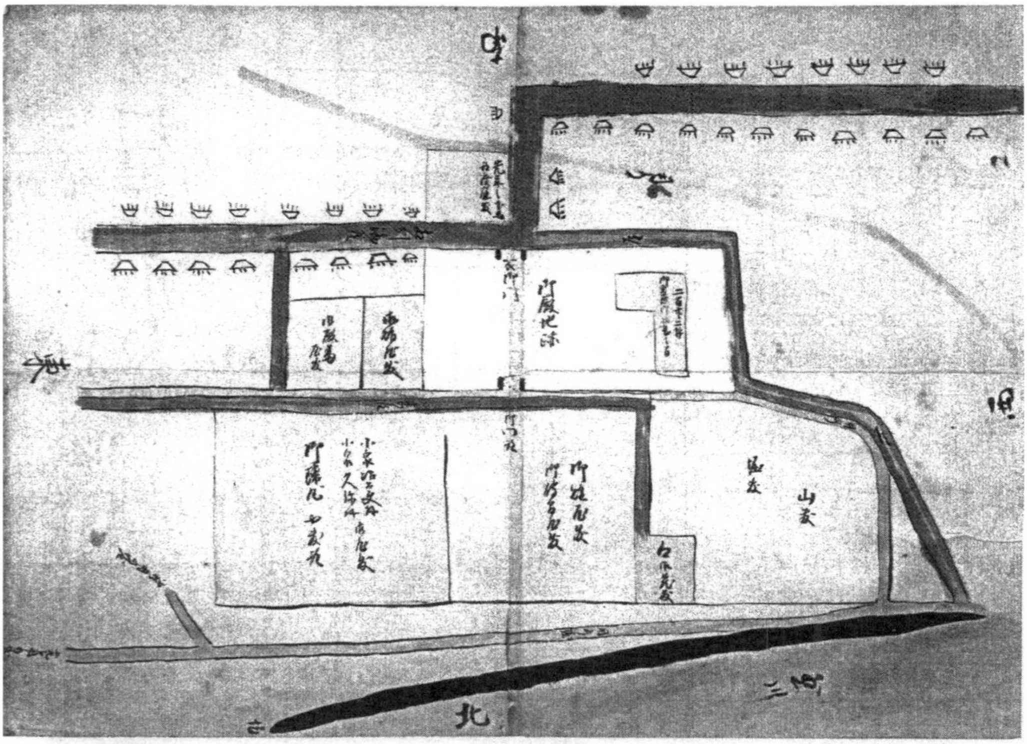

A・絵図　↑

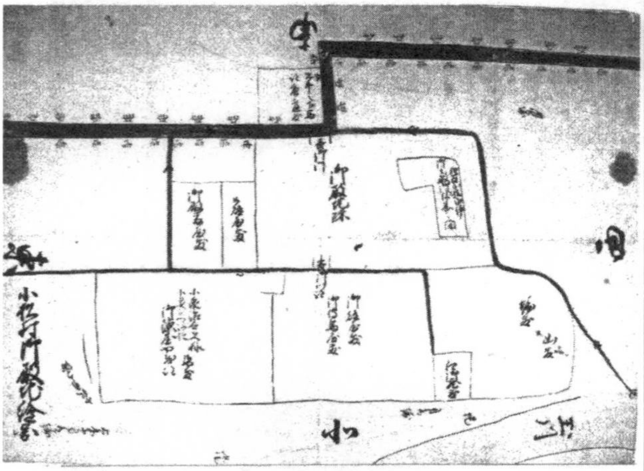

B・絵図　↑

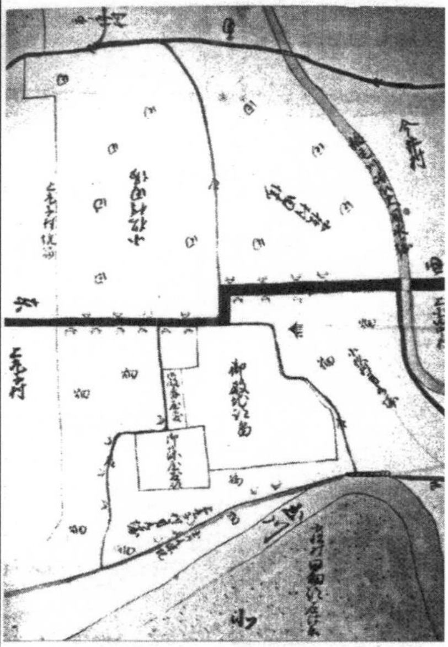

C・絵図　↑

図２　小杉御殿・小杉陣屋周辺の絵図３葉（A・B・C図）　（品川区歴史観『特別展・中原街道』図録2010年より一部加工して転載。絵図は上方が「南」で統一している。）

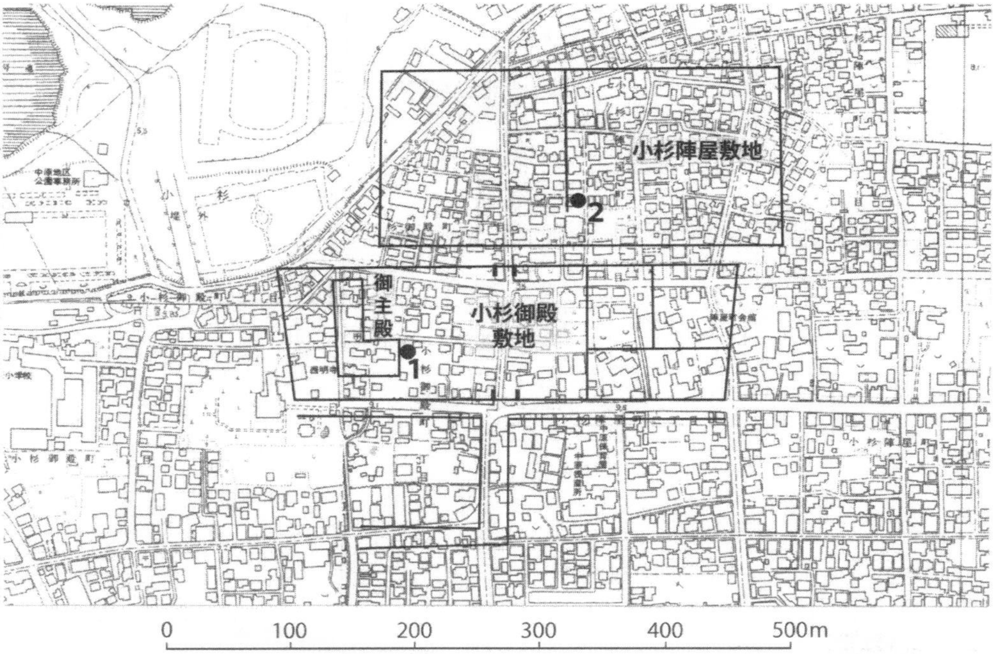

＊この縮尺は，上段の地図と下段の絵図に共通する（同一スケール）

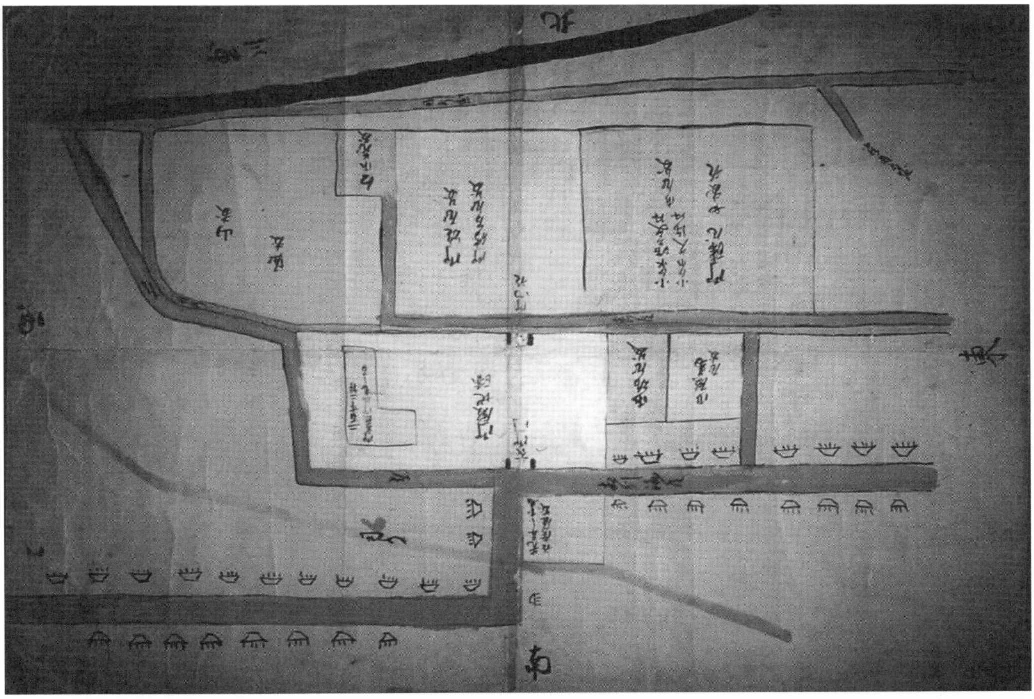

図４　昭和43年の白地図（上段）とＡの絵図を比較　　縮尺は統一。黒丸１・御主殿稲荷　２・陣屋稲荷。白地図・絵図とも上方を北位で統一。

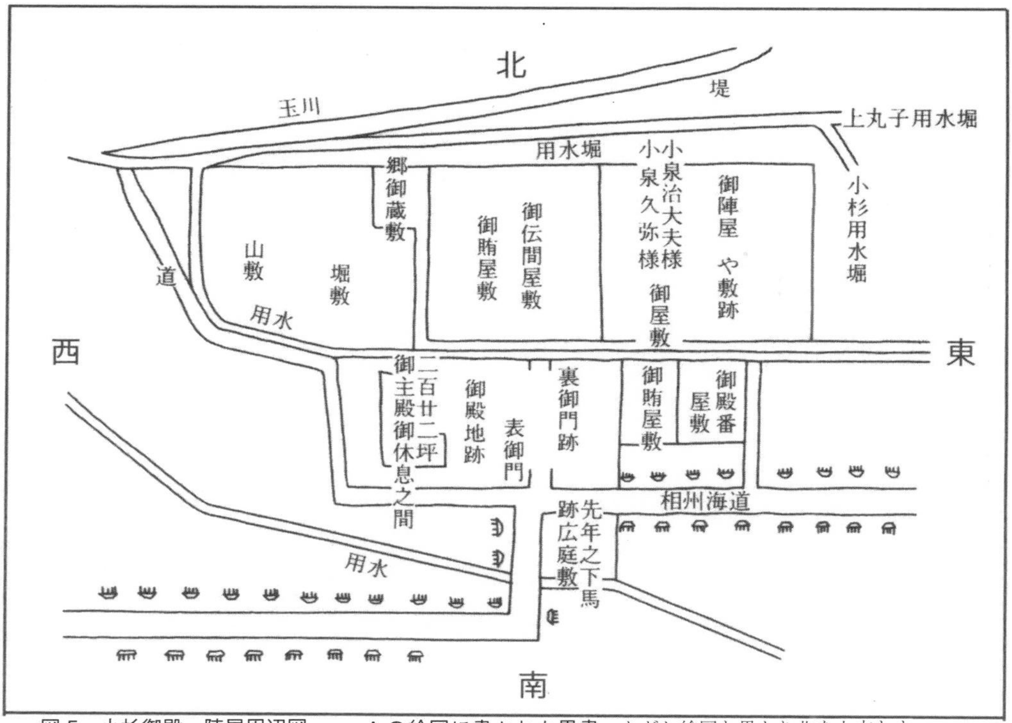

図５　小杉御殿・陣屋周辺図　Ａの絵図に書かれた墨書。ただし絵図と異なり北を上方とする（『川崎市史』通史編２　1994年より転載）

写真１　御主殿稲荷の現況（現在は東に向いている）

その後の見聞録

小杉御殿町周辺の発掘は，平成 26 年 2 月の調査で，小杉用水の流路が発掘され，その内容は小文でふれた。その後も令和 2 年 10，11 月にも御殿・陣屋周辺で小調査がなされ，溝状遺構等が発掘された。時期は近世以前と判断されているが，今後も注意深く，継続的に調査していければ，御殿跡・陣屋跡につながる発見もあろう。特にこの道は，古代の東海道，近世の中原街道であるからそれらを裏付ける，例えば馬関係の資料等が発掘されることを大いに期待している。

（文献）令和 2 年度　川崎市埋蔵文化財年報，川崎市教育委員会

多摩丘陵産のブランド・黒川炭を焼く
―最後の伝承者・市川祐家の見聞録―

はじめに

近世後期の江戸市中には，「黒川（皮）炭」と称せられた良質の炭が出回っていた。生産地の黒川は，現在の行政区でいえば，神奈川県川崎市麻生区の丘陵地で，東京都の多摩ニュータウン地域とは地続きである。しかし昭和30年代後半以降，日常生活に必須の熱エネルギーは，石油や都市ガス・プロパンなどの普及で様変わりし，主役格であった薪や木炭などの需要は急激に哀微したのは周知の通りである。

わたしが黒川炭に関心を抱いた背景は，二点から。一つは，江戸後期の地誌『新編武蔵風土記稿』（以下，『風土記稿』）には地域の特産品と明記されながら，満足のいく民俗誌的な聞き取り調査がないまま衰微していたからだ。わたしが黒川炭の聞き取り記録をした昭和53年（1978）時点で，黒川炭の伝承者は，わずかに麻生区黒川1627番地にお住まいの市川祐《たすく》氏のみであった。二つには，昭和50年代になると，川崎市域のみならず，とくに地続きの多摩ニュータウン地域の発掘では，多数の近世以降の炭焼窯が発掘調査され始めた。そこで古文書・民俗誌的記録と，発掘された炭焼窯を綜合化すれば，江戸近郊における近世及び近・現代における，特異な地場《じば》産業史の一面が描けるのではないか，という期待からであった。

昭和53年3～4月，新井清氏と写真家の小池汪《おう》氏とわたしは，早朝から市川家に押し掛け，

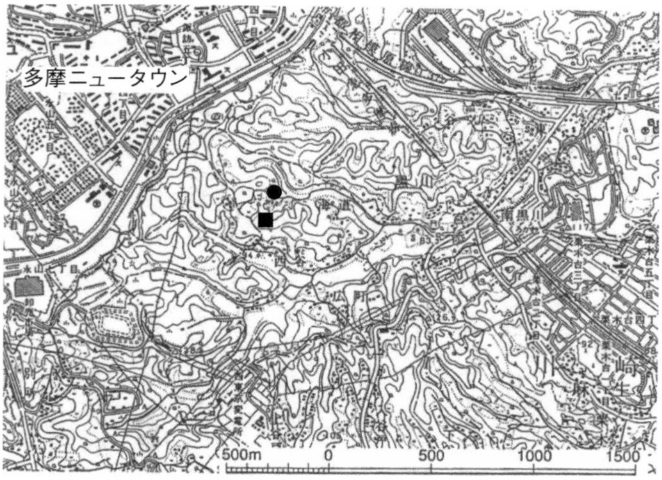

図1　市川祐家（●印）と薪の伐り出し場（■印）位置図

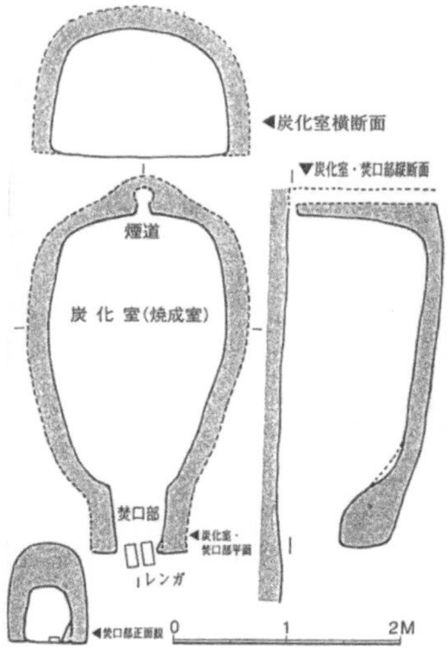

図２　市川祐家の炭焼窯実測図

写真１　市川祐家の炭焼窯（昭和 53 年 4 月）

執拗なまでに聞き取りと写真記録をした。調査に全面的に御協力頂いた市川祐氏御夫妻も調査を共にした新井氏もすでに他界され，歳月の流れを実感している。

1　市川家の炭焼窯

市川家から直線距離で約 500 m も西方へ行くと，多摩ニュータウンに接する。つまり，同家は黒川でも最も奥まった丘陵の谷間にある（図 1）。発掘された炭焼窯には，屋敷内の築窯《ちくよう》と，山中のそれとがあるが，市川家では屋敷に入る通路に窯は面する。昭和 38 年頃，御近所の年寄りの指導を得て築窯された。築窯は昭和 30 年代までは，重要な地域の結《ゆい》仕事であった。市川家では昭和 60 年 4 月で炭焼きはやめられていたが，炭焼窯はそのまま保存されていたので，実測調査することができた。窯は土窯《どがま》のタイプで，黒炭《くろずみ》を生産していた（図 2，写真 1）。

全体の構造は，焚口部《たきぐちぶ》と炭化室と煙道部からなる。焚口部は，突端部で幅が 40 cm，高さが 52 cm を測り，長さは 60 cm である。

焚口部を抜けると，炭化室（焼成室）になる。その長軸は 2.5 m で，これに焚口部の長さを加えると，全長で 3.1 m となる。最大幅は，中央からやや奥まった部分にあり，1.57 m を測る。炭化室の床面はシキと呼ぶ。炭化室を抜けると，奥部中央に床面と 87 度の角度で煙道《えんどう》が取り付く。それは直径 14 cm・長さ 1.3 m で，その先には長さ 62 cm ほどの土管が据え付く。多摩ニュータウン地域内の発掘資料では，煙道が 3 穴の事例も少なからずあるが，市川家のそれは 1 穴である。

炭化室を覆う天井部分は，厚さが 15 cm 前後であるが，焚口部では 50 cm 前後まで肥厚する。炭化室は，中央部を頂点にして左右均等に傾斜させる。

築窯の用土は，粘土質が強くてもよくなく，砂質を帯びたものが最上とされた。市川家では自宅裏の横穴に良質の用土が露出していたので，それを使用した。用土を採取して分析をしたところ，上総層群中の稲城層の砂が主成分であった。粒度の分析では，細粒砂・中粒砂で合わせて75％であったが，他に粘土が7％含まれていた。それが細粒砂・中粒砂と上手《うま》く混合して，適度に粘性を帯びた用土となっていた。砂の採取場所が横穴のような状態であるから，恒常的に水分が含有されていたのも幸いした(1)。

窯は3～5年で新規にするのが望ましいとされていた。しかし一窯築くのに3日，総人数で15人前後かかるし，家にとっても慶事であるから，接待などの費用も結構かさむ。よって容易に作り替えできなかったのが実態であった。

2　黒川炭を焼く―市川家の見聞録

以下は，昭和53年3～4月に市川祐家で見聞した記録の概要であるが，一部，かつて黒川周辺で見聞できた一般的な様相も含んでいる。

（1）薪《まき》の伐《き》り出《だ》し，山出《やまだ》し

山の選定と木の種類など

ヤマは自分の持ち山のなかから大きな木を選ぶので，年毎に異なる。昭和53年の場合は，15年ほど前に伐ったカシの木の山にした（図1）。

樹種は，カタギ［堅木］と呼ばれ，良質の炭が焼けたクヌギ・ナラ・カシが一般的で，量的にはクヌギ・ナラが多かった。樹種毎の特徴は一長一短で，クヌギは火がつくと表皮が跳ねるが，火もちは良い。ナラは，火もちはクヌギやカシに較べると劣った。一方，カシは火もちがよくて，表皮が跳ねる心配もないが，半面，硬いので火つきがよくない，などの特性があった。商品価値としては，クヌギ・カシが高く同等に扱われた。この3種以外のクリ・カキ・マツ・ケヤキ・サクラなどは，ゾーキ［雑木］と呼ばれ，商品価値は劣った。クヌギ・ナラ・カシとも直径10cm前後の太さが最上で，それ以上の太さになると四つ割などにして焼いた。これが割り炭である。

市川家には，祐氏先代の金銭備忘録が残されていて，大正3～5年ではマツやサクラの生産が主体で，一俵単価もクヌギ・ナラ・カシより高かった。この背景には，品質よりも多量の消費を必要とする製鉄業務などとの連携があったのであろうか。しかし，大正7年以降はサクラ・ナラ・カシが主要な樹種となる。

薪伐り時期は，『風土記稿』にあるように，農閑期，すなわち秋の大仕事である稲の脱穀・籾《もみ》摺《す》り，麦まきなどと関連していた。加えて，炭となる木の生態とも関連していた。つまり11・12月に伐採した木は，1か月もすると薪の断面が狐色《きつねいろ》となり，最上級の炭となった。逆に年が明けて新緑が芽吹いてから伐った木は，水分を多量に吸い上げているので品質は明らかに劣った。わたしも体感したが，春先になって根元《ねもと》から水分を吸い上げる水の勢いは，木に耳を押し付けると聞こえてくるほどである。

薪づくり

正月 17 日はヤマの神の日。この日は農作業を休んで自分の山の太い木のなかから御神木を決め，その前に幣帛《へいはく》を立てた。そこに塩を撒き，御神酒《おみき》と御洗米《ごせんまい》と榊《さかき》の枝を供え，この年の山の安寧と樹木の生育を祈った。

ヤマは多くが斜面である。立木の伐採は下方から上方に向かった。理由は，伐採樹は必然的に下方に倒れるから，さきに下方の樹木の方から伐って邪魔しないようにした。伐採は薪伐り鋸《のこ》で行ったが，現在はチェンソーである。カシの木を伐るときは，鋸は地面から少し浮かせ，根元に生えている若い木は残し，後の生育に期待した。大事な資源の枯渇を避けるうえで継承されてきた先人からの叡智である。

伐り倒した木を炭焼き用の薪にするためは，伐り台といって太目の立木を根元から約 50cm の高さで伐り，それに細木を斜めに打ち込み，藤蔓《ふじづる》で縛って固定させた。鋸の先端から 1 尺 2 寸（約 36cm）長にヤスリで切り込みを入れておき，それを物差し代わりにして，伐り台に頭を乗せた樹木を薪伐り鋸で順次伐っていった。

薪は蔓縄《つるなわ》で束《たば》ねた。長さを一尋《ひろ》半（約 2.4m 前後）に切って，それを二重にし，その中に薪を順次差し込んで縄一杯にしたところで縛り込んだ。束ねられた一把《ば》は，直径 30cm 前後，重さ 35kg 前後であった。健康な成人男性でも，一日に 20 ～ 25 把前後が限度。一方，一窯《ひとかま》に詰められる薪の量は，50 数把とナグリと称する小枝類であるから，一窯焼くのには，その前に約 20 ～ 25 日かけた薪伐り作業が必要であった。

山出し

伐り出し・藁縄《わらなわ》で束ねられた薪やナグリなどは，市川家のように炭焼窯が屋敷内であれば，そこまで運搬しなければならなかった。それでも途中から牛車などが利用できれば，伐採場からそこまでショイバシゴ［背負梯子《せおいばしご》］で運べばよい。が，その通行道路がない場合は，伐採場から屋敷内の窯場まで背負って運び出した。一回のショイバシゴで，二～三把が限界。よって一窯分（50 数把）を運び出すのは，まさに重労働であった。終日，ショイバシゴで薪運びをすると，足がガクガクしてきたという。ショイバシゴを使わず，荷縄《になわ》だけで背負う運び方もあった。

発掘調査資料では，山中《さんちゅう》に築窯した遺構数が多い。理由としては，その方が炭の大量生産に対応できたし，なにより厳しい山出し作業から解放されることにもなる。

（2）窯入れ

窯入れの儀式など

窯入れに禁忌《タブー》日はなく，薪を伐り出してから約 1 か月後あたりがよいとされた。

それは早朝の儀礼で，まず塩を焚口部と周辺に撒き，ついで焚口部に御洗米を一掴《ひとつか》みして 3 か所に分けて置く。最後に焚口部周辺に御神酒を撒く。御神酒にさしてあった榊は窯の後方の土手に立てた。こうして火事がなく，無事の作業を祈願した。

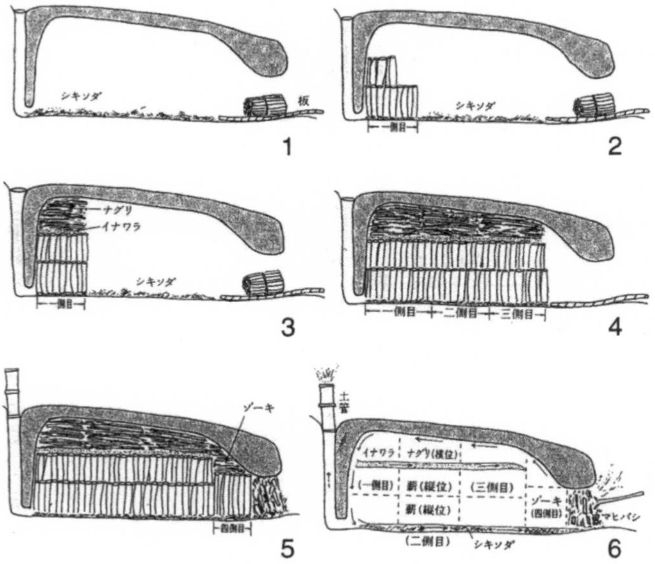

図３　**薪の詰め方**（1から6へ進む）

窯内は冷えているので，作業の再開にあたっては，マツ・ナラやソダ［小枝］を詰め，燃やして温めた（この年は4回焼く）。窯内を十分に温めるという準備作業を完璧にしてこそ，はじめて良質の炭が焼けた。

薪の詰め方（図3）

シキ［窯床］に竹の枝や細い粗染《そだ》を敷く。次に薪を束ねたまま窯内に入れ，中にいて受け取る人が荒縄を解く。つぎに奥の堅際から，1尺2寸（約36cm）に伐った薪の太い方を上位にして縦位に立て掛ける。それを二段積み上げる。それが終わると，さらにその上に稲藁を薄く敷いて，天井との隙間にナグリ［小枝］を横から詰める。最後は焚口部寄りに1尺6寸（約48cm）に伐ったゾーキを一段に並べ，ナグリを詰める。これで薪詰めの作業は終了。この間，休憩を入れて，所要時間は約2時間であった。

火入れと焚口の処理

いよいよクチモシという点火作業に入る。4月2日の午前11時43分点火，3分後には煙道から蒸気を含む煙が出る。11時55分頃から太い雑木をくべる。5～6時間経つと，火は窯の天井部を這って徐々に延焼し，ケブリがトブ［煙が飛ぶ］状態となる。煙が徐々に白くなると，焚口部は硬質の板状物で封鎖する。板状物の両側にはレンガ2個を置き，隙間から空気を通す。このような状態で一晩経過すると，煙量が多いオオケブ［大煙］となる。この後，煙の量は減り，色も白から紫に変わり，さらに量も減る。いよいよ完全封鎖のケムトメ［煙止め］となる。完璧なケムトメをするため，焚口を封鎖していた板状石下のレンガ2個を抜き取り，そこを用土で塗り塞ぐ。板状石の外側にも土を盛り，これで完璧に封鎖ができた。つぎに煙道の煙突として使用した土管を取り外し，そこにコンクリートの板石を乗せて上を塗る。こうして焚口・煙道は完璧に封鎖ができた。これから黒炭の最大の特徴である窯内《かまない》消化が始まる。

ちなみに黒炭用の土窯の窯内温度は，炭化中は370度前後で推移し，最終の精錬時には720度までに急上昇するという測定値がある[2]。

（3）窯出し

窯出しの順序

4月2日にクチモシし，3日目の4月4日にケムトメ，それから2，3日経過し窯出しとなる。この年は，近所の御夫妻の協力を得て4人作業となる。まず焚口を閉塞していた盛り上・粘士・板状石を慎重に取り除く。窯内の温度は高く，余熱が充満している。この時点での窯内温度は，100度前後とされる。炭は軍手をはめた両手で掬《すく》うようにスミダシカゴに入れて（男仕事），それを外で待つ人が素早く引き寄せる（女仕事）。狭い窯内と充満する余熱で，最も難儀な作業。ちなみに，窯内にカゴを入れて炭を載せ，窯外に出すまでの所要時間は，平均して約60秒。1回窯内に入って，4杯程度出すのが限界。とくにカシは炭の火力が強くて重いので，窯内温度のさがり方はクヌギ・ナラなどより遅い。わたしも5回目の窯出し前に，窯内に入れていただいた。入ると汗がパッと出て咽喉《のど》が痛く，カメラのレンズは瞬時に曇った。湿度は100%か。炭を出し終わると，シキ［窯床］を箒《ほうき》で綺麗に掃き，すぐに次に焼く薪詰め作業に入る。窯が冷えないうちに次の炭を焼くと，良質な炭が焼けたからである。

炭の選別

梱包《こんぽう》するまえに，カタギと呼んでいるクヌギ・ナラ・カシの炭は，カタズミ［堅炭］として，品質が劣るゾーキ［雑木］と選別した。とくにクヌギはサクラズミ［佐倉炭］と呼ばれ最上質とされた。カシのように四つ割にした炭と，丸物の炭とも選別した。

炭俵を編んで梱包する

焼かれた炭は茅を材にしたスミダワラ［炭俵］に入れて梱包した。炭俵は米俵と同じように編み台を使用したもじり編［編布《あんぎん》］である。クヌギ・ナラ・カシなどのカタズミは30cm × 30cm，長さ50cmのカクビョウ［角俵］に入れ，それ以外のザクズミ［雑木炭］はマルビョウ［丸

表1　昭和53年春季における市川祐家の炭焼き窯実績

回数	1回目	2	3	4	5	6	7	8	9	10	11	12	13	14（トメガマ）
期間	2月26日～2月28日	2.28～3.6	3.6～3.11	3.11～3.17	3.17～3.23	3.23～3.29	3.29～4.2	4.2～4.7	4.7～4.13	4.13～4.18	4.18～4.25	4.25～5.1	5.1～5.8	5.8～5.11
所要日数	3日	7	6	7	7	7	5	6	7	6	8	7	8	4
主宰者	市川祐	市川	市川	市川	市川	清水良治	市川	清水	市川	市川	市川	市川	清水	市川
主薪材	ソダ	マツ	マツ	ナラ	カシ	クヌギ	カシ	クヌギ	カシ	ナラ	ナラ	ナラ	ナラ・クヌギ	ナラ・雑木等
生産量	／					19俵				16俵	19俵			

注（1）1～4回は窯内をあたためるために焼いたもの。
（2）清水良治さんは，黒川在住の人で市川家の窯を借用していた。
（3）9回目は雨で，11回目は葬儀のため，一日ずつカマダシが遅れた。

俵〕に入れ，外観的にも明確に峻別した。カクビョウに詰め終えたら目方を測る。基本は4貫目（15kg）で一俵とした。一窯《ひとかま》で，カシ・クヌギで20俵，ナラで18～20俵が焼けた。昭和53年春の市川家の炭焼き生産量は，表1の通りである。

このようにして生産された炭は，炬燵《こたつ》・火鉢・料理，そして養蚕など，まず自家の消費に充てられ，それ以外は東京・矢野口の辰巳家に売り捌《さば》いていた。市川家における経済史側面については，紙幅の都合もあるので，ここでは言及しない。

3　黒川炭の歴史的背景を素描する

最後に炭焼窯遺構と，近世後期の江戸市中の歴史像にも一言ふれておきたい。

多摩ニュータウン内からは，石窯《いしがま》・土窯《どがま》合わせて455基（実数は数千基か）が発掘されている。両者は遺構相互の切り合いとか，分布域の広い土窯と，狭い石窯（大栗川上流・南大沢村を中心とした直径5km内）などから，かつてわたしは石窯が古く，しだいに土窯へ変遷したものと予察した。近年，長佐古真也氏は具体的に，17世紀後半～18世紀段階に石窯が出現し，18世紀後葉～19世紀前葉に土窯へ転換したとする。これを地域別に俯瞰《ふかん》すれば，石窯が70～80％の多摩ニュータウン西部域→石窯・土窯が50％前後の同中部域→土窯のみの同東部域へ推移したとされた[3]。

こうした西部→中部→東部への推移を肯定しているのが，天保12年（1841）3月，橘樹《たちばな》郡登戸村（現在の川崎市多摩区登戸）他31か村の「炭渡世之者」（村役人含む）が，江戸の薪炭《しんたん》問屋を相手にした訴訟である[4]。これまで幕府が公認していた薪炭生産者・荷主舟で多摩川を漕運《そううん》→江戸川辺薪炭問屋→仲買→消費者というルートを改めて，薪炭生産者・荷主→陸路で江戸へ搬送→「直《じか》売り」を認めよ，と「炭渡世之者」が申し立てた。つまり問屋側などがこれまで独占していた利鞘《りざや》を解放せよ，という申し立て。結果は，老中・水野忠邦の天保改革で問屋制度は解散させられた。

ここで注目したいのは，「炭渡世之者」の人数と訴訟した村々。たとえば，都筑郡茌田村（横浜市緑区）の15人，橘樹郡有馬村（川崎市宮前区）の13人は突出して多い。両村以外に名を連ねた村は，現在の東京都稲城市・町田市，川崎市高津区・中原区・多摩区・麻生区，横浜市港北区・緑区・戸塚区に及んでいる。その村々を地図上に落としてみる（図4の■印の村）。意外なことに，矢倉沢往還（大山街道）と中原往還沿いに集中している。現にわたしは，矢倉沢往還沿いの「炭渡世之者」の実在を裏付けるような特異な横穴式系の大形炭焼窯を，横浜市緑区の赤田遺跡群で親しく実見する機会があった（写真2）。

19世紀以降，川一つ挟んだ村々で生産された薪炭類は，矢倉沢・中原・津久井の3往還を利用して，相当量が江戸市中に直接運びこまれていたのが実態であろう。そこで薪炭問屋は，江戸への入口部の渋谷・麻布で荷物を一旦強制的に差し止めた。それが原因の争論で，その顛末は既述した通りである。

近世後期の首都・江戸は，人口100万人を超える大都市。これに加えて，薪炭などの熱エネルギーは，庶民層でも消費が増大した。背景には①17世紀末～18世紀前半（元禄・享保期）頃から

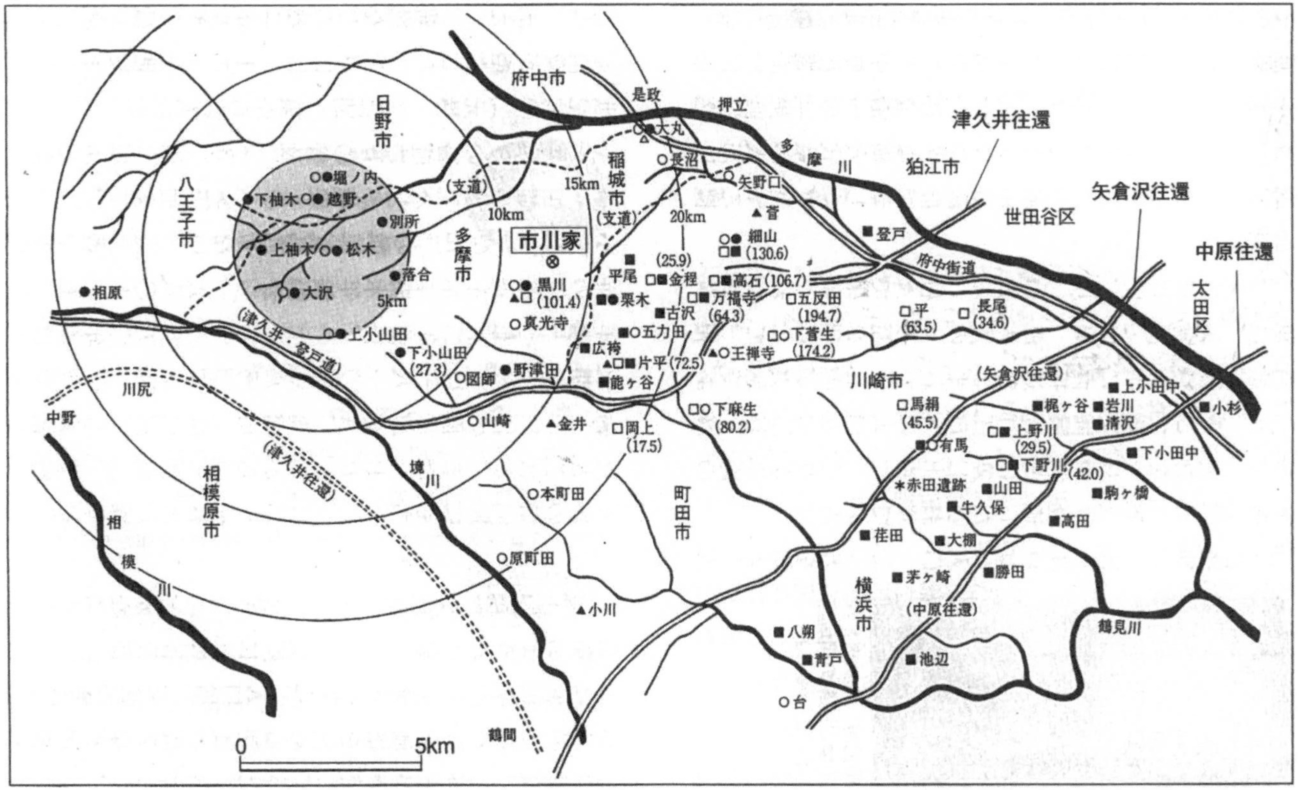

図４　近世及び近・現代の炭焼きが確認できる村々（●印　炭焼窯が発掘されている村，○印『風土記稿』に炭焼きの記載がある村，■印　天保12年の薪炭荷物訴訟に参加した村，□印　『数目調書』『○○村地誌』に炭焼きの記載がある村，▲印　『村明細』『皇国地誌』などに炭焼きの記載がある村。点線は幹道（街道）に通じる支道）。□内が市川家。アミ掛けした円内（直径5km）が石窯の集中域。

写真２　赤田遺跡（横浜市）から発掘された横穴式系の炭焼窯（下方が炭化室，正面が煙道）。この窯ならば，炭質は落ちても多量に炭が生産できた。

の人口増，②床や天井張りの書院造りの家屋の普及，③炭を使用した炊事や炬燵《こたつ》の普及などが相乗していた[5]。加えて，江戸の小氷期（寒冷化）の徴候も見逃せない。古文書や年度毎の気温差を示す樹木年輪幅から1680～1700年頃，1750年前後，1780～1850年頃は小氷期で，とくに1810～1830年には，江戸でも約60cmの積雪があり，両国川（隅田川）も凍結したとされる[6]。また1750年からの１世紀は，宝暦・天保の飢渇《ケカチ》期にもあたり，日旱《ひで》りや霖雨《ながあめ》が繰り返された[7]。

『風土記稿』を紐解くと，炭焼きはのどかな農作業の余業のような印象だが，実際には近世後期，江戸市中は庶民層の生活様式の変化，人口増，気候の寒冷化，物品の流通や販売価格を決める制度の疲労などが相乗し，きわめて緊迫した事態が陸続していた。おそらく江戸近郊の炭焼き事情は，生産地と消費地が至近である利点に着目した幕府側の熱エネルギー政策であろう。良質な炭でも窯の容量が小さくて生産量の少ない「石窯」から，生産地域を拡大し，より生産量も多い「土窯」に推移していった背景もこれで説明できる。要は品質よりも量の多寡《たか》が喫緊《きっきん》の課題であった。こうして黒川炭の生産地は，江戸市中へ木炭を供給できる最前線の基地であった。市川祐氏御夫妻の御協力で記録できた炭焼窯の民俗誌的調査は，深淵な歴史を探る貴重な端緒となっていた。

小論は村川文夫　1991「発掘調査された炭焼窯の基礎的研究」『物質文化』第55号・物質文化研究会，村田文夫・新井清　1994「多摩丘陵産・黒川炭の歴史と民俗誌」『川崎市市民ミュージアム紀要』第6集・川崎市市民ミュージアムをベースにしている。

註

1　用土の土壌学的な分析は，地質学者・増渕和夫氏の分析によることを明記して感謝する。

2　土窯内の温度については，岸本定吉　1967『炭』丸ノ内出版による。

3　長佐古真也　2012「多摩ニュータウン遺跡の炭焼窯」「研究論集」26集（30年の軌跡），東京都埋蔵文化財センター

4　君塚仁彦　1993「多摩丘陵における近世木炭生産史研究の近業によせて」『貝塚』第46集，物質文化研究会

5　樋口清之　1993『木炭』ものと人間の文化史71，法政大学出版局

6　太田貞明　1992「樹木年輪の研究と年輪から見た日本の小氷期」『地理』第37巻２号
　水越充治　1994「大和盆地の天気と気候」『大美和』第86号，三輪明神・大神神社

7　田中康　2013『気候で読み解く日本の歴史』日本経済新聞出版社

第Ⅳ部　託すょ夢—神奈川県考古学会と発掘調査報告書—

神奈川県考古学会の発足前夜と今後への期待

司会：それでは時間になりましたので，これより，神奈川県考古学会設立20周年記念講演として，二本のご講演を頂きたいと思います。まずはじめに，「神奈川県考古学会の発足前夜と今後への期待」と題しまして，神奈川県考古学会員の村田文夫さんにお願いいたしますけれども，その前に簡単に村田さんの略歴をご紹介したいと思います。村田さんは，立正大学を卒業されまして，昭和40年4月に川崎市に採用されました。それ以降，一貫して川崎市の文化財や博物館行政に長く携わってこられまして，その間に縄文時代を中心とした考古学の研究も進められてきました。平成15年3月に川崎市を定年退職なされた後も，川崎市あるいは県内において考古学のご研究を積極的に行っているという状況であります。また，今日の題名にも書かれておりますように，当学会の設立のメンバーの一人として活躍された方でもあります。それでは，よろしくお願いいたします。

写真1　講演中の筆者

村田：今，ご紹介頂きました村田でございます。今日は，この会が発足して20年という記念的な行事であり，その中で発足当時のことを知っている人が何か喋っても良いのではないかということで，わたしの方へお鉢が回ってきたものとみられます。はじめにこのような機会を作っていただきましたことに，心から御礼申し上げたいと思います。

思い出しますと，この学会が発足したのは，平成3年4月22日。横浜の開港記念会館で第1回目があったわけです。その学会は突然できたものではありません。その前身がありまして，それが昭和52年に発足した神奈川県遺跡調査研究発表会準備委員会でした。ずい分と長い名称です。その中では，遺跡調査の成果発表会が中心で行われておりました。その遺跡発表会準備委員会を引き継いだのが，この神奈川県考古学会です。平成3年，今から20年前というと，わたしはまだ48歳で，若かった。さらに遡って，昭和52年の遺跡発表会の時となりますと，まだ34歳でした。役所のほうの仕事はまさに一兵卒で，東奔西走していました。まだ足腰が丈夫だった時代です。いま68歳になりますので，34歳というと丁度半分。人生の半分が，神奈川県の考古学会と何らかの関係を持っていたということです。

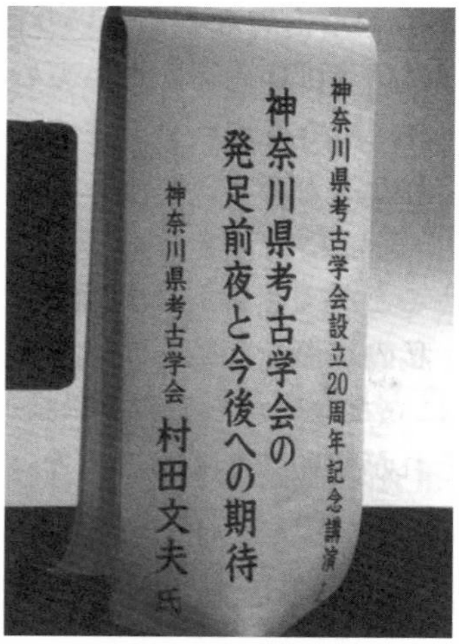

写真２　記念講演の演目

そして，平成３年に学会は発足したのですが，平成13年，10年経ちました時に，会の内部で規約等の見直しがありました。と言うのは，もうだいぶ長くなった方，わたしも含めてですがおりますし，もっと新しい血を入れた方が良いのではないかということで，機構のいろいろな見直しがありました。

わたしは十分長くやりましたので，10年に顧み，一応役員という立場から引退いたしまして，その後は，若い人達に託したということです。そもそも組織というのは10年も経ちますとやはり段々と空気が淀んで，マンネリ化してきます。そういう意味で10年で切り替えたのは，今でもいいタイミングであったと思っております。わたしもこの会の役員という立場が切れてから10年になります。今でも遺跡発表会等があるときには，できるだけ顔を出して懐かしんでおります。

本日この席に立つにあたって，幾人かの人の思い出があります。初代会長が日野一郎先生，二代目の会長が岡本勇先生でした。ご両人とも，この世界からあの世へ行ってしまわれております。

日野先生はその当時の方にしては非常に身長が高く痩身な方で，歴史考古学の権威者でした。その傍ら，野球で強い武相高校の校長さんをされておりました。意外と知られていないのは，高校野球連盟（高野連）の大変な重職に就いておりました。ご本人の研究者としての実績は勿論十分ですが，そういう要職に就かれていることからわかるように，大変バランス感覚の良い先生でした。ですから仲間といろいろ相談し，初代の会長さんにはそういう意味で日野先生が一番良いのではないかということで，先生のところへ下打ち合わせに行きましたら，やってもいいですよという感じでした。それで総会の席ではかり，日野先生にご了解頂いたというのが第一の思い出です。

それから岡本先生―。先生は日本の縄文研究を引っ張ってきた第一人者と言って間違いないと思うのです。後年はあの港北ニュータウンという広大な地域の遺跡群研究を身を以て進展させた，まさに考古学界を代表する研究者であったと思っておりました。わたしは，岡本先生と長くお付き合い頂いてまいりましたが，先生はご承知の通り大変お酒の強い方でした。わたしも考古学をやっているくらいですからお酒は大好きな方なのですが，どういうわけか岡本先生と二，三人の席でゆっくり飲む機会が持てなかったのが一番残念です。もっと岡本先生の人間性にふれたような話が聞きたかったと思っています。

亡くなられた方の思い出話ばかりで申し訳ないのですが，この会にとって，わたしたちの同志として頑張ってくれた方が，東海大学の織笠昭先生でした。織笠先生はご承知の通り，旧石器研究の第一人者ですが，この会の発足の時にも，大変奔走された方なのです。先生は，御研究の内容を見てもわかるように，ぶれない頑固一徹な方で，この会の運営にあたっても，常に自己の考え方を明確に言ってくれました。それに賛成する人も反対する人もおりましたが，織笠先生は非常にその辺はピシッとわきまえた人で，いつも筋を通された人でした。そういう先生が平成15年5月21日，突然お亡くなりになり，わたしたちは本当にショックを受けました。

そのようなわけで，まずわたしがこの話を引き受けた時に，最初に浮かんだのは，そういう先生方への思い出でした。

*

これからは話の本題に入っていくのですが，いきなり「県の考古学会を」といってもピンとこないでしょうから，わたしの自己紹介を兼ねながら，段々本題へと入っていきたいと思っております。

わたしは昭和18年3月10日に川崎に生まれ，ずっと地元の小・中学校を出てきたのですが，その後，立正大学に入学し，そこで考古学と出会うわけです。最初に体験した発掘が，横浜市の三殿台遺跡です。わたしは，歴史は嫌いではなかったのですが，遺跡のことは全く興味がなくて，ただその時に三殿台遺跡の発掘に行くと一日300円の日当が出るということと，10日間行けばよいとのこと。ですから，わたしは世に言う「考古ボーイ」ではありません。土器片というのはこういうものなのだということを，実はその時初めて知ったのです。我が家に帰ってきますと，家の畑にいっぱい土器が散っているわけですね。「ああ，なんだ俺のところの畑も遺跡だったのだ」と，その時初めて知りました。もう一つ良いことがあったのですね。先輩達がお酒をたらふく飲ませてくれたことです。

わたしはもともと，中学校の先生になるつもりでした。その準備をしていたのですが，川崎市の採用試験があると教えられて受けたのです。運よくそこに入ることができ，学校の先生は諦めました。

そして市役所内で配属されたところが教育委員会です。おそらくわたしを面接した人事担当の人が記憶してくれたのだと思います。「おまえは市長部局にいても役に立たないから教育委員会へ行け」ということで，教育委員会社会教育課文化係に配属されました。それが昭和40年4月のこと。正直言いまして，大学で学んできたことが仕事で活かせるということは大変ラッキーなことだったのですが，ご承知の通り昭和40年代は，東名高速は走る，第三京浜は走る，大規模な住宅公団の開発が始まる，ということで，大規模開発ラッシュのいわゆる「草創期」みたいな頃だったのです。

都道府県では，その当時40数名の専門職員がいたと思うのですが，市町村ではまだゼロでした。川崎市に入ったわたしと，浦和市に青木義脩さん，市川市に熊野正也さんがおられた程度でした。僕らは同期なのですが，そのあたりが首都圏の市町村で文化財保護行政をやりはじめたわけです。

川崎市の事情で言いますと，第三京浜，東名高速が走り，東名高速では長尾下原《しもっぱら》遺跡がひっかかったわけです。またその頃に集中したのは，小田急電鉄とか，東急電鉄による沿線の区画整理事業だったわけですね。

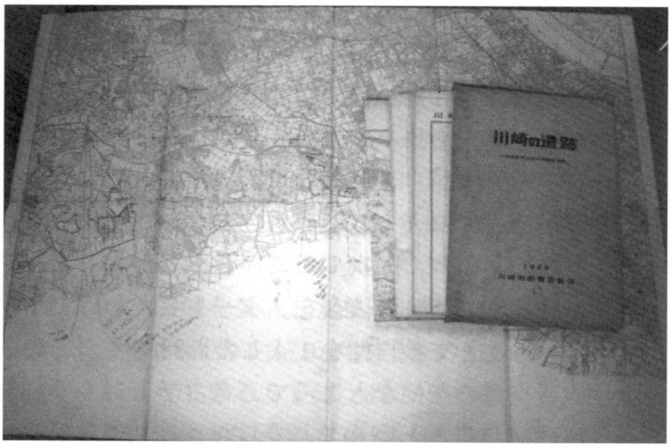

写真３　最初に刊行された遺跡地図（昭和 42 年度）
（1 万分の 1 の白地図に遺跡の範囲を朱線で囲んだ）

大手の企業と地元の農家の人と連携して電車の路線を延長したり，区画整理をしていく，ということをやったわけです。その頃は，どこの市町村も遺跡の実態が把握されていなかったのです。確かに当時の文化財保護委員会からは「遺跡地図」は出ていましたが，非常にスケールの粗いもので，小さな点で遺跡の位置を示してあるだけでした。実際に市町村に入った我々が，開発計画内の遺跡をどうするか行政指導する材料としては不十分でした。そこで川崎市に入ってまずやったことは，「遺跡地図」を作ることでした。幸い川崎市には文化財調査員という制度がありました。これは条例設置の文化財審議会ではなくて，もっと若い研究者を中心とした実動部隊としての調査員制度でして，そこに考古担当の調査員もいたわけです。そのお一人が，わたしが長くお付き合いさせて頂いた渡辺誠先生だったのです。渡辺先生は今は名古屋大学の名誉教授ですが，あの当時は，慶應義塾大学の大学院生でした。それから，わたしの先輩にあたる関俊彦先生，高山純先生，あと伊東秀吉先生など，多くの先生方にとにかくお願いいたしまして，1 万分の 1 のスケールで遺跡地図を作りました。今，本会の会長をやっています岡本孝之さんも一緒にわたしたちと回って一生懸命，撚糸文土器を集めていました。それが『古代文化』誌上で撚糸文のすぐれた論文を書いた時の基だったのです。

その頃から，全国的に，とくに関東甲信越がそうなのですが，「○○遺跡発表会」とか「○○遺跡見学会」といったものが，都道府県単位で開催されていました。そこでお互いに情報を共有するわけです。要するに，いくら遺跡を掘っても報告書ができるまで何もわからないのではしょうがない。良い成果をあげたのならば，速報的な意味も含めて遺跡発表会をしようというわけです。当然，我々にも情報が入って，神奈川県でもつくりたいという声が 40 年代から段々出始めてきました。この頃には港北ニュータウンなどの計画が具体化していました。当然の成り行きであったと思うのです。

ただ神奈川県の場合，いきなりできなかった背景があります。一つには，発掘件数がどんどん増えていたのです。ものすごい量を川崎市でも掘っていましたが，横浜市内ではさらに多くの遺跡を掘っていました。つまり，日々の発掘の方が優先されていた状態であったということ。

それから神奈川県の場合は，比較的早い段階から，川崎，横浜などには，○○調査会とか，○○研究会という会があって活動していました。実績がなければ新しい会を作り上げることは容易ですが，すでに数々の実績を上げている会があるわけですね。それらのグループとどのように協力し合っていくかという問題がありましたので，神奈川県考古学会の発足と発表会を一緒に立ち上げることができなかったわけです。

ともかく発表会を先にやろう，ということで，学会の設立を遅らせ発表会を先行させました。それが昭和51年に「発表会」ということで，県内在住の考古学研究者とか，いわゆる研究団体が集まりまして「準備委員会」を発足させた背景です。

そのとき，レジュメにも書いておきましたけれど，岡本勇先生が大変きつい一言を言われたのです。「遺跡調査発表会では駄目だ。遺跡調査・研究発表会でなければ」と。わたしは今回のレジュメを書くにあたって，その当時の記憶をもう一度確認するため，同じ仲間の小川裕久さんに確認してみました。「小川さん，あの時岡本先生は研究ということを強く押したけれど記憶してますか」と聞きましたら，小川さんも「間違いなくそう言っていたよ」ということ。そこには岡本先生の思いが十分あったわけですね。

岡本勇先生が「研究という二文字を入れろ」と言った真意は何か，後輩のわたしたちにとっては永遠のテーマだと思っております。

＊

昭和52年6月26日，横浜市開港記念会館で1回目の発表会を行いました。その時は14遺跡が紹介されております。その発表会のレジュメの表紙は「準備委員会」という名前で，今から思うと大変中途半端ですが，そこには先程言った考古学会の設立よりも，遺跡発表会の方を早くしたい，という思いが入っていたわけです。

この年以降，順次やってきました。一方，準備委員会の中でもいろいろな議論がありまして，要するに神奈川県は遅れて遺跡発表会をスタートしたわけですから，よその県と違う独自性を出さなくてはいけない，ということで独自性を工夫したわけです。

その一つは，発表会場を巡回させること。1回目，2回目は，一番交通の至便なところで，考古学人口も多い横浜市でやりました。これを横浜市だけではなく，各地に回そうということでした。わたしが次は川崎市で引き受けますよ，と手をあげて川崎市で開きました。そのあと平塚市，大和市，鎌倉市，相模原市というように各市を巡回しました。

二つには，遺跡発掘成果の発表だけではなくて，記念講演をやろうということになりました。記念講演は考古学と隣接する学問のところからいろいろな話を聞いて学習してみようということで行いました。どのような先生にお願いしたかと言いますと，縄文研究の大御所である江坂輝彌先生とか，テレビの時代考証でお馴染みの小和田哲男先生，鎌倉にお住まいの作家・永井路子さん，火山灰研究の町田洋先生，文献学の平川南先生，形質人類学の森本岩太郎先生，板碑研究の大御所・服部清道先生。そういった錚々たる先生方に必ず一本お願いしておりました。丁度，江坂先生の時は，10周年の記念でしたので，会員に誰がいいか事前にアンケートし希望を聞きましたら，江坂先生のお話を聞きたいということでした。

わたしは幸い江坂先生に長いことお世話になり，教えて頂いておりましたので，事前にお前が交渉して来いということ。電話で交渉しましたら「いいですよ」ということでした。以前，ご一緒に韓国旅行した時の江坂先生は非常に敏捷で，山坂を駆けるようにして登っておりましたが，講演の時にお見えの先生はちょっと御足が弱っておられました。ただ講演の内容はしっかりしておりまして，神奈川県下の貝塚がどのような順序でどのようにして掘られたのかというお話しを，秘話も含めて聞くことができ，今でも10周年記念に相応しい素晴らしい講演であったと思っております。

次に考えたのが，400名前後いた会員をどのようにして引っ張っていくかということ。一番大きな長野県考古学会に次ぐくらいの会員数でした。また，非常に特徴的だったのは，わたしの感覚では三分の一ぐらいの会員は，考古学に関心を持つ考古学ファン。のこる三分の二くらいはプロパー，言わば考古学のプロで，業としている人もいました。でも，我々としては，考古学に関心を持ってもらっている三分の一ぐらいの人たちにどう活動を訴え，関心を継続して頂くかということが大きな課題でした。そのためには専門的なことをできるだけ易しく解説して，現代の事象と古い考古学の世界がどのように繋がっていくのかということを，できるだけわかりやすく説明していく。そのような会にしよう，というのが，そのときの約束事でした。

＊

このように独自性は一生懸命打ち出していったのですが，その一方で，深刻な問題が遺跡発表会の中で出てきました。

最大の問題は，事務局が無かったこと。結局，準備委員会ということでしたから，しっかりした事務局というものを持っておらず，その当時すでに発足していました神奈川県考古同人会，これは神奈川県教育委員会の職員が事実上中心となってやっている会ですが，実はそこに「おんぶにだっこ」してもらっていました。そこに事務局的な機能もお願いをしたり，さらに厚かましい話ですが，資金が足りなかったのですね。だからレジュメも印刷できない。そんなことで，神奈川県考古同人会から運営経費の一部まで拝借し，その拝借したお金は発表会当日のレジュメを売って返還していました。なんともすごい自転車操業をやっていたわけです。

二つ目は，会場が巡回するということとも関連するのですが，要するに会計担当がいなかったわけです。会計がいなかったため，2回目の時の資金は1回目の売り上げの金を溜めておいて，その都度充当していく。これを次回から次の回へと繰り返していくわけですね。ですから，誰一人として全体的な数字が把握できていなかったわけです。実は川崎市が13回目の平成元年に，やりましょうとわたしが元気に声を上げたのですが，送られて来た資金はもう完全に底をついていました。わたしはその何年か前，資金に若干余裕があった頃を記憶していましたから，当然それがあるものだと思っていました。でもこれは，開催を担当してくれたところを全然責めるつもりはなくて，会として会計担当者という重要な責任者を置かなかった方が悪かったわけです。思えば次回の開催市についても，発表会の都度，お酒を飲みながら反省会を開き，その席で次回開催市を決めていたという，今から思うと大変恥ずかしい話ですが，そんなことをしていました。つまり会計担当とか，事務局とかの問題はすっとんじゃっていたわけです。

川崎市では引き受けたはいいけれどお金が無い。わたしは，開催を受託した側の責任者ですから，いろいろ考え，結局，コマーシャルを入れることにしました。13回目のレジュメの最後の方のページには，コマーシャルがいっぱい入っています。コマーシャルが入っているレジュメは，この後1，2回くらいしかないです。8ページか9ページ全てコマーシャル。協力してくれたのは，地元で書籍を扱っている文教堂，考古学関係図書出版業の六一書房，考古学とは全く関係ない中央農協，川崎信用金庫，博物館展示をやっている京都科学，トータルメディア，パリノ・サーベイ，神奈川考古同人会も入っていました。全部で11か所もありました。当然，内部からこの種の出版物にコマーシャルは向かないという声があがりました。指摘はごもっともなこと。でもこのときには，それをやるしかなかったわけです。

それからポスターを作りました。それはプロのカメラマンが撮った写真です。「今，地下三尺から甦る」という見出しをつけてあちこちに貼りました。

このような経過がありましたので，当然，磐石な組織作りというものが課題になってきたわけですね。そのため平成2年6月30日，いろいろな関係者が集まって神奈川県考古学会の設立に向けた発起人会を作りました。もう準備委員会というかたちでは事が成りゆかなくなってしまっていたわけです。

そして平成2年8月20日，県内の研究者とか研究団体の方々，とにかくありとあらゆる人たちに呼び掛けまして，90名くらいは来たかと思うのですが，そこで発起人会で決めた内容を説明したわけです。結果的には賛成を得たのですが，やっぱりこの席はものすごく賛否両論が激突しました。とくに活動歴をもつ既存の団体がありますから，そういった人たちからは，当然それとの関係はどうなるのかなど，大変厳しい意見も出ました。それにはわたしと小川裕久さんがおもにお答えしました。結果的には厳しい議論を経たうえで，一応は了解をして頂きました。そして，平成3年4月22日に発足にこぎ着けたわけであります。

第1回から第14回までは，「県遺跡調査・研究発表会準備委員会」という長ったらしい看板でやってきたわけですが，第15回からは「神奈川県考古学会」というすっきりした名前の発表会に切り替わったわけです。その後，いろいろと検討を加えまして，県考古学会プラス開催市が横浜なら横浜市教育委員会，川崎なら川崎市教育委員会といった，開催市と共催で行うようになりました。場所によっては博物館なども共催に入るケースも出来ました。共催関係が認められますと，会場の使用料の減免という大きなメリットが魅力的でした。

発足は平成3年4月22日ですから，平成13年には10年経ちました。そこでもう一度内部の機構を見直そうということになりました。役員の数とか，いろいろな部署の新設など，今でいうところの「仕分け」をしました。

この時の大きな決断は，役員の任期を明確にしたことです。会長・副会長の任期は，これは問わない，というようになっております。それ以外の役員は一応，10年を超えないということにしました。わたしは準備段階から20何年もやっていますから，当然身を引くいいタイミングだったわけです。このときに相当多くの役員方，具体的には三分の二くらいの役員が入れ替わったと思います。そして，新しい県考古学会としての活動が出発したわけであります。今回はその新しい体制で早くも10年を迎えたということであります。

＊

まだ少し時間がありますので，今後の考古学会に期待したいことを，年寄りが言うのもおかしいのですが，実はいくつかあります。

一つは，遺跡調査・研究発表会について言いますと，勿論内容は良いものをやられていますが，わたしはもっと独自性があってもいいかなと，とも常々思っています。要するに日本考古学協会の地方版ではありませんから―。神奈川県としての独自の目玉があってもいいのではないかなと思うわけです。わたしたちの時代にやってきた記念講演，すなわち隣接科学の第一人者の話を聞く，これをそのまま復活しろというわけではありませんが，その種の何か独自の仕掛けがあったら，それだけでも見たい・聞きたいという気持ちが湧いてくるのではないかと思っています。是非ともご検討下さい。

それから，遺跡のもっている個性をもっともっと前面に出しても良いのではないかなと思います。かつては今と違ってパワーポイントはありませんから，スライドでやっていたわけです。司会者が名前と遺跡名を言うと，発表者が壇に登り，まず最初に発した言葉が「スライドをお願いします」―。そうすると，その遺跡（調査）にどういう目的があって，成果があって，何に課題を残したのか，それはスライドの中で順次説明していくのでしょうけれど，やっぱり聞く側にしますと，まっさらな状態でその事柄を5分でも10分でもいいから説明してほしいのですね。そこでスライドの枚数を制限しようかというような話も真剣にありました。出てきた土器を，取っ換え引っ換えやられたら，何の意味で掘ったかわからない。それだけで予定された時間が過ぎていくわけですから。

つまり遺跡を調査した意味が，聞く側に十分伝達されないという点に気がかりがあったのです。残念ながら今もあまり改善されていませんね。発掘した遺跡がもっている意味，大いなる個性，何の成果があったかということをもっと正面に据えて大きな声で言ってもらいたいと思っています。

それから細かなことですが，今日，いろいろな映像が紹介されましたが，ほとんど人物が写っていません。とくに遺構が写っている場面には，できれば人間が写っているのがいいと思っています。要するにヒューマンスケール。2，3年前ですか，慶應義塾大学の日吉校舎から第二次大戦時の遺構が出てきました。あの発表を見ていて，ヒューム管のようなものが出ているのですが，その直径が1mあるのか2mあるのか，映像を見ていてもわからない。発表者は何mとかナレーションしてくれたと思うのですが，わたしに言わせてもらえば，そこに人間一人が入った写真を見せてくれれば，大人の男性なら170cm前後ですから，直径2m前後の管だなと一目でわかります。

それから，今日もありましたけれど，この竪穴の住まいが大きいとか，小さいとか，人数を入れて写していました。わたしはあれは非常に良いと思うのですね。ああいう風にやってもらえると，「ああこれはでかい住居だ」と一目でわかるわけです。そもそも竪穴住居は，そこに何人が起居できてナンボの世界です。そういうヒューマンスケールをもっと取り入れてほしいなと思っています。これは先年亡くなられた佐原真先生も盛んに言っておられたことです。

それから考古学の講座。わたしはやはり発足当時の原点がありますので，考古学プロパーではないが，考古学に関心をもっておられる人たちにいつまでも会場に足を運んでほしいと願っています。おそらく徐々に会員数は減っているのだと思うのですが，何故減っていくのかということを考えた時，だんだん専門的に特化していったということが大きな理由ではないかと思うのです。わたしはできるだけ易しくして多くの人びとが興味をもってもらえるよう，発表方法も含めもっと工夫してほしいと思っています。

写真４　『かながわ遺跡めぐり』の表紙

同志社大学名誉教授の森浩一先生が，「考古学は地域に勇気を与える」ということをいろいろな本に書かれています。よそから新しく入ってきた人が，その土地に残されている，たとえば貝塚や古墳を見たり，勉強をした時，こういう歴史があったところにこれから住むのだとか，あるいは長く住んでいる人にも，実はこんな歴史があったのかという，地域に対する誇り，あるいは勇気，そういったものを与えるのが考古学だという意味のことであると思っています。この遺跡発表会にも，そういう大きな使命があるのだということを真剣に考えてほしいと思っています。

レジュメの中にも書いておきましたけれど，平成 11 年にこの会では『かながわ遺跡めぐり』という本を出しています。B6 判の 260 ページくらいの本です。これは多摩川新聞社という，川崎市に拠点を置く新聞社ですが，そこの社長さんとわたしは長いこと付き合いがあり，それで「是非とも出したいのだ。わたしも考古学が好きだから」ということになったわけです。ですから出版元は多摩川新聞社で，編集は神奈川県考古学会になっています。そこで大勢のスタッフが集まって，神奈川県の代表的な遺跡を，年代と地域に目配りしながら選びました。そして，原則として発掘調査を担当した人に原稿を書いてもらいました。

何故，発掘調査の担当者に書いてもらったかというと，遺構や遺物が地下から顔を出してきたときの感動というのは，やっぱり掘った人でなければわからないだろうということで発掘者に書いてもらいました。神奈川県考古学会は一銭も出していないです。多摩川新聞社は 2,000 円前後で売ったのかな。そしてこの種の企画は，その後，音沙汰なしとなっています。本が売りきれたかどうか別にしても，わたしはあのような企画は，今後カタチを変えてもいいし，あのままでもいいのですが，ともかく続編があっても良いと心から願っております。わたしはもっともっと考古学ファンを楽しませてほしいのです。

遺跡の現地案内等は，わたしが出不精になってしまっただけなので，今後も続けてほしいです。

それから，『考古論叢・神奈河』。これは会として刊行する学術的な論文集です。今も大変充実した内容のものが出ていますので，当然継続してほしいと願っています。ただ願わくばですね，考古学をやっている人たちは，みな一人一説，一国一城の主だと思っています。ですから，紙面の中でもっともっと真摯な論争があってもいいと思っています。紙面はさらに充実するし，緊張感も出るでしょう。わが身に照らせば，論争では連戦連敗の負け戦《いくさ》ばかりですが，それでも生まれつき論争好きな性格だと自己分析しています。戦は止められません。

最後の一言で申し上げたいのは，岡本先生が調査・研究発表会にこだわったのはどういう意味かなという問いであります。おそらく先生は，やはり遺跡を掘った本人にしかわからないような歴史は，その本人が精一杯語ってくれよ，ということだったと思うのです。つまり，「遺跡をして歴史を語らしむ」と言うこと。

たとえば遺跡は，その歴史が終わってから万（年）の単位，千の単位，百の単位の塵が積もって現在に至っているわけです。考古学（者）は，合法的にその歴史を掘り起こすことができるわけです。発掘調査を担当する人は，遺跡がもっている目鼻立ちの輝きといいますか，本来の歴史の輝きをもう一度甦らせる責任をもっているわけです。しかし，積もっていた塵を綺麗にクリーンアップする前に，既存の学説だとか通説だとかに頼って，眼を曇らせてはいけないぞ，そういうことを一番言いたかったのではないでしょうか。勿論，先人の説は大事にしなくてはいけないし，その周辺で研究されたものは沢山ありますけれど，それにはとらわれない，掘った人にしかわからない見方も語ってくれ，と言いたかったのでしょう。

写真５　「无射志国荏原評」銘の文字瓦
（撮影・提供：小池汪）

身近なところで言いますと，川崎市宮前区野川に影向寺《ようごうじ》という古刹があります。有名なお寺ですからご存知だと思います。そこから，写真５のような「无《む》射《ざ》志《し》国《こく》荏《え》原《ばら》評《ひょう》」という立派な文字瓦が見つかりました。銘文から７世紀第４四半期に製作された瓦であることは，間違いない。ですから多くの研究者は，影向寺の歴史が，そこまで遡るということをいろいろな形で発表されており，大多数の研究者もそれを信じていると思います。しかし，わたしは考古学の立場でちょっと待ってくれと言いたい。何故かといいますと，その瓦は８世紀中頃の掘立柱建物の柱の地盤沈下を避けるための瓦として転用されていたのです。つまり瓦の製作年代と，二次的に転用された発掘状態との間には，75年前後の年代差があります。文献史の人はともかく，考古学をやっている人は，その75年前後の謎を当然問題視しなくてはならない。そこでわたしは少し大胆ですが，この文字瓦は当時強い連帯感で結ばれていた荏原評衙から，橘樹《たちばな》評《ひょう》衙《が》に同盟の証として寄進された可能性を考えています。時が流れて半世紀後，今度は影向寺の掘立柱建物の柱《はしら》受《う》けにあてられた。ですから，はじめから屋根に載せる瓦ではなかったと推測しています。このことはわたしは何回か書いていますが，幸い（?）誰一人として味方してくれません。でもわたしは，遺跡の発掘現場から歴史をどう語らしめるか，ということにこれからも執着していきます。

関連付けてもう一つだけ例を上げますと，これは森浩一先生の本によく出てくる話ですが，大阪府の和泉に黄金塚《こがねづか》という前方後円墳があり，終戦直後に森先生が掘られました。内部主体が三つあって，高《こう》野《や》槙《まき》の巨木を使った割竹形木棺《わりたけがたもっかん》でした。その上の方から，景初《けいしょ》三年銘の鏡が出ています。そこで多くの人はこの古墳を「景初三年の鏡が出た古墳ですね」という。でも森先生は，「景初三年銘の鐘が出た古墳ですよ」と言い直しているわけです。問題の鏡は，内部主体である割竹形木棺の中から出てきたわけではなく，棺外に鉄斧や鉄鎌と一緒に置かれていたからです。そうすると，鏡は墓主にとってはすでに大きな意味は無く，そこで最後に置いた。まさに考古学は「出たところが勝負」と強調したかったのでしょう。我々の先達が言っている言葉の意味を噛み締めながら，遺跡調査や研究に励んでほしいと思っております。

丁度時間になりました。大変余分なことまで言いました。けれども，この会がある日突然にできたわけではございません。その前段の歴史を紹介して，拙い記念の講演とさせていただきます。ご清聴どうもありがとうございました。（拍手）

（余白をかりて）

神奈川県考古学会発足前後の運営に深く関わった会員。

小川裕久，織笠昭，白石浩之，村田文夫。

４人のうち小川さんと織笠さんはすでにあの世に旅立たれています。

発足にむけ苦労した仲間。本当に寂しいね。

発掘調査報告書のありかた

本稿では，これまで必要に応じて拝読し，多くの学恩を頂いたいくつかの発掘調査報告書を俎《そ》上《じょう》に載せるが，そこから学問的な論争を挑むつもりはない。発掘報告書刊行の本来的なありかたは，将来にわたる学的作業に供せられる基礎的な情報の提示であるから，事実記載などにはどのような気くばりが必要なのか，そのあたりを検証するのが目的である。

検証の素材は，わたしの過去の職務の関連から，川崎市や東京都を含む首都圏の行政とか，民間の発掘調査機関などから発行された発掘調査報告書，とくに平成 27 年 3 月 10 日に国史跡となった武蔵国橘樹郡衙遺跡群関連の報告書や著書から多くの話題を拾う。その理由は明快で，これまで手にして細かく検証する機会が多かったからである。

＊

発掘調査報告書の執筆・出版にあたっての要諦といえば，濱田耕作の不朽の名著『通論考古學』（大正 11 年・大鐙閣）をおいて右にでるものはないとされる。そのなかから，わたしの独断で最も重要と思われる部分を記載する。1 世紀に近い星霜《せいそう》を重ねてもなお色褪《あ》せない至言の要諦《ようてい》を原文（旧漢字）で転載する。しっかりと噛みしめてみよう。

出版の義務　考古學的遺跡の発掘は，其れ自身は一箇の破壊なり。之を記録の方法によりて永遠に保存し，出版によりて記録を學界に提供するに於いて，始めて破壊の罪障を消滅せらる。故に発掘ありて記録無く，記録ありて之が刊行を怠るは，畢竟公的資料を破壊し，之を私蔵するもと云う可く，過去の人類に對して，其の空間的存在として残されたる生命を絶つの罪悪を行ふものと謂う可し。【未報告は，遺跡の破壊と同じである】

報告の時期　凡そ調査當時の印象なお鮮明なる際に於ける報告は，多少考證の完全は之を缺くものあるも，事實の正確印象の明確なる握に於いて後日出版のものに勝ること萬々なるを忘るる勿れ。【報告書は，記憶鮮明のうちに出すこと】

圖　版　考古學的出版において吾人の一掃せざる可からざる謬見は，圖版挿図が報告研究の本文の附録たりと云ふことなり。考古學に於いては，圖版は本文と同様，或は其れ以上の價値を有す。故に出版印刷に際して，吾人は先づ圖版を調整し，其後に於いて本文を稿了するを原則とす。【写真・図面は重要，まずこれから着手する】

本　文　文章は簡明直截なるを期す可く，冗長散漫なるを忌む。而して事實の説明と著者の臆説とは常に峻別して，事實に對する公平無私なる觀察を失ふ可からず。（中略）吾人の希ふ所は，學説は日と共に新たなるも，事實の記録をして永久に生命あらしむることなり。【本文は簡明に，事実観察こそ本命。学説は新発見で日々変わる】

体　裁　印刷の精巧，圖版の完美は之に勝るもの無しと雖《いえど》も，餘りに高價にして贅澤《ぜいたく》なる骨董的性質の圖書は，學術界に於いては之を歡迎すること能はず。【高価・華美な印刷は歓迎しない】

＊

わたしは定年退職し，行政の業務から離れて久しい。それでも発掘中の現地説明会に参加する機会がある。その遺跡の報告書が遅延しているほか，さらに数年以上を経過し，刊行に絶望を感じることがある。

再度，濱田要諦を繰り返す。「発掘ありて記録無く，記録ありて之が刊行を怠る」は，言わずものがなである。が，濱田哲学の神髄は，「事實に對する公平無私なる觀察を失ふ可からず。吾人の希ふ所は，學說は日と共に新たなるも，事實の記録をして永久に生命あらしむることなり」に尽きるとわたしは思う。

畢竟《ひっきょう》，学説は日々の新しい発掘・発見の前にはひれ伏す運命。それに対して，事実の正確な記録は，永久に生命を保つ。ここに考古学の本質を貫く秀逸な濱田哲学が凝縮している。

1　俎上に載せる三つの発掘調査報告書など

前段のことわりのように，本稿では武蔵国橘樹郡衙遺跡群関連の報告書や著書からいくつかの話題を拾うが，そこから学問的な論争を挑むつもりはない。前掲の濱田要諦などを基礎に，現下における発掘報告書のありかたを整理し，若干の私見を提起したいと念じたものである。検証素材とした発掘調査報告書と関連する拙書を，発行された年次順にあげる。

A　川崎市高津区野川影向寺文化財総合調査報告書（発行・川崎市教育委員会）1981 年度。［発掘関係部分の主執筆は，竹石健二・野中和夫ほか］。（以下，報告 A と略す）

B　武蔵国橘樹郡衙推定地・千年《ちとせ》伊勢山台遺跡衾第１～８次発掘調査報告書（発行・川崎市教育委員会）2005 年度。［主執筆は，河合英夫ほか］。（以下，報告 B と略す）

＊この調査の指導は，橘樹郡衙推定地調査委員会（委員長：小林三郎，調査団長：戸田哲也ほか）

C　村田文夫著『川崎・たちばなの古代史』有隣新書 68（発行・有隣堂）2010 年度。（以下，新書 C と略す）

D　神奈川県川崎市橘樹郡衙遺跡群の調査衾橘樹郡衙跡・影向寺遺跡総括報告書［古代編］（発行・川崎市教育委員会）2014 年度。［主執筆は，栗田一生ほか］。（以下，報告 D と略す）

＊この調査の指導は，橘樹郡衙調査指導委員会（委員長：山中敏史，副委員長：大上周三）

2　検証課題を順次あげていきたい

上記の報告 A・B・D と新書 C をベースに，順次検証していきたい。

図１　報告書Ｄの巻頭写真（遺跡・地域に関する情報は筆者が加筆した）

①影向寺，②千年伊勢山台遺跡，③中原街道（古代の東海道筋），④久本村の条里遺跡（以上，遺跡関連情報），⑤影向寺台，⑥千年伊勢山台，⑦第三京浜国道，⑧子母口富士見台，⑨矢上川（以上，地域関連情報）。

（１）写真図版の重要性。そこにも多くの情報を

わたしは報告Ｄを手にしてまず驚いたのは，１頁分を充てた巻頭図版１「航空写真」に，遺跡関連の情報が全く含まれていなかったことである（図１）。巻頭図版から，千年伊勢山台遺跡や影向寺の位置を探し出すことは，報告Ｄを手にしたほとんどの人はわからないはずだ。これは写真・図面の重要性を説く濱田要諦にも反する。最低限その位置を明示してほしいのは，遺跡情報では①影向寺，②千年伊勢山台遺跡，③中原街道（古代の東海道筋）の位置，④久本村の条里遺跡。地域情報では⑤影向寺台，⑥千年伊勢山台，⑦第三京浜国道，⑧子母口富士見台，⑨矢上川。これらの位置ぐらいは，しっかりと明示しておく必要があろう。

考古学の普及啓発を唱えた佐原眞は，遺構・遺物のサイズをヒューマン・スケールの写真を用いて説得する重要性を説いていたと記憶する。たとえば，大形住居跡のスケール感を視覚に訴えるため，大勢の人を立たせたり・寝かせたりした写真など—。わたしたちは，この佐原眞の提言をもう一度思いおこすべきである。考古学の業界の人にしか通用しない専門的な語彙《ごい》の使用は，発掘調査報告書の段階から十分に検討しておきたい。

（2）千年伊勢山台遺跡の名称が消えた？ 遺跡名の変更は慎重に

報告Ｄの例言を読むと，これまで大字＋小字名で「千年伊勢山台遺跡」としてきたが，このたび報告書をまとめるにあたり，遺跡の範囲が千年伊勢山台遺跡以外に隣接する字蟻山《ありやま》，字上原《うえはら》宿《じゅく》に広がること，加えて本遺跡が橘樹郡衙の一部と考えられるので，以下には「本報告から橘樹郡衙跡という遺跡名称を用いることにした」と書かれている。調査区名としては，伊勢山台地区・蟻山地区，上原宿地区を適宜使用するという。これにも，驚愕した。

上記の一文を素直に読めば，地域行政の重要機関である川崎市教育委員会が，9 年前の報告Ｂで呼称した「千年伊勢山台遺跡」という遺跡名称を，全面的に撤収して改称されたのである。付言すれば，報告Ｂ の段階でも字蟻山，字上原宿地区に遺跡の広がりは確認されていた。とくに，字上原宿地区は，影向寺の寺域にも近接している。将来的には，郡衙関係の遺構・遺物のほかに，古代寺院関係資料の発見も十分想定できる。さて，その時にはどうするのであろうか。

重要な遺跡名の変更は，当然，調査指導委員会の議を経て決定されたものと推測する。であるから，報告Ｂ の現地総括者の戸田哲也も河合英夫もいまは黙して語らない。ただ，前身の推定地調査委員会委員長の樂未央（故小林三郎先生のこと・先生が好んだ鏡の銘文）は，無類の硬骨漢で知られた考古学者である。この経過を三途の川向うで知れば，きっと驚き，そして苦笑されよう。

（3）影向寺は，「影向寺遺跡」に非ずではないのか？

報告Ｄの例言を読むと，影向寺の遺跡名は，「影向寺」と「影向寺遺跡」が混在していたので，平成 18 年度刊行の第 11 次調査報告以降は，既往の 2 報告を除いて「影向寺遺跡」として統一したとある。

影向寺の名のおこりについては，江戸後期の地誌『新編武蔵風土記稿』にある，近世初期の萬治年中（1658 ～ 61）に本堂が回禄《かいろく》したとき，御本尊が堂前の石上（影向石）にとどまったので，影向寺に書き改めたとある。それ以前は，栄興寺，その後は養光寺に書き改めたともある。

栄興寺については，荒廃した伽藍を再建し，薬師如来を安置するため，深大寺の僧・長弁が応永 13（1406）年 8 月，寄附を広く呼びかけた『曼殊院文書』があり，これは史実である（『川崎市史』資料編 1，1988 年所収）。一方，影向寺については，寺に遺る徳川家寺領寄進朱印状（写）のうち，最古にあたる三代家光代の寛永 19 年（1642）9 月 24 日付は，「影向寺」とある。風土記稿の記載と 10 年前後のズレであるから，影向寺は近世初期以降の寺号であろう。養光寺は栄興寺の後であるから，中世後期と推測できる。

このような歴史をもつ影向寺に対して，「影向寺遺跡」というと，影向寺が廃寺，つまり「遺跡化」して，跡地から近世以降の寺院関係の遺構・遺物が発掘されているかのようである。発掘によって，寺の歴史は確実に古代にまで遡る。中世期に衰微したが，深大寺の僧・長弁の尽力もあり，法燈をいまに伝える稀有な寺院である。これまでは，この悠久な寺院史を呑み込み，遺跡主体の報告書でも，「影向寺」が表看板であった。わたしは，当然，「影向寺」でよいと思う。

あえて「影向寺遺跡」にこだわるなら，たとえば「影向寺境内遺跡」と「影向寺周辺遺跡」などに分け，その定義を明確に整理すれば，もう少しすっきりすると思われる。

整理する。報告Ｄでは，“橘樹官衙遺跡群”は，「橘樹郡衙跡」と「影向寺遺跡」で構成される。一方，“橘樹官衙遺跡群”は，これまでの調査・研究史を前提に，「千年伊勢山台遺跡」と「影向寺」で構成されているとするのが，卑見である。遺跡所在地の地名ではなく，遺跡の性格に特化した遺跡名は，前段の研究史とも不整合であって，今後の混乱が予測できる。

（4）県史跡・子母口貝塚の地点名の混乱も困った

古代の遺跡ではないが，“橘樹官衙遺跡群”に近接している県史跡の子母口貝塚でも地点名に混乱がある。この原因も，調査・研究史上の思慮が不足している点に要因がある。

県史跡・子母口貝塚（川崎市高津区子母口所在）は，いわずと知れた縄文早期・子母口式土器の標識遺跡。詳しい研究史は省くが，貝塚は台地縁辺に散在する５地点で構成される（図2）。

地点貝塚であるから，まずは地点名をつける。最初に付けたのは，地元の医師で考古学者の岡栄一。岡は時計回りに，Ⅰ～Ⅳ 地点とした（昭和７年）。その後，人口に膾炙《かいしゃ》した地点名は，酒詰仲男がつけたＡ～Ｅ 地点（昭和16年）。その後，時代をはさんで，渡辺誠は，川崎市教育委員会の依頼を受けて一地点を発掘したが，酒詰の命名を尊重して，Ａ 地点として報告された（昭和42年）。さらにその後，江坂輝弥は，酒詰のＣ 貝塚を第一地区貝塚，Ｄ 貝塚を第二地区貝塚，Ａ 貝塚を第三地区貝塚，Ｂ 貝塚を第四地区貝塚，Ｅ 貝塚を第五地点貝塚と命名した（『川崎市史』資料編，昭和63年）。おそらく江坂の脳裏には，酒詰地点を変える理由があったのであろうが，その根拠がなにも書かれていない。ただ縄文学の泰斗の命名であるから影響は大きく，以降，江坂命名の呼称が定着する。川崎市市民ミュージアムが，江坂命名の算数字を使用したのも大きかった。

その後，子母口貝塚を発掘した山内清男資料が，当時の奈良国立文化財研究所から公開された（平成４年）が，そこは江坂命名の第二地区貝塚であった（金子 1992）。しかし，研究史的に判断して，地形図上に各地点を明確に図示した酒詰命名のＤ 地点に回帰するのが妥当であろう。わたしは学生時代から江坂先生には大変御世話になり，鬼籍に入られた今，このような苦言を呈するのは本当に心苦しい。それでも，Ａ～Ｅ 地点に回帰するのが，今でも妥当と思っている。

（5）既往の報告書への配慮を問う。そもそも文責は誰ですか？

橘樹官衙遺跡群の発掘調査報告書（報告Ｄ）に話題を戻す。

例言には，「橘樹郡衙跡及び影向寺遺跡については，以下の報告書が刊行されているが，調査

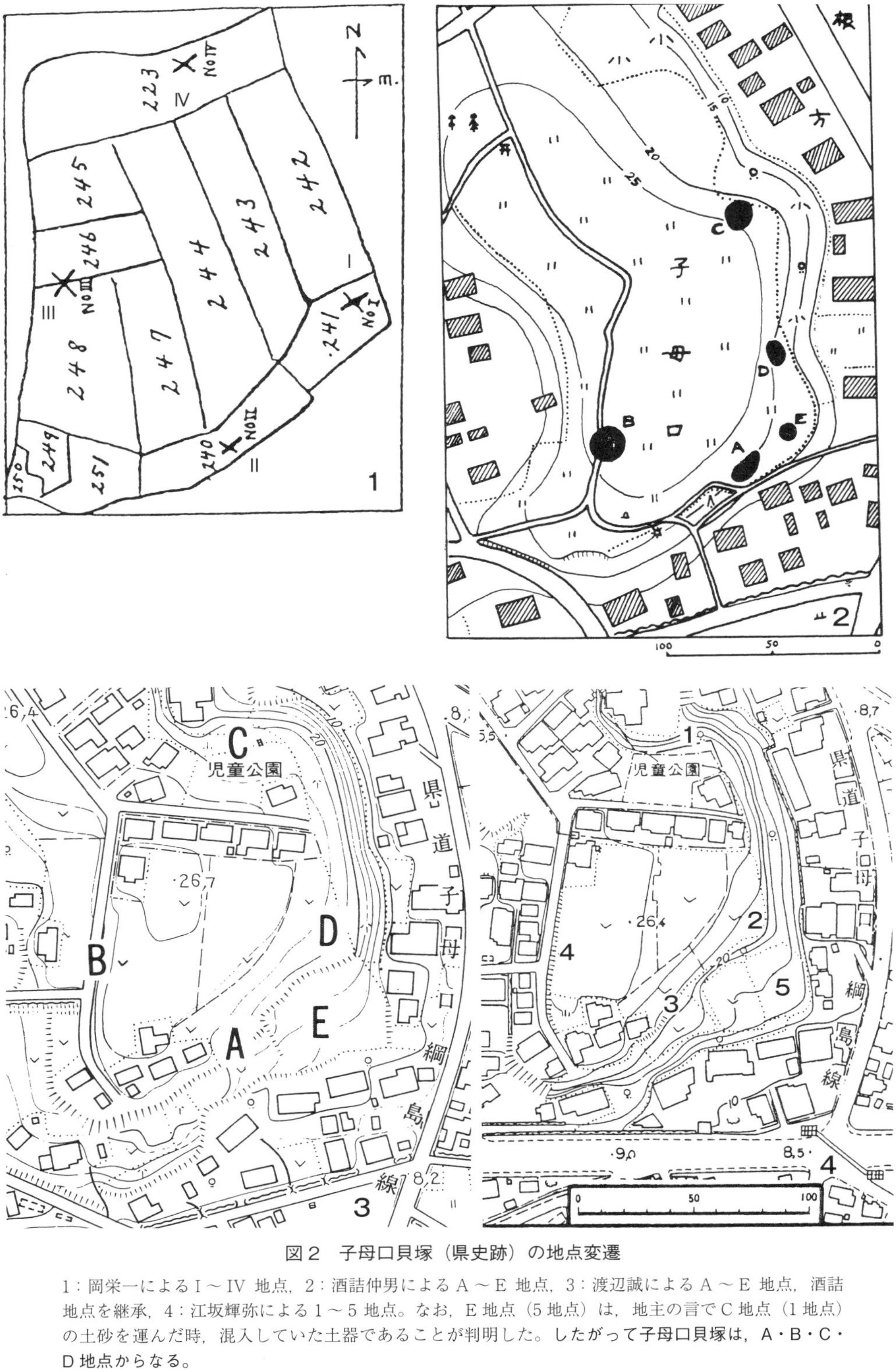

図２　子母口貝塚（県史跡）の地点変遷

1：岡栄一によるⅠ～Ⅳ 地点，2：酒詰仲男によるＡ～Ｅ 地点，3：渡辺誠によるＡ～Ｅ 地点，酒詰地点を継承，4：江坂輝弥による１～５地点。なお，Ｅ地点（５地点）は，地主の言でＣ地点（１地点）の土砂を運んだ時，混入していた土器であることが判明した。**したがって子母口貝塚は，Ａ・Ｂ・Ｃ・Ｄ地点からなる。**

成果については一部再評価等を行っていることから，古代関係の調査成果については，本報告をもって最新の調査所見とする」。例示された報告書には，報告Ａと報告Ｂも含まれるが，「本報告をもって最新の調査所見」とある。よって暗に以後は報告Ｄに依ることを求めている。

膨大な資料が発掘された場合，最終報告書の発行までに長期間が予測されるので，貴重な成果を「調査概報」として速報することはよくある。一例を示すと，東京都東村山市の下宅《しもやけ》部《べ》遺跡（縄文後期・晩期の低地・河道遺跡）では，毎年度立派な概報が発行され，それが6年間継続し，その後に大冊の最終調査報告書が刊行された。最終報告書の中では，概要報告のなかに一部修正があるのが常で，最終報告書をもって総括とする，というような一文がしばしば入る。これは，調査時点から最終報告まで，関係した主要メンバーが不動であれば何ら問題は生じない。

一方，報告Ｄを主執筆した栗田は，平成14（2002）年度に文化財課へ異動しているが，現地の状況はどこまで把握されていたのか。発掘中の現地を見ているのか。そもそも現地の発掘担当は，報告Ｂの主執筆である河合である。個々に例示してあげつらうことは避けるが，遺構説明などでは，報告Ｂと報告Ｄは当然ほぼ同一内容になり，記述事項の順序が一部入れ替わっているだけである。

仮にわたしが報告Ｄを執筆する立場であったら，思い切って現場の調査所見は報告Ｂの記述と“明記”してそのまま引用する。一方，異なる所見が判明すれば，その部分の理由を丁寧に説明し，自己の考えを述べる。げんに報告Ｂで「塀」と報告された遺構が，新たに検討した結果，報告Ｄでは「壁《かべ》立《た》ち建物（土壁造り建物）」であろうという。これは貴重な所見である。でも報告Ｂの評価は，仮に新知見によって修正されても，根本的には揺らぐことはないし，報告Ｄもそれなりに評価が高まる。そもそも報告Ｄの主執筆者が，報告Ｂの現場を総指揮した河合の調査所見に加・除筆をすることは，明確な根拠を示さないかぎり，わたしは不可であると考える。

もう一点指摘する。例言には第4章の重要考察部分は，山中敏史と栗田が執筆したとあるが，「報告書抄録」の欄には，山中の名前はない。記載ミスなのか？ 意図して削除したわけではあるまい。山中敏史といえば，わが国の官衙研究を牽引している第一人者。山中・栗田の共同執筆なのか，栗田の単独執筆なのかは明記しておくべきである。

（6）既往の見解に対しての思慮

名著『通論考古學』には，次のような一文がある。

「事實の説明と著者の臆説とは常に峻別し，事實に對する公平無私なる觀察を失ふ可からず。後者は寧ろ章節を別にして之を記載する宜しとす。若し妄に臆説を以て事實を釋するに於いては其の臆説が價値を失ふと同時に，事實の報道もまた信用を失ふに至らむ。」とある。

けだし名言。しかし著された時代から，約1世紀を経過している。現下の考古学事情も考慮しなければならない。

まず，現下の報告書では，「考察」の章は不可欠である。加えて，そのなかに調査当事者が現場で直感した，ある種の感覚的な所見も含めて重要であると考えている。先年亡くなられた水野正好は，かねてより「想念をもった発掘」論を力説されていた。その言葉の意味には，現場で見聞する遺構・遺物を穴があくほど凝視し，古代人の“息吹”に迫れ，という意味もこめられていたのであろう。そのためには，常に研ぎすまされた鋭敏な感覚が必要なのである。

そのほかに，報告対象の遺跡に関連する既往の研究には，真摯な姿勢が必要である。報告Dの影向寺に関する経過では，大正期に三輪善之助・大場（谷川）盤雄が，古瓦に奈良時代と平安時代があると指摘されたことにはふれている。実は，さらに重要な指摘がある。それは影向石が「塔心礎」で，「都」銘の文字瓦は，隣接する都筑郡であるなど，以後の影向寺研究の骨格が記されていることだ（ただし引用雑誌は『武相考古』ではない。『武相研究』の誤り）。また，行政官庁が刊行した『川崎市史』（昭和 42 年版）・『川崎市史』（平成 5 年版・通史編）などの基本図書が引用文献に挙げられていない。とくに前書に執筆された古江亮仁の研究には，“発掘調査以前”の影向寺研究の到達点が示されている。そこにはいまでも命脈を保つ見解が随所にちりばめられ，歴史考古学界を牽引する坂詰秀一が，非常に高く評価されておられることを御存知なかったのであろう（坂詰 1990）。

（7）記述の基本的文献は，一読をおすすめします

報告D巻末の引用文献には，新書Cの拙著『川崎・たちばなの古代史』も挙がっていない。

ただ報告Dの考察のなかで，一言ふれてほしい見解が，新書Cには含まれていた。それは千年伊勢山台遺跡の北東側の等高線が，明治 14 年（1881）製と大正 6 年（1917）製の地図では明確に異なり，大正 6 年製では大きく湾入している。そこから上記の 36 年の間に，大規模な崖崩れなどが想定でき，正倉域の一部がその崖崩れで消滅した可能性を指摘した（図 3）。新書Cには，それ以外の理由もあげているが，小論の執筆主旨に反するから省略する。

わたしがもっとも失望したのは，ここから期待できる学問的な論争の芽を完全に摘んでしまっていることである。濱田要諦は，「事實に對する公平無私なる觀察を失ふ可からず」とあるので，わたしは遺跡周辺を何回も観察し，また類似遺跡の知見も加えて所見を書いたつもりである。当然，卑見に対して何がしかの反応はあるものと期待していた。

『川崎市史』（昭和 42 年版）・『川崎市史』（平成 5 年版・通史編），加えて拙著の新書C。これらの先行研究を参考にされなかったのには，相応の理由があってのことであろう。でも，厳正観察主義の濱田要諦には，関連する先行研究を看過してよいとはどこにも書かれていなかった。

（8）遺構番号や土器などの見直しは，既往の研究へ配慮と瞭然《りょうぜん》とした比較が原則

膨大な数の古墳群とか，国衙・郡衙などの調査が長期にわたると，はじめは 1 基・1 軒の遺構と遺物からスタートしても，調査範囲の拡がりに並行して，遺構・遺物の数量も増大する。そこから遺構番号の再整理とか，土器・瓦類の編年学的な見直しが必要となってくる。これは必然の流れである。ただ遺跡名の変更同様，ことは慎重であるべきこと言をまたない。

その意味では，国史跡指定にあわせた総括報告書の報告Dの時点で，遺構類の表示や番号を

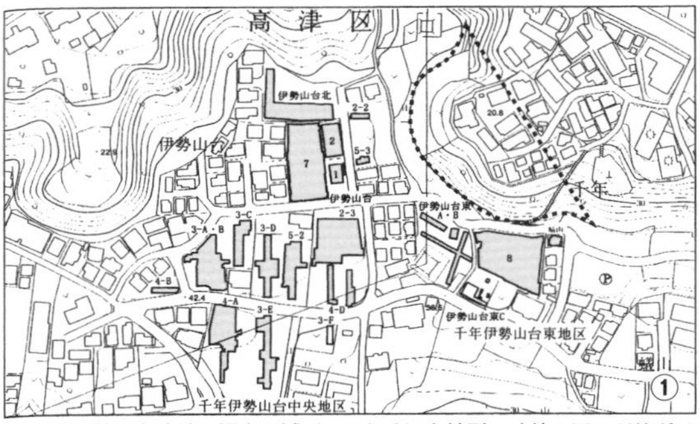

千年伊勢山台遺跡の調査区域（アミ部分）**と地形**　破線で囲んだ箇所は明治 14 年以降に崩れた部分（調査報告書に加筆）

上記図の④に古代の橘樹神社の位置をわたしは想定している。

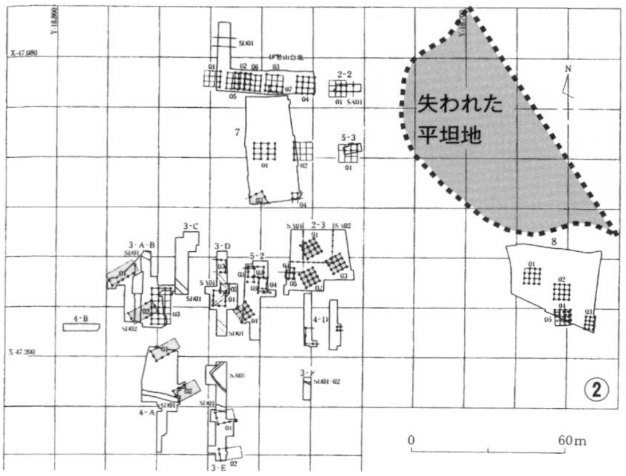

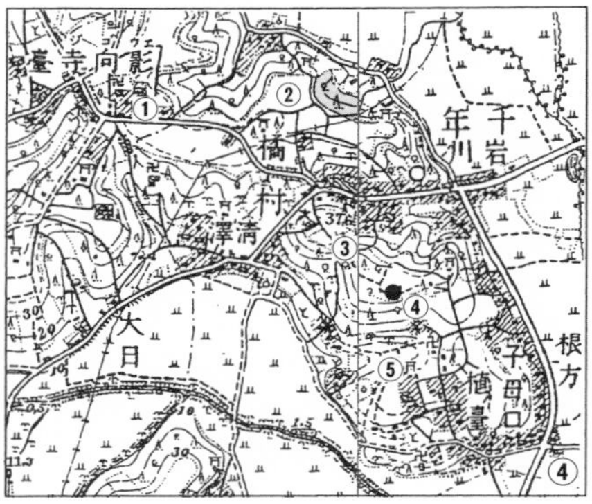

図３「失われた平坦地」にも正倉跡あり

左上の①の右側（点線部分）が崩壊した。左下の②は，正倉跡の配置図。崩壊は明瞭。右上の③は，明治 14 年（1881）の地形図。②の東側の等高線はスムース。右下の④は大正 6 年（1917）。②の東側は湾入する（アミ部分）。なお①は影向寺，②は千年伊勢山台遺跡，③にわたしは郡庁跡と小高駅家跡を想定している。

見直しされたことは評価する，が，それは慎重に行うべきで，いくつかの問題点を痛感した。とくに，成果が報告Ａ・報告Ｂで周知されているから，既往の遺構番号を使用した研究論文やシンポとの関連性なども生じてくる。それらへの配慮も望まれる。

報告Ｄで具体的に見てみよう。旧遺構番号と新遺構番号の新旧対照表が，郡衙の関係については 70 頁に，影向寺（遺跡）の関係については 107 頁に示されている。報告Ａ・Ｂ・Ｄを通覧できるわたしでも，結論的には理解することができなかった。加えて，3 冊の発掘報告書は，発行時期や発行部数などから考え，研究所や博物館などでも揃っているところは少なかろう。したがって新・旧遺構番号の変更や，年代尺度の変更などに慎重な配慮が必要なのは必定《ひつじょう》である。

たとえば，①新・旧の遺構番号の対照表，②前記した①に関連する遺構が一目でわかる実測図，③その実測図に新・旧の遺構番号を明記する（旧番号は青字，新番号は赤字で表示するなどの工夫をする）。以上，①～③の情報を，1 枚の図（別図が望まれる）にまとめて，はじめて遺構番号の新・旧が研究者に周知でき，従前の研究論文などとも脈絡がつく。しかし報告Ｄには，この種の図面や一覧表がない。本格的に遺跡を研究分析しようとしても，拒否されているのに等しい。

繰り返す。遺構番号の変更や遺物類の年代などの見直しは必要であり，その経緯が客観的に継承されていけば，既往の成果も，爾後の調査・研究のなかで十分に咀嚼されていくことになる。これを失礼を承知で『通論考古學』流に表現すれば，「事實に對する正確無比な記録継承こそ，調査研究業績継承の礎なり」ということである。

なお，本稿に関連する論攷を発表してきた経緯（村田 2012）があるので，併読を乞う。

引用文献

金子直行ほか　1992『子母口貝塚資料・大口坂貝塚資料』・山内清男考古資料 5，奈良国立文化財研究所史料第 35 冊，奈良国立文化財研究所（上記文献中に，子母口貝塚の調査史，それに関連する文献名が列記されているので，小論では個別文献は省略させていただいた。御諒解をいただきたい。）
坂詰秀一　1990「歴史考古学史上の川崎」『川崎市史研究』創刊号，川崎市公文書館
村田文夫　2012「発掘調査報告書—現代考古学事情 17」『考古学ジャーナル』632 号

わたしの考古楽・漫遊録

武蔵国橘樹郡衙周辺の歴史点描を楽しむ

平成 27 年 3 月 10 日，野川の影向寺と千年《ちとせ》伊勢山台を含む一帯が，武蔵国橘樹郡衙《むさしこくたちばなぐんが》として川崎市ではじめて国史跡に指定されました。野川神明社は，その国史跡に隣接しておりますので，歴史的な環境としては一帯です。そのあたりを念頭にいれ，橘樹郡衙をとりまく歴史的な事象の幾つか取り上げて点描してみました。これがわたしのめざした〔考古楽〕です。

どうぞ，肩肘をはらずに，気楽に読んで頂けると嬉しいです。

＊

若干の説明をしておきます。橘樹郡衙（郡家《ぐうけ》ともいう）とは，奈良時代の直前から奈良・平安時代にかけて営まれた古代の郡役所のことです。今でいえば，川崎市役所―。その役所に隣接して，今の影向寺の境内に，古代の金堂《こんどう》や三重の塔などが建てられていました。このように，古代の役所と信仰の場・寺院が一体的に発掘できたことに，橘樹郡衙の最大の意義があります。

点描 1　橘・橘樹，そして多知波奈（売）
―三種のタチバナ

上記の三種類の文字は，みなタチバナと読みます。橘は蜜柑（ミカン）の一種で，葉は四季を通して落葉しない「常緑樹」です。白い花は芳香りを放ち，実は美味しいとされています。

聖武天皇は天平 8 年（736），皇族を離れ，橘諸兄《もろえ》として臣籍降下《しんせきこうか》する 葛城王《かつらぎおう》に，「橘は実さへ花さへその葉さえ 枝《え》に霜降れどいや常葉《とこは》の樹」（万葉集 1009）と詠い，彼の前途を祝しました。その後，橘諸兄は官僚として最高位の左大臣・正一位にまで昇進し，聖武天皇をおおいに補佐しました。ちなみに，聖武天皇の妃の光明皇后と橘諸兄は，異母兄弟でした。

著名な『常陸国《ひたちのくに》風土記』には，「郡の 側《かたはら》 の居邑《むら》に，橘樹生《お》へり」とあります。おそらく郡衙の周辺には，聖なる樹として，タチバナとかケヤキの巨木がそびえていたのでしょう。

つぎは，橘樹―。キツジュではなく，これもタチバナ。文武《もんむ》天皇の慶雲元年（704）4 月 9 日，「鍛冶司《かぬちのつかさ》に命じて，諸国の国印を鋳造させた」（『続日本紀』）という記事と関係しています。これ以前の国名や郡名は，二文字以外に一文字，三文字などが混在していました。が，国印を鋳造するためには，文字数の統一は不可欠。つまり正方形の印字枠内に，「◯◯国印」の四文字を陽刻します。橘樹の場合は郡印ですが，一文字「樹」を加えて，「橘樹郡印」としたのでしょう（もちろん現物は未発見。参考までに口絵写頁 1 に上総国の山邊《やまのべ》郡印をあげます）。

一方，影向寺境内からは，「无射志国《むざしこく》荏原 評《こおり》 」と書かれた文字瓦が発見されています（7 世紀第

4四半期の製作）。しかし，「无射志国」を国印にすると1字余りになります。そこから，わたしたちが見慣れた三文字の「武蔵国」となりました。それは慶雲元年（704）前後のこと。

三番目は人名の多知波奈（売）—。女性の名前の最後は（売）。大宝2年（702）の御野国《みのくに》（現在の岐阜県）加毛郡半布里《はぶり》戸籍から見出した年齢22歳の女性です。読み方は，タチバナ（メ）。税物の徴収や兵役などは，律令社会を支える根幹。そのため各人の名前・性別・年齢・戸主《こしゅ》との関係などを戸籍として調べあげて，国民をいわゆる総背番号制にして掌握しました（役所は，古代から総背番号制が好きなようですね）。

彼女が生まれた戸番《こばん》九は，半布里のなかで，最も資産に恵まれ，間違いなく良家の娘でした。当時は女性・13歳，男性・15歳以上になると結婚できましたが，22歳の彼女はまだ未婚でした。その多知波奈（売）が，妙齢《みょうれい》な美女であったかどうかは，ここを読まれる人の御自由な想像力におまかせします。

点描2　橘樹郡衙から都へ運ばれた茜《あかね》
—それは薬草か，それとも染料か

奈良・平城京の二条大路から，「橘樹郷茜十一斤」，「三宅《みやけ》郷茜廿斤」と墨書された木簡《もっかん》（木札）が発掘されました（口絵写頁2の左）。時期は橘樹郡衙が最盛期であった730年前後。木簡をよく見ると，下端部には左右の方向から切れ込みがあります。これは納税物（ここでは俵に入れた乾燥した茜）を縄紐で締めた後，木簡を紐で結んで落ちなくするため。そこから研究者は「荷付《につけ》木簡」と呼んでいます。

茜は平地・山地に自生しており，根が赤紫色であることから，「赤根」の語源になりました（写頁2の右端）。

使途としては，①根を煎じて止血・利尿・解熱・強壮剤として利用しました。②夏場に根を採取する場合は，木炭を用いた灰汁に何度も漬けて乾かすなどの手間がかかりました。③織物は「緋《ひ》」と呼ばれ，色褪《あ》せないその美しさは絶賛されました（口絵写頁2の中央）。ただ，できあがるまでの作業に非常に手間がかかるので，しだいに廃《すた》れてしまいました。

橘樹郷から平城京にまで運ばれた茜十一斤の重さは，約7kg，廿斤は13kgに相当。これらは中男《ちゅうなん》（17～20歳の男性）に課せられた税で，おそらく茜は畑で栽培されたのでしょう。『延喜式』には，武蔵国と相模国には，中男作物の調（地域の特産物）の品目に「茜」があります。茜は染色に関わる役所がある平城京左京三条二坊八坪にまで，地元民が運脚《うんきゃく》（運び人）に指名されて運びました。武蔵国府のあった東京の府中から奈良までの旅は，上りに29日，下りに15日が決まりでした。上りには重たい納税物があるので，下りより日数を要するのは当然でしょう。

畑で耕作し，収穫し，俵に詰め，検量を受け，それを奈良・平城京まで運ぶ。橘樹郡の人たちもその任を務めました。本当に御苦労さまでした。

点描3　橋樹郡衙の正倉院《しょうそういん》に運ばれた稲
—どこの田圃《たんぼ》で耕作した？

千年伊勢山台を中心とする台地から発掘されたのは，郡衙を構成する正倉《しょうそう》・郡庁・舘《たち》，厨《くりや》のうちの正倉でした。その時期は，7世紀後半から8世紀・9世紀に及びます。

各地の史跡公園などに復元されている古代の正倉建物は，直径が40cm前後もある太い柱を規則的に据えた高床《たかゆか》式で，橘樹郡衙から発掘された正倉も全く同じ構造でした。貯蔵される稲も重かったでしょうが，威風堂々たる高倉には国家の威信を見せつける狙いもありました。

稲は，条里の制に基づいた水田で耕作され，収穫物の一部は税として郡の高倉などに収納されました。その条里の制に基づく企画的な「条里水田」が，千年伊勢山台遺跡から眼下に見下ろせる，旧久本村周辺からも確認されています（図1左，同右は奈良県の条里写真）。

条里の存在は，昭和11年に発表された深谷正秋さんの論文にありましたが，わたしはそこに書かれていた「久本村オシドリケ町」の位置がわからず，なかば諦めていました。ところが平成8年に千年伊勢山台から本物の「正倉」跡が発掘され，今度は真剣にオシドリケ町探しをしました。すると川崎市地名資料室に大正9年製の高津村全図が保存されていて，ひろげてみるとそこには久本村に拡がる一辺109m（一町）四方の条里制の地割が描かれていました。諦めかけていた「オシドリケ町」が見つかったぞ！「鴛鴦《おしどり》ケ町」，その南に「鵆《ちどり》町」，さらに南に「鴨居《かもい》町」。奇妙なことにオシドリ・チドリ・カモ，みな鳥名のつく小字が並んでいました。高津村全図に描かれた田圃区画は，古代条里の特徴である短冊型《たんざくがた》に見事に仕切られており，方位もぴたり東西南北でした。勿論，わたしは大歓喜しました。

水田と用水といえば，わたしたちは小泉次大夫が17世紀に開削した二か領用水を思い浮かべます。が，それ以前，8世紀代に国家プロジェクトが設計・工事した大規模な税の装置が，現在の町並みにも生きていたのです。中原区の「市ノ坪」（一ノ坪）は，条里の存在・位置を示す最も典型的な地名です。「井田」の字型も，文字の形からして条里の正方形と無縁でなく，周辺に拡がる条里遺構の存在を暗示しています。

このように橘樹郡衙周辺からは，行政の水田遺構（正倉跡など）と，信仰の場（影向寺の前身建物）に加えて，稲を生産する条里制の遺構もあり，これ

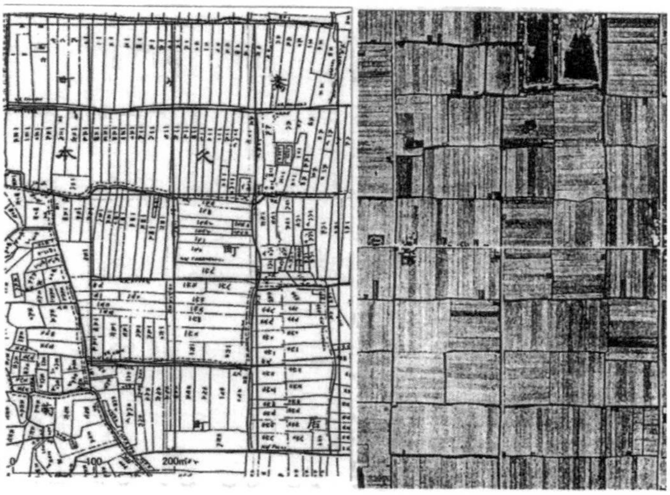

図1　左：久本村の大正9年製公図。一辺109m（一町）四方の区画田がのこる。右：奈良県の条里水田。久本村の条里とよく類似している。

が三点がセットで確認できたのです。

現在，わたしたちが納税する北税務署あたりが，久本村の「鴨居町」周辺にあります。皮肉なことに，この辺りはながい歳月を超えても，税と深く関わる土地柄のようです。

写真４　影向寺境内から発掘された「无射志国荏原評」銘の文字瓦（写真：小池汪）

点描４　影向寺に関わる古代学考 ―その輪郭を学ぶ

橘樹郡衙の調査は平成８年以降ですが，影向寺は江戸時代の地誌『新編武蔵風土記稿』にも記載され，聖武天皇と光明皇后との夫婦愛も書かれています。大正時代には考古学者も寺に訪れ，古代の瓦片を採集，武蔵国分寺の瓦と比較して，研究の糸口を探りました。しかし，地下を掘って探す考古学調査は，昭和50年度以降でした。当然，発掘調査によって多くの成果を得ました。それらを箇条的に整理してみましょう。

1・寺の創建は，７世紀後半。これは橘樹郡衙が創建された時期にほぼ同じ。通常，古代の寺院跡からは，金堂跡，塔跡・僧坊跡・講堂跡・門跡などが発掘されます。影向寺の場合は，現在の薬師堂下に［金堂跡］，影向石の位置に［塔跡］が発掘調査によって確認されています。残念ながら，僧坊跡や講堂跡などの明確な位置はまだ確認できていません。

2・影向寺の名は，江戸時代の萬治年中（1658～61）に金堂が焼けたとき以降のことです（『新編武蔵風上記稿』）。古代では，どのように呼ばれていたのでしょうか。影向寺研究をすすめた古江亮仁氏は，郡名と同じ「橘樹寺」では，と提唱しています。確かに，近年の調査・研究では，郡の名前を冠した文字瓦が数多く確認されています。だから「橘樹寺」―。これは大いにありえますね。

3・点描１で，影向寺の境内から発掘された「无射志国荏原評」（７世紀第４四半期の製作）文字瓦にふれました（写真４の「无射志国」は，８世紀初頭以降，「武蔵国」に）。同じ境内から「都」と書かれた瓦も採集されています。「都」とは，横浜市側にある都筑郡の一文字です。こうしてみると，仮称・橘樹寺は，東京都側の荏原郡にも，横浜市側の都筑郡にもいい顔をしていたかのよう。でもわたしは，７世紀後半期は荏原郡，８世紀（とくに後半期）台は都筑郡とお付き合いしていたと推測しています。御行儀のよくない二股外交はしていなかったでしょう。

点描５　陸運・水運の要《かなめ》は交差する
―古代・東海道と矢上川ルート

平城京に運ばれる各種の税物や情報は，列島を結ぶ太い直線的な「道」を介して往来していました。道を計画する際の要諦は，より近く・より速く・より安全に，が原則のようでした。

隣接する相模国は，東海道ルートに帰属していましたが，武蔵国は東山道に帰属していました。そのため物資や情報などは，東山道の上野《かみつけ》国（群馬県）から武蔵国の府中（東京都）にまで南下し，今度は同じルートで，下野《しもつけ》国（栃木県）にまで戻ります。このロスの多いコースは改められ，宝亀２年（771）に，武蔵国は東海道に帰属替えされました。この路線変更を受けて，武蔵国橘樹郡内には公用の旅行者や通信のための施設である「小高駅家《おたかのうまや》」が設置されました。

小高駅家の位置は，「小高」の地名から推測として小田・小田中村，または新作村の小高台・小高谷などの説がありました。が，橘樹郡衙の正倉跡が発見された現在，郡衙域と密接な位置に想定するのが妥当でしょう。宝亀２年以降の東海道は，現在の中原街道で，わたしは小高駅家はその道筋の，官衙遺跡に近接する子母口富士見台周辺と考えました。この古代東海道＝中原街道説は，古代道研究の泰斗《たいと》・木下良先生の説ですから間違いないとして，後者はわたしの考えですから，今後も紆余曲折《うよきょくせつ》するでしょう。以上が陸路の幹線で，これ以外に武蔵国府への道，都筑郡衙への道など，大小さまざまな道が縦横に交差していたのでしょう。

一方の水運は，鶴見川の支流・矢上川でした。わたしは夏休みになるとこの川で釣を愉しんでおりました。この思い出が多い矢上川が，橘樹郡衙に集められた税物を武蔵国府（東京都府中市）に運ぶとき，貴重な水運として利用されていたと考えています。

子母口村と明津村は，隣接しています。江戸時代の『新編武蔵風土記稿』には，“悪津村”を“明津村”に変えたとありますが，これは近世における潤色《じゅんしょく》（つくり話）でしょう。時代を遡《さかのぼ》った中世・渋口郷（子母口）の地検目録（永徳４年・1384）には，「明久津殿」の名前が見えます。おそらく彼こそが，矢上川の津（舟着き場）を管理した後裔《こうえい》筋でしょう。

子母口付近の「津」（地名に残る「明津」の周辺）で積み荷された納税物は，鶴見川を下って東京湾に出，今度は多摩川を遡って武蔵国府に。その時，最短で国府につながっていた「津」（舟着場）こそ，いまも府中に地名がのこる「京所《きょうづ》」（京津）でした。

このように陸運と水運のルートは，郡衙域で交差しながら機能していました。

点描６　橘樹郡の人びと
―奈良時代の戸籍資料からの推測

橘樹郡内の古代遺跡をいくら掘っても，生活していた人びとの姿は具体的には浮かんできません。さあ，どうしよう。思いついたのが，点描１でふれた半布里戸籍でした。

その前に，橘樹郡の範囲はどのあたり？―。荏原郡とは，多摩川。南西側は，ほぼ鶴見川。南

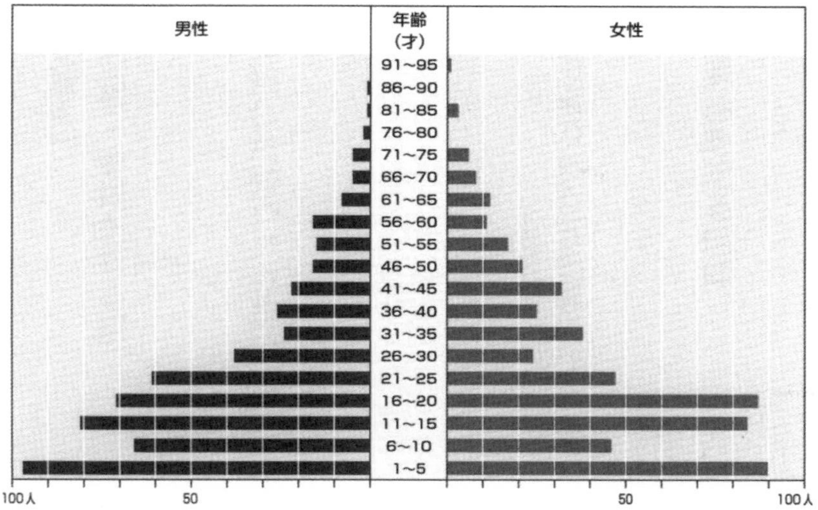

図２　御野国加茂郡半布里の人びと。５歳単位で区切った男・女の年齢グラフ。
出典は大宝２年（702）の半布里戸籍。

は東京湾。北西側は，尾根道が連なる登戸辺りか。奈良時代には，この領域内に高田《たかた》郷・橘樹郷・御宅《みやけ》郷・縣守《あがたもり》郷の四郷がありました。今風にいえば「◯◯ 区」に相当します。一郷は50戸《こ》が基本。ただし，一戸は現在のような核家族ではなく，平均24名とされた事例もあります（下総国葛飾郡大嶋郷）。そうすると，50戸×24名×4郷で，4,800人前後になります。これが一応の抑え。しかし，人口構成の内容にあたる性別とか年齢層などは多くが不明です。

そこで，点描1で取り上げた御野国加毛郡半布里（現在の岐阜県加茂郡富加町周辺・里はその後「郷」）の戸籍を紹介します。戸籍は，大宝2年（702）のもの。そこには58戸・1119人が記載されていました。これは武蔵国橘樹郡の一郷，たとえば「橘樹郷」の人びとの戸籍がほぼ完璧に遺されていたのと同じです。それを歴史人口学的に分析してみました（図2）。

年齢では，1歳から最年長は93歳まで。集中するのは，男女とも25歳以下で，26歳以上は大きく減少しています。10歳単位で区切ると，1～10歳で全体の28%（309人），11～20歳で全体の29%（323人）。つまり，20歳以下で全体の57%になります。現在のように，65歳以上の高齢者で全体の何10%などが話題になるのと真逆。また，男女とも6～10歳代は，1～5歳代に較べて大幅に減少，そして11～20歳代になると再び増加しています。今でも子供の3歳・5歳・7歳時には，親子で神社に詣でて御祝いをします。古今東西，この年齢を無事に生き延びることが，如何に難儀であったかの現れでしょう。

夫婦の多くは，20歳代で結婚しています。ただ女性には厳しい。子供がいない，姑等につかえない，淫乱である，お喋りで嘘つきである，盗み癖があるなどは，離別する際の条件として決められていました。

夫婦の年齢差は，男性が3歳ほど年長である場合が最多でした。一方，極端に年齢がひらく，いわゆる「歳の差婚」も多く，おそらく女性が子供を連れて，再婚したからでしょう。

子供の数は，10 名以上とする戸籍も見えますが，興味深いのは，明らかな多胎児《たたいじ》，つまり双子が多いと推測できます。半面，当時のお産状況を考慮すれば，母児同斃《どうへい》（出産時に母親と子供が同時に亡くなる）する悲劇や死産児なども多かったでしょう。

橘樹郡橘樹郷の人口構成比は，半布里（半布郷）の人口構成比におそらく類似していたでしょう。“元気な子供が多勢いて，活気溢れる地域社会”は，日本歴史上，古代から昭和の前半代までは確実に継続してきました。一方の高齢化社会は，昭和後半期以降に顕著になった社会的現象です。しかもこれからは，高齢化社会と総人口減少社会が同時に，しかも確実に進行する，歴史的にも未曾有《みぞう》な時代に生きていくのですね。お互いにがんばりましょう。

初出論文一覧

縄文人の食べ物事情—研究の断想から学ぶこと—
『新嘗の研究』第7輯　にひなめ研究会　2021年　慶友社

縄文竪穴住まい内の祭祀と墓制に関する一考察—甲信地域の中期後半期の資料から—
『旧石器時代文化から縄文時代文化の潮流』（白石浩之編）2019年　六一書房

わが縄文のムラと住まい考の残紅を求めて—神は細部に宿り給う，からの学び—
（新稿）

武蔵国・熊ヶ谷横穴墓群中の線刻画考—2号横穴墓の線刻画を絵解きする—
『多摩考古』第45号　2015年　多摩考古学研究会

高師小僧と同製管玉の事例
『考古学雑誌』第95巻第3号　2011年　日本考古学会
※持田春吉氏と共同執筆

武蔵国橘樹郡衙正倉院周辺を散策する—発掘された東区画溝などの発見によせて—
『川崎研究』第56号　2018年　川崎郷土研究会

御野国半布里と武蔵国橘樹郡の人びと（1）—半布里・大宝二年籍(702)の歴史人口学的な解析—
『神奈川考古』第56号　2020年　神奈川考古同人会
（旧題）御野国加茂郡半布里の人びと（1）（2）

御野国半布里と武蔵国橘樹郡の人びと（2）—発掘調査された橘樹郡の考古資料等の解析—
『神奈川考古』第57号　2021年　神奈川考古同人会

多摩川下流域右岸・小杉御殿跡の面影を探る
『徳川御殿の考古学』江戸遺跡研究会第32回大会　2020年　江戸遺跡研究会

多摩丘陵産のブランド・黒川炭を焼く—最後の伝承者・市川祐家の見聞録—
『多摩のあゆみ』152号　2013年　たましん地域文化財団

神奈川県考古学会の発足前夜と今後への期待
『神奈川考古学会設立20周年記念事業記録集』2015年　神奈川県考古学会

発掘調査報告書のありかた
『二十一世紀考古学会の現在』（山本暉久編）2017年　六一書房

＊＊＊

わたしの考古楽・漫遊録　武蔵国橘樹郡衙周辺の歴史点描を楽しむ
『野川神明社』（川崎市宮前区）野川神明社境内整備事業記念誌　2020年　野川神明社境内整備事業実行委員会

あとがき

まずはじめに，小書の出版にあたり鄭重な祝意を込めたお言葉を頂戴いたしました，立正大学特別栄誉教授の坂詰秀一先生には，なが年にわたる数々のご教導とあわせて，心より御礼申し上げます。

□　■

わたしは令和5年（2023）3月に傘寿を迎えることになります。近頃は，とみに「知力」・「体力」・「気力」の「三力《さんりき》」の衰えを毎日実感してます。それでもこの年齢まで大きく体調を崩すこともなく，皆様のご支援を頂きながら日々平穏にすごせていることに心から感謝しております。

■　□

日々の平穏に感謝の気持ちを込めて思いいたったのが，本書の企画です。

じつは還暦に際しては，『興趣赴くままに。私の考古学ノート』と題する私家本を刊行し，なが年ご指導頂きました関係者に御礼の気持ちを込めて謹呈させて頂きました。還暦から10年を経過した古希には，この間に書きためた雑文を集めて，『関東の古代遺跡逍遥』（六一書房）を発刊させて頂きました。傘寿にあわせた本企画は，年齢区切り版の3冊目にあたります。

傘寿にあわせたこの拙い論文集を，わたしは卒業論文のつもりで書きました。考古学を介して，多くの師・友人とのご縁が結べて，楽しく充実した日々を送ることができました。

□　■

一方，わたしの考古学は特徴に乏しく，テーマも，扱う時代もバラバラです。ただ一つだけ拘《こだわ》りがあったのは，発掘された遺構・遺物，加えて関連する各種の情報等もつなぎあわせて，一つの歴史的な事象として俯瞰《ふかん》してみたい，という己の力量をはるかに超えた願望でした。案の定，『言うは易《や》すく，行うは難《かた》し』でした。でも，志《こころざし》くらいは大きく持ちつづけていたいと常に思いながら，歳月を重ねてまいりました。

■　□

最後に究極のわがままをさせて頂きたい。わたしと妻（京子）は，昭和44年12月に，立正大学名誉教授・久保常晴先生ご夫妻のご媒酌を得て結婚，以来，46年もの歳月，生活を共にしてきました。しかし，平成27年2月4日，妻は病におかされ急逝《きゅうせい》しました。元気であったならば，本書の出版をきっと喜んでくれたでしょう。

霊前に本書を静かに手向《たむ》け，出版を報告させて頂きます。

令和5年3月10日

村　田　文　夫

［著者略歴］

村田文夫（むらた・ふみお）

1943 年 3 月　神奈川県川崎市に生まれる。

1965 年 3 月　立正大学文学部史学科卒業

1965 年 4 月　川崎市役所に就職
教育委員会に配属され，文化財の調査・保護や博物館行政を担当。文化財課長等を経て日本民家園長を最後に退職。この間に，立正大学・日本大学で非常勤講師を務める。

2003 年 3 月　川崎市教育委員会を定年退職

2005 年 6 月　第 30 回藤森栄一賞を受賞
その後，NPO 法人・かわさき市民アカデミー副学長（川崎学担当）を務める。（現在は退任する）

主な著書　『縄文集落』（考古学ライブラリー 36）ニュー・サイエンス社，1985 年
『古代の南武蔵――多摩川流域の考古学』（有隣新書 45），有隣堂，1993 年
『縄文のムラと住まい』慶友社，2006 年
『川崎・たちばなの古代史――寺院・郡衙・古墳から探る』（有隣新書 68）有隣堂，2010 年
『関東の古代遺跡逍遥』六一書房，2013 年
『縄文海進と子母口貝塚――先史時代の川崎の海を復元する』川崎市民アカデミー川崎学双書 4，2019 年（松島義章氏と共著）。など

考古学による歴史的背景の追求

2023 年 3 月 10 日　初版発行

著　者　村田　文夫

発行者　八木　唯史

発行所　株式会社　六一書房
〒101-0051　東京都千代田区神田神保町 2-2-22
TEL　03-5213-6161　　FAX　03-5213-6160
https://www.book61.co.jp/　E-mail info@book61.co.jp
振替　00160-7-35346

印　刷　藤原印刷株式会社

装　丁　デザインスタジオ・クロップ　神原宏一

ISBN 978-4-86445-167-3 C3021 Printed in Japan